博士论文
出版项目

马克思主义所有制理论与当代中国实践研究

Study on Marxist Ownership Theory and Contempoary Chinese Practice

包炜杰　著

中国社会科学出版社

图书在版编目（CIP）数据

马克思主义所有制理论与当代中国实践研究 / 包炜杰著 . —北京：中国
社会科学出版社，2022.8
ISBN 978 - 7 - 5227 - 0048 - 9

Ⅰ.①马… Ⅱ.①包… Ⅲ.①中国经济—社会主义所有制—研究
Ⅳ.①F121.2

中国版本图书馆 CIP 数据核字（2022）第 057155 号

出　版　人	赵剑英
责任编辑	李凯凯
责任校对	王　龙
责任印制	王　超

出　　　版	中国社会科学出版社
社　　　址	北京鼓楼西大街甲 158 号
邮　　　编	100720
网　　　址	http://www.csspw.cn
发　行　部	010 - 84083685
门　市　部	010 - 84029450
经　　　销	新华书店及其他书店

印　　　刷	北京君升印刷有限公司
装　　　订	廊坊市广阳区广增装订厂
版　　　次	2022 年 8 月第 1 版
印　　　次	2022 年 8 月第 1 次印刷

开　　　本	710 × 1000　1/16
印　　　张	16
字　　　数	224 千字
定　　　价	86.00 元

出 版 说 明

　　为进一步加大对哲学社会科学领域青年人才扶持力度，促进优秀青年学者更快更好成长，国家社科基金 2019 年起设立博士论文出版项目，重点资助学术基础扎实、具有创新意识和发展潜力的青年学者。每年评选一次。2021 年经组织申报、专家评审、社会公示，评选出第三批博士论文项目。按照"统一标识、统一封面、统一版式、统一标准"的总体要求，现予出版，以飨读者。

全国哲学社会科学工作办公室

2022 年

序　言

　　摆在我们面前的《马克思主义所有制理论与当代中国实践研究》一书，是复旦大学马克思主义学院青年教师包炜杰的优秀博士学位论文。当包炜杰博士邀请我为他的这部著作作序时，我欣然答应。他告诉我，他的这篇博士学位论文有幸入选了2021年度国家社会科学基金优秀博士论文出版项目，而他并不知道我既是他这篇博士学位论文进入答辩前的匿名评审专家，也是他优秀博士论文立项的评审专家。自然，我对他的这篇博士学位论文的选题、结构和内容已有所了解，最主要的是，为他勇于探索难度较大的理论前沿问题的精神而感动。

　　所有制理论是马克思主义政治经济学的重要组成内容。马克思恩格斯在创立马克思主义所有制理论中，阐述了所有权与占有权相统一、所有权与经营权相分离、所有制两种不同形态等基本原理。一个多世纪以来，马克思主义所有制理论在与具体实际的结合中不断得到发展创新。特别是在中国，改革开放以来，中国共产党确立的社会主义基本经济制度，从"以公有制为主体、多种经济成分共同发展"所有制结构的单一内容，发展到"以公有制为主体、多种所有制经济共同发展，以按劳分配为主体、多种分配方式并存，社会主义市场经济体制"的总体内容，既体现了社会主义制度的优越性，又同我国社会主义初级阶段社会生产力发展水平相适应，是在中国特色社会主义建设实践中形成和发展的中国化的马克思主义所有制理论。社会主义基本经济制度这一理论成果的取得，不仅反映了坚持和完善中国特色社会主义制度的理论创新，也是对中国特色社会主义政治经济学探索的理论升华。

当然，自马克思恩格斯创立马克思主义所有制理论开始，直至中国特色社会主义所有制理论的形成及实践，这中间存在着许多需要深入探讨的理论和实践问题。《马克思主义所有制理论与当代中国实践研究》一书，以对马克思主义所有制理论在苏联、中国初步实践的研究为基础，集中分析了改革开放以来我国所有制领域的发展变化，重点探讨了新时代中国特色社会主义所有制实践，内容大体上包括六"论"，即经典基础论、改革发展论、"公""市"结合论、非公认识论、国企深改论、共同创新论等。该书最突出的地方在于，能够集中阐述我国不同所有制经济面临的一些根本性的理论问题，并从解决这些理论问题入手来探讨所有制的实践，从而回应了中国特色社会主义政治经济学发展的需要，对于推进马克思主义所有制理论的中国化及实践具有参考价值。总体来看，该书结构合理，逻辑层次清晰，基本观点正确，写作引证合乎规范，这些都反映了作者具有扎实的马克思主义政治经济学方面的理论功底和较强的学术研究能力。我相信，读者们在阅读这本书时会和我有同样的感受。

基于上述理论问题的历史梳理和阐释研究，《马克思主义所有制理论与当代中国实践研究》一书的学术价值也就清晰地呈现在我们面前：其一，聚焦了马克思主义所有制理论的主要线索和关键问题，丰富了中国特色社会主义政治经济学的所有制问题研究；其二，澄清了认识非公有制经济的难题，有助于认识社会主义市场经济的所有制特征；其三，探讨了新时代国有企业改革实践对马克思主义所有制理论的创新性贡献，有助于把握马克思主义所有制理论的时代价值。

在该书稿出版之前，包炜杰博士将自己在博士毕业后围绕所有制理论开展的持续性研究及其最新成果补充了进来，对书稿从总体上做了一些完善。例如，补充了对海外学界关于所有制理论研究的比较分析，强化了马克思主义所有制理论对当代中国所有制实践的指导意义，以及新时代国有企业深化改革对马克思主义所有制理论的创新发展的理论分析，增加了"新型举国体制"条件下国有企业创新平台构建的研究内容。我们在交谈中，他还告诉我，日后他将对马克思土地所有制思想与当代中国农村集体所有制的内在关联做出进一步的专门研究。总之，包炜杰博士不断修改、补充、完善自己的科研成果的态度，是值得大家学习的。

党的十八大以来，全国各高校马克思主义理论学科蓬勃发展，培养了一批又一批马克思主义理论的研究者和工作者，而新时代马克思主义理论的研究、阐释和传播，正需要一代又一代青年人的持续接力。对于马克思主义的学习研究，特别是马克思主义政治经济学的研究，习近平总书记强调，"我们要立足我国国情和我们的发展实践，深入研究世界经济和我国经济面临的新情况新问题，揭示新特点新规律，提炼和总结我国经济发展实践的规律性成果，把实践经验上升为系统化的经济学说，不断开拓当代中国马克思主义政治经济学新境界，为马克思主义政治经济学创新发展贡献中国智慧"。当前，社会主义基本经济制度的"新概括"、混合所有制经济的改革、共同富裕与分配结构等新的议题，亟须青年学者作出深入研究，我们也期待有更多像包炜杰博士一样的青年人，在学术之路上勇于探索，取得更大的成就！

2022 年 3 月
于中国人民大学

摘　　要

所有制问题是一个重大的理论和实践问题，它贯穿了我国经济发展实践的全过程，因而是中国特色社会主义政治经济学的重大命题。本书从历史、理论与实践三个层面展开马克思主义所有制理论与当代中国实践研究。

首先，本书系统地梳理了马克思主义所有制理论及其苏联化、中国化的历史问题。基于马克思主义基本原理的整体性，挖掘出马克思恩格斯从"消灭私有制"到"重建个人所有制"的发展脉络，揭示了列宁从"剥夺剥夺者"到发展"国家资本主义"的思想转向，以及斯大林所主张的"国家所有制"实质。同时，对新中国成立初期单一公有制的特征、原因及困境进行分析，既肯定了单一公有制和计划经济具有强大的资源动员能力以实现快速工业化，又揭示了单一公有制的背后即"国家所有制"所带来的"以政代企""政社合一"等现实问题。1978年以来，我国所有制领域改革对马克思主义所有制理论有两大发展，即"所有制结构多元化"和"公有制实现形式多样化"。

其次，本书重点分析了改革开放以来我国不同所有制经济面临的根本性理论问题。在公有制与市场经济有机结合的议题上，本文既挖掘了两者"对立统一"的根源，即公有制条件下商品交换的特殊性和社会主义条件下价值规律的适用性问题，又梳理了1978年以来国企改革经历的"经营机制改革""制度结构创新""微观主体重构"等阶段，有力论证了国有企业能够真正成为"自主经营、自负盈亏"的微观主体。在非公有制经济的认识论问题上，一方面梳理了非公有制经济从"公有制经济的必要的、有益的补充"到"社会主义市场经济的重要组成部分"的演变历程及其原因；另一方面通过对"国进民退论""国退民进论""所有制中性论"等错误思潮的理论表现和内在原因的分析，重申坚持"两个毫不动摇"以处理好公有制经济与非公有制经济的关系。

最后，本书集中探讨了新时代中国特色社会主义所有制的实践问题。党的十八大以来，包括分类改革、做强做优做大国有资本、中国特色现代企业制度等新时代国有企业深化改革实践都对马克思主义所有制理论具有原创性贡献。此外，新时代所有制议题研究要回应高质量发展问题。本书从国有企业和民营企业的创新发展两条线索同时切入，分别梳理了不同所有制经济在创新方面的困难、优势与突破方向，从而提出了新时代应着力构建"新型举国体制"下国有企业创新平台，民营企业则应充分利用自身在创新动力和新技术扩散方面的优势，实现从模仿到创新、从独立创新到合作创新的有效转型。

关键词：马克思主义所有制理论；公有制；国有企业；民营企业；中国特色社会主义政治经济学

Abstract

The issue of ownership is a major theoretical and practical issue, which runs through the entire process of China's economic development practice, and is therefore a major proposition of Political Economy of Socialism with Chinese Characteristics. This book conducts research on Marxist ownership theory and contemporary Chinese practice from three perspectives: history, theory and practice.

Firstly, this book systematically sorts out the Marxist ownership theory and the historical issues of its Sovietization and Chineseization. Based on the integrity of the basic principles of Marxism, it excavates the development of Marx and Engels from "eliminating private ownership" to "rebuilding individual ownership", and reveals Lenin's ideological shift from "depriving the depriver" to developing "state capitalism" and the essence of Stalin's "state ownership". At the same time, the analysis of the characteristics, causes, and dilemmas of the basic economic system based on a single public ownership system in New China from 1949 to 1978 confirms that both the single public ownership and the planned economy have strong resource mobilization ability to achieve rapid industrialization, and also reveals the problems of "substituting government for enterprise" and "integration of government and society" brought by "state ownership". Combining with the practice of ownership since the reform and opening up, it reveals the two major developments of Marxist ownership theory in China's ownership reforms, namely, it not only realizes "diversification of ownership structure", but also forms "diversified forms of public ownership".

Secondly, this book analyzes the fundamental theoretical problems that different forms of ownership have faced since the reform and opening up. On the issue of the organic combination of public ownership and market economy, this book not only digs out the two root causes of "unity of opposites" between public ownership and market economy, that is, the particularity of commodity exchange under public ownership and the applicability of the law of value under socialist conditions, but also sorts out the three stages of "management mechanism reform", "institutional structure innovation" and "micro-subject reconstruction" experienced by the state-owned enterprises since 1978, it is proved that the state-owned enterprises can truly become the micro-main body of "self-management and self-financing". On the issue of epistemology of the non-public ownership economy, on the one hand, this book sorts out the evolution of the non-public ownership economy from "a necessary and useful supplement to the public ownership economy" to "an important part of the socialist market economy", on the other hand, by combing and analyzing the theoretical manifestations and internal reasons of the erroneous thoughts such as "the theory of national advance and people's retreat", "the theory of national retreat and people's advancement", "ownership neutrality", we reiterate the adherence to the "two unwavering" in order to deal well with the relationship between the public ownership economy and the non-public ownership economy.

Furthermore, this book focuses on the practical issues of socialist ownership with Chinese characteristics in the New Era. Since the 18th National Congress of the Communist Party of China, the deepening reform practice of state-owned enterprises in the New Era, including classification reform, making state-owned capital stronger, better and larger, and the modern enterprise system with Chinese characteristics, have made original contributions to the Marxist theory of ownership. In addition, research on ownership issues in the New Era should respond to high-quality development issues. This paper starts from the two clues of innovation and development of state-owned enterprises and private enterprises, and sorts out the difficulties, advantages and breakthrough directions of innovation of different ownership economies, and puts forward that the New Era should focus on building innovation platform of state-owned enterprises under the "New National System". Private enterprises should make full use of their advantages in innovation power and new technology diffusion to achieve an effective transformation from imitation to innovation, from independent innovation to cooperative innovation.

Key Words: Marxist ownership theory; Public ownership; State – owned enterprises; Private enterprises; Political Economy of Socialism with Chinese Characteristics

目　　录

Contents

导　　论

第一节　研究背景与研究意义

一　研究背景

党的十八大以来，习近平总书记多次强调政治经济学的重要性，并对坚持和发展中国特色社会主义政治经济学作出重要指示，即把我国经济发展实践的规律性成果转化为系统化的经济学说。目前，学界已经从研究对象、基本原则、理论贡献、话语体系等角度开展了相关研究，取得大量研究成果。从理论体系来看，它涵盖了改革开放以来中国特色社会主义市场经济实践的整个过程，至少包括生产资料所有制、收入分配制度、社会主义市场经济、新发展理念、供给侧结构性改革、现代化经济体系、创新驱动发展战略等基本命题和"术语革命"[①]。其中，所有制领域改革贯穿了我国经济发展实践的全过程，因而是中国特色社会主义政治经济学研究不可或缺的一部分。

所有制问题本身就一直是一个重大的理论和实践问题。2015年11月23日，习近平总书记在中央政治局集体学习马克思主义政治经济学基本原理和方法论时，再次强调了生产资料所有制问题对于生

---

① 周文、包炜杰：《新时代中国特色社会主义政治经济学特征问题》，《教学与研究》2018年第6期。

产关系和社会性质的重要性①。从经典理论来看，《共产党宣言》强调"所有制问题是运动的基本问题"②，从中国现实来看，新中国成立以来，马克思主义中国化进程不断深化，生产资料所有制问题最具"中国化"的代表性。尤其是1978年以来，我国在坚持社会主义公有制主体地位的前提下，在所有制领域推进家庭联产承包责任制、"三权分置"改革以及国有企业的股份制改革、混合所有制改革等，在"所有制结构"和"实现形式"两个方面不断探索，逐渐形成了当前我国的基本经济制度。党的十九届四中全会将收入分配方式、社会主义市场经济体制都上升为基本经济制度层次，但是本书仍然重点讨论基本经济制度中的所有制问题。"由于所有制问题关涉国内外不同群体、不同部门之间的物质利益，因而又具有极端深刻复杂的意识形态性。"③

此外，本书选题之初正值2018年中美经贸摩擦，美国大加指责我国存在大量国有企业"扭曲市场价格"而导致"不公平的贸易"，其实质指向的就是我国的所有制问题；又值《共产党宣言》发表170周年和改革开放40周年之际，《共产党人可以把自己的理论概括为一句话：消灭私有制》和《中国私营经济已完成协助公有经济发展的任务，应逐渐离场》两篇文章均在网上引起了轩然大波和激烈讨论。这些现象反映出一个共同问题，即在改革开放40多年和新中国成立70多年后的今天，所有制问题仍然是一个有待进一步研究和挖掘的问题。

二　研究意义

本书的研究主题为"马克思主义所有制理论中国化"。研究目标在于：既要掌握马克思主义所有制理论的基本原理，又不能仅仅停

---

① 《十八大以来重要文献选编》（下），中央文献出版社2018年版，第3—5页。
② 《马克思恩格斯选集》第1卷，人民出版社2012年版，第435页。
③ 包炜杰、周文：《新中国70年来我国所有制理论发展演进与进一步研究的几个问题》，《人文杂志》2019年第9期。

留在经典作家关于未来社会的所有制的预言上，而要对中国现实社会的所有制关系进行比较全面深入的分析和论证，从而尝试把握新时代中国特色社会主义所有制理论与实践的发展趋向。具体而言，整个研究包括但不限于以下问题：为什么《共产党宣言》提出"消灭私有制"？如何在理论上把握社会主义市场经济语境下的公有制和非公有制及其相互关系？如何从理论上论证公有制与市场经济的有机结合？新时代国有企业改革的方向是什么？新时代不同所有制经济如何实现高质量发展？

因此，本书的学术价值集中在五个方面：一是从总体上丰富和发展了马克思主义所有制理论的问题域，拓展了社会主义所有制理论与实践的研究范围，聚焦了所有制议题的主要线索和关键问题，深化了中国特色社会主义政治经济学中的所有制问题研究；二是从整体上清晰梳理了新中国 70 年来所有制理论发展演进的脉络线索、争议焦点和代表观点，以回顾性研究为基础推动所有制议题的当代深化；三是进一步运用整体性研究方法梳理马克思主义所有制基本原理，有助于把握从"消灭私有制"到"重建个人所有制"的理论逻辑和历史逻辑，澄清了对于"消灭私有制"的错误解读；四是进一步深化了对社会主义公有制与市场经济有机结合的历史梳理和理论分析，澄清了非公有制的认识论难题，有助于把握社会主义市场经济的两大所有制特征；五是进一步总结了新时代国有企业改革实践对马克思主义所有制理论的原创性贡献，一定程度上推动了马克思主义所有制理论在新时代的发展。

当前，所有制仍然是舆论场中的热点议题，所以，本书的现实意义表现在以下三个方面：第一，梳理和总结了马克思主义所有制理论中国化的历史进程和基本经验，从理论上回应"国退民进论""私营经济离场论""国家资本主义说""所有制中性论"等质疑声音，有助于廓清当今社会关于所有制问题的一些理论迷雾；第二，对新时代国有企业的分类改革、做强做优做大国有资本、党的领导、员工持股制度等具体议题展开研究，有助于深化关于国企改革的最新认识；第三，探讨了新时代不同所有制经济的高质量发展问题，为国有企业和民营企业落实创新驱动发展战略提供了基本思路，有助于摆脱所有制研究中的"公""私"之争，从而更好地服务于中国特色社会主义市场经济和现代化经济体系建设。

第二节 研究现状与文献评述①

总体而言，所有制问题在马克思主义发展史、中华人民共和国史、改革开放史中都始终占据着基础性和根本性地位。目前，我国学界已就所有制的经典理论和实践过程的若干问题展开了深入而广泛的研究，因此，我们尝试回顾相关研究进展并就其中几个关键议题进行讨论，以期共同推动这一议题的时代发展。

一 国内学界关于马克思主义所有制理论研究的基本概况与演进线索

新中国成立 70 年来，我国学界关于马克思主义所有制理论研究，可谓"百家争鸣"。从研究队伍来看，既涌现出一大批立场坚定、基础扎实的马克思主义理论研究专家，又有一大批观点鲜明、影响广泛的代表人物，他们的观点和论证拓展了所有制问题的研究范围和研究深度，深刻影响了我国基本经济制度的确立和完善；从研究特点来看，所有制问题研究呈现渐进式、阶段性的特点，表现在随着社会主义建设和历届党代会的不断推进而出现的新的具体议题，并通过实践要求不断反思所有制基础理论本身，从而在研究图谱上呈现出一条清晰的演进线索。

---

① 本节主要内容曾以《新中国 70 年来我国所有制理论发展演进与进一步研究的几个问题》为题发表在《人文杂志》2019 年第 9 期。

（一）概况

就"所有制"的问题域而言，在 CNKI 关键词搜索框中输入"所有制"一词后，系统自动反馈相关检索词条，包括但不限于："所有制形式""所有制结构""社会主义公有制""非公有制经济""资本主义私有制""国有企业""民营企业""混合所有制""基本经济制度""公有制实现形式""产权制度"等。上述关联词基本反映了当代所有制问题研究的轮廓，且相关研究成果大多发表在《中国社会科学》《经济研究》《经济学动态》《当代经济研究》《马克思主义研究》《马克思主义与现实》《教学与研究》《思想理论教育导刊》《毛泽东邓小平理论研究》等知名刊物上。

所有制问题研究在理论与实践的互动中不断深化。在理论上，对于传统社会主义公有制问题的批判性反思，揭开了马克思主义所有制理论中国化研究的新篇章。1978 年，董辅礽率先提出所有制改革问题，并于《经济研究》1979 年第 1 期发表了《关于我国社会主义所有制形式问题》一文，反思传统所有制理论中全民所有制只能有"国家所有制"一种形式，分析了"国家所有制"中"以政代企"和集体所有制中"以政代社"问题，并建议经济体制改革中应实现"政企分开""政社分离"，由此揭开了学界关于所有制问题大讨论的序幕。在实践中，伴随着 20 世纪 80 年代初农村家庭联产承包责任制的成功探索，人们意识到经营形式改革可能是经济改革的突破口，于是城市也相应地进行了国有企业的经营形式改革，"放权让利"和"两权分离"成为 80 年代国企改革的两条基本思路①。当年，以主张企业承包而闻名的杨培新被称为"杨承包"，以主张股份制改革而闻名的厉以宁被称为"厉股份"，在这些"热词"的背后是关于经济体制改革主线的讨论，即究竟是以价格改革为主线还是以所有制或企业改革为主线。前者通过放开价格盘活市场，突破了原有的计划经济"一统天下"的局面；后者则通过所有制改革调整

---

① 顾钰民：《社会主义市场经济论》，复旦大学出版社 2004 年版，第 57—72 页。

生产关系，激活生产主体的积极性，从而更大限度地解放和发展生产力。① 在上述探索基础上，"建立社会主义市场经济体制"作为我国经济体制改革的目标在 1992 年党的十四大上被提出，与之相对应的，"建立现代企业制度""基本经济制度""混合所有制改革"等一系列所有制领域改革也取得了重大突破。在这一过程中，学界出现了关于马克思主义所有制理论研究的三种取向：一是反思马克思主义所有制经典理论并尝试作出新阐释，如《论"社会所有制"》②《马克思"重建个人所有制"再辨析——兼评王成稼的解读》③《鉴别两种社会主义的一块试金石》④ 等；二是重新澄清和阐明马克思主义所有制理论的基本观点和立场原则，如《马克思主义所有制理论是政治经济学分析的基础》⑤《共产党人可以把自己的理论概括为一句话：消灭私有制》⑥ 等；三是结合我国所有制领域改革对马克思主义所有制理论作时代化理解，如《关于社会主义初级阶段基本经济制度若干问题的思考》⑦《马克思主义所有制理论的时代发展》⑧《大力发展公有资本为主体的混合所有制经济》⑨ 等。此处限于篇幅，未能一一列举，其研究指涉均是我国所有制改革问题。从中可

---

① 张卓元：《中国经济改革的两条主线》，《中国社会科学》2018 年第 11 期。

② 于光远：《论"社会所有制"》，《学术月刊》1994 年第 2 期。

③ 卫兴华：《马克思"重建个人所有制"再辨析——兼评王成稼的解读》，《江苏行政学院学报》2013 年第 1 期。

④ 胡德平：《鉴别两种社会主义的一块试金石》，《社会科学报》2017 年总第 1542 期。

⑤ 吴宣恭：《马克思主义所有制理论是政治经济学分析的基础》，《马克思主义研究》2013 年第 7 期。

⑥ 周新城：《共产党人可以把自己的理论概括为一句话：消灭私有制》，察网智库，2018 年 1 月 12 日，www.kunlunce.com/llyj/fl1/2018 - 01 - 12/122283.html。

⑦ 刘国光：《关于社会主义初级阶段基本经济制度若干问题的思考》，《经济学动态》2011 年第 7 期。

⑧ 顾钰民：《马克思主义所有制理论的时代发展》，《经济学家》2012 年第 11 期。

⑨ 程恩富、董宇坤：《大力发展公有资本为主体的混合所有制经济》，《政治经济学评论》2015 年第 1 期。

见，所有制问题意义之重大、涉及面之广、关注度之高。

（二）演进线索

新中国成立以来，我国相继经历了土地制度改革、社会主义改造、"文化大革命"和改革开放等时期。从方法论来看，中国对于社会主义道路的探索遵循着"摸着石头过河"的渐进主义原则，与这一实践相对应的，马克思主义所有制理论研究也呈现渐进式、阶段性的特征，这一特征是伴随着农村、城市的"基层探索"和历次党代会的"顶层设计"而呈现出来的。在这里，我们梳理了历次党代会报告以及中央其他相关重要决议文件文本，尝试与同时期该领域 CNKI 高被引论文和其他重要文献作比对，在此基础上将马克思主义所有制理论研究分为以下六个阶段。

第一阶段（1949—1977 年），研究重点集中在基本制度方面。改革开放前 30 年的时间里，我国根据马克思主义经典作家关于社会主义公有制的相关论述和苏联模式的基本经验，完成了对生产资料私有制的改造，在农村和城市建立了社会主义制度的经济基础即社会主义公有制。但是，"1957 年后，'左'的思想开始抬头，逐渐占了上风"①。这点表现在经济建设中的急于求成，尤其是盲目追求所有制形式上的"一大二公三纯"②。客观来看，单一公有制为基础的基本经济制度在一定程度上能够集中资源，在较短时期内完成初步工业化，这对于新中国成立初期社会主义制度确立、国家经济安全和人民当家做主发挥了至关重要的作用。但是由于缺乏有效的约束和激励机制，单一公有制以及与之相适应的计划经济体制严重束缚了社会生产力的发展。当时学界的讨论主要围绕社会主义全民所有制问题、人民公社的所有制性质问题、社会主义制度下商品生产、价值规律问题等。

---

① 《邓小平文选》第 3 卷，人民出版社 1993 年版，第 115 页。

② 葛扬：《中国特色社会主义基本经济制度》，经济科学出版社 2018 年版，第 75—76 页。

　　第二阶段（1978—1991 年），研究重点集中在经营机制方面。改革率先在农村取得突破，在不触及农村集体所有制的前提下，1978 年安徽凤阳小岗村开始了"包产到户"的大胆探索，并且取得了巨大成功。1984 年中共十二届三中全会在总结农村改革经验基础上，通过了《中共中央关于经济体制改革的决定》，并提出"增强企业活力是经济体制改革的中心环节"，要使企业真正成为自主经营、自负盈亏的经济实体①。由此表明当时的改革思路在于使国有企业的生产经营活动面向市场，而非只受单一的指令型计划的指导，从而成为真正的市场主体。1987 年党的十三大提出经济体制改革的主要任务是"围绕转变企业经营机制这个中心环节"，具体包括按照所有权经营权分离的原则，实行承包、租赁等多种形式的经营责任制，搞活全民所有制企业②。这一时期的研究围绕"承包制""租赁制""股份制"等具体经营机制展开，例如，《所有制改革和股份企业的管理》③《试论社会主义股份制》④《略论股份经济》⑤《普遍实行股份化能否真正搞活企业》⑥《对股份制性质的理论分析》⑦ 等。

　　第三阶段（1992—1996 年），研究重点集中在企业制度方面。党的十四大提出"建立和完善社会主义市场经济体制"⑧，并肯定了

　　① 《改革开放三十年重要文献选编》（上），中央文献出版社 2008 年版，第 347 页。

　　② 《改革开放三十年重要文献选编》（上），中央文献出版社 2008 年版，第 484—485 页。

　　③ 厉以宁：《所有制改革和股份企业的管理》，《中国经济体制改革》1986 年第 12 期。

　　④ 刘诗白：《试论社会主义股份制》，《经济研究》1986 年第 12 期。

　　⑤ 吴树青：《略论股份经济》，《经济学动态》1986 年第 3 期。

　　⑥ 丁任重：《普遍实行股份化能否真正搞活企业》，《安徽财贸学院学报》1986 年第 2 期。

　　⑦ 王珏、肖欣：《对股份制性质的理论分析》，《中国社会科学》1990 年第 6 期。

　　⑧ 《改革开放三十年重要文献选编》（上），中央文献出版社 2008 年版，第 655 页。

股份制的作用。1993 年十四届三中全会提出要建立"产权清晰、权责明确、政企分开、管理科学的现代企业制度","国有企业实行公司制,是建立现代企业制度的有益探索"①。在此背景下,新制度经济学和产权理论在我国经济学界盛行,"现代企业制度""股份制""产权制度""公司制"也成了所有制理论研究关键词。其中,代表性研究有:《现代公司与企业改革》②《关于现代企业制度的几点思考》③《论当前国有企业产权关系的改革》④《国有产权制度改革的模式和途径》⑤《国有企业公司制改造中产权界定的若干问题》⑥ 等。

　　第四阶段(1997—2001 年),研究重点集中在所有制结构方面。1997 年党的十五大对我国所有制结构作出重大调整,正式提出"公有制为主体,多种所有制经济共同发展",并对"公有制为主体""集体所有制经济""公有制实现形式""非公有制经济"做了界定。⑦ 这是我国所有制领域改革取得的历史性突破,尤其对非公有制经济的认识发生了重大变化:从 1982 年党的十二大基于生产力的客观情况肯定了"作为公有制经济的必要的、有益的补充"的"合作经济"和"个体经济"⑧,直到党的十五大肯定了"非公有制经济是我国社会主义市场经济的重要组成部分"⑨。可以说,非公有制经济

　　① 《改革开放三十年重要文献选编》(上),中央文献出版社 2008 年版,第733—735 页。

　　② 吴敬琏:《现代公司与企业改革》,天津人民出版社 1994 年版。

　　③ 刘国光:《关于现代企业制度的几点思考》,《中国工业经济研究》1994 年第1 期。

　　④ 樊纲:《论当前国有企业产权关系的改革》,《改革》1995 年第 1 期。

　　⑤ 郭克莎:《国有产权制度改革的模式和途径》,《经济研究》1995 年第 1 期。

　　⑥ 荣兆梓:《国有企业公司制改造中产权界定的若干问题》,《安徽大学学报》1995 年第 2 期。

　　⑦ 《改革开放三十年重要文献选编》(下),中央文献出版社 2008 年版,第900—901 页。

　　⑧ 《改革开放三十年重要文献选编》(上),中央文献出版社 2008 年版,第270 页。

　　⑨ 《改革开放三十年重要文献选编》(下),中央文献出版社 2008 年版,第901 页。

实现了从社会主义基本经济制度外进入制度内的转变。① 这一阶段的研究集中讨论、分析和阐述了"基本经济制度"和"所有制结构"，例如，《马克思主义所有制理论的重大发展》②《我国的所有制结构与经济体制改革》③《所有制结构的重大调整和公有制实现形式的大胆探索——近二十年中国所有制改革的回顾和展望》④《非公有制经济是不是社会主义经济的重要组成部分》⑤ 等。

第五阶段（2002—2011 年），研究重点集中在不同所有制经济的关系问题以及实现形式方面。针对社会上关于公有制经济与非公有制经济关系问题的一系列争论，2002 年党的十六大在重申社会主义初级阶段基本经济制度的基础上提出"两个毫不动摇"，并提出"积极推行股份制，发展混合所有制经济"⑥。2007 年党的十七大报告重申"两个毫不动摇"，并强调"以现代产权制度为基础，发展混合所有制经济"⑦。在这一阶段的研究中，一方面，不同所有制经济关系问题的争论通过马克思主义经典作家关于"消灭私有制"和"重建个人所有制"的论断来展开，成为所有制问题研究的一大奇观（实际上相关争论从 20 世纪 80 年代就已开始，到这一阶段达到高潮）；另一方面，关于"发展混合所有制经济"的研究也在不断升温。相关研究如《〈共产党宣言〉中关于"消灭私有制"的译法是

① 顾钰民：《社会主义市场经济论》，复旦大学出版社 2004 年版，第 51 页。

② 纪玉祥：《马克思主义所有制理论的重大发展》，《马克思主义与现实》1998 年第 3 期。

③ 高尚全：《我国的所有制结构与经济体制改革》，《中国社会科学》1998 年第 1 期。

④ 张卓元：《所有制结构的重大调整和公有制实现形式的大胆探索——近二十年中国所有制改革的回顾和展望》，《社会科学辑刊》1999 年第 1 期。

⑤ 周叔莲：《非公有制经济是不是社会主义经济的重要组成部分》，《当代经济研究》2000 年第 4 期。

⑥ 《改革开放三十年重要文献选编》（下），中央文献出版社 2008 年版，第 1252—1253 页。

⑦ 《改革开放三十年重要文献选编》（下），中央文献出版社 2008 年版，第 1725 页。

正确的》①《关于股份制与重建个人所有制问题的研究》②《"重建个人所有制"是共产主义高级阶段的所有制关系——兼评把它与社会主义公有制和股份制等同的观点》③《混合所有制的制度经济学分析》④ 等。

第六阶段（2012 年至今），研究重点集中在实现形式 2.0 方面。2012 年以来，我国进入全面深化改革阶段。2013 年党的十八届三中全会提出了"坚持和完善基本经济制度"的四条基本路径，即"完善产权保护制度""积极发展混合所有制经济""推动国有企业完善现代企业制度"与"支持非公有制经济健康发展"⑤。2015 年《关于深化国有企业改革的指导意见》进一步从顶层设计的层面明确新时代国有企业改革的目标和方向。其间，习近平总书记在全国国有企业党的建设工作会议等诸多场合多次强调国有企业的重要性。2017 年党的十九大将 2012 年以来所有制领域的改革探索写入报告。与之相对应的，学界在这一时期以"发展混合所有制经济""做大做强做优国有企业""国有资本做强做优做大""完善产权制度和要素市场化配置""有效防止国有资产流失"等为主题展开研究，如《论资本主义和社会主义的混合所有制》⑥《关于发展混合所有制经

———————

①　顾锦屏：《〈共产党宣言〉中关于"消灭私有制"的译法是正确的》，《经济学动态》2003 年第 3 期。

②　卫兴华：《关于股份制与重建个人所有制问题的研究》，《经济学动态》2008 年第 6 期。

③　胡钧：《"重建个人所有制"是共产主义高级阶段的所有制关系——兼评把它与社会主义公有制和股份制等同的观点》，《经济学动态》2009 年第 1 期。

④　顾钰民：《混合所有制的制度经济学分析》，《福建论坛》（人文社会科学版）2006 年第 10 期。

⑤　《中共中央关于全面深化改革若干重大问题的决定》，《人民日报》2013 年 11 月 16 日第 1 版。

⑥　程恩富、谢长安：《论资本主义和社会主义的混合所有制》，《马克思主义研究》2015 年第 1 期。

济的若干问题》①《发展混合所有制经济的理论思考》②《在深化改革中做强做优做大国有企业》③ 等。

二　海外学者关于马克思主义所有制理论与当代中国实践的研究动态

在梳理了国内学界关于马克思主义所有制理论研究的概况和演进线索的基础上，同样有必要对海外相关研究作一基本梳理。笔者尝试通过 JSTOR、Web of Science、CNKI 等数据库输入相关英文关键词进行检索，关键词包括但不限于 Marx（马克思）、ownership（所有制）、property（财产）、公有制（public ownership）、socialism（社会主义）、market economy（市场经济）、China（中国）、state - owned enterprise（国有企业）等。此外，通过跟踪近二十年来《国外理论动态》刊发的国外学者所有制问题研究相关的译介评述，尝试对海外研究动态作简要概述。分析发现，相关研究集中在三个方面。

（一）关于经典所有制理论与实践的反思与深化

一方面，海外学界在对马克思主义经典所有制进行理论反思深化的过程中，呈现出"方法论"与"新理论"相结合的研究特征。就"方法论"而言，经典所有制理论被认为是马克思主义方法论的一个典型运用，它的整体语境在于"马克思主义的方法被视为是对资本主义的道德批判"，"在批评资本主义政治经济学的过程中，它将商业环境视为雇员和雇主之间的战场"④。此外，研究者通过区分

---

① 高明华等：《关于发展混合所有制经济的若干问题》，《政治经济学评论》2014年第4期。

② 顾钰民：《发展混合所有制经济的理论思考》，《中国高校社会科学》2015年第4期。

③ 何干强：《在深化改革中做强做优做大国有企业》，《马克思主义研究》2016年第2期。

④ J. Angelo Corlett. "A Marxist Approach to Business Ethics", *Journal of Business Ethics*, 1998, 17（1）: 99 – 103.

马克思主义与功利主义的方法论，尝试将与所有制理论直接相关的"劳动价值论"与"效用价值论"纳入讨论范畴中，从而拓宽经典所有制理论的方法论研究视域。而伴随着19世纪70年代边际效用学派掀起的所谓"边际革命"，导致了经济学研究范式的历史转向，即从关注生产、供给与成本的古典经济学转向强调消费、需求和效用的现代经济学。也正是从这个意义上说，西方主流经济学对生产资料所有制问题做了"选择性遮蔽"，并将资本主义私有制作为资源配置的前提条件。因此，在一段时间内，马克思主义经典所有制理论在西方主流话语中"失声"。但是，也正是在这一背景下，经典所有制研究转向一种"新理论"探索。这一新理论则涵盖了"所有制""所有权"与"产权"等诸多新范畴。具体而言，从现代学科划分的角度来看，国外所有制问题研究总体上呈现出政治哲学与经济学的分野：在政治哲学方面，分析马克思主义学者科恩（G. A. Cohen）在《自我所有、自由与平等》（1995）一书中对诺奇克（Robert Nozick）《无政府、国家和乌托邦》（1974）"自我所有权"这一概念进行了批判，他认为诺奇克所主张的自我所有原则不能正当地证成对财产的原初获取。分析马克思主义学派另一代表人物约翰·罗默（John Roemer）则重点考察了与财产的不平等所有权相联系的结果的不平等即"剥削"，提出了机会平等为核心的分配正义原则①；而在经济学方面，随着新制度经济学派的兴起，科斯以及产权理论被提升到了一个特殊高度，一时间，"科斯定理"被西方学界鼓吹为马克思主义经典所有制的替代理论。

　　另一方面，对于经典所有制的实践反思主要表现为对苏联所有制实践及其解体原因的反思。尤其在20世纪80年代末，关于苏联东欧国家的所有制的讨论一度非常激烈。长期以来，"'国家所有制'一直被认为是苏维埃式传统经济的中心支柱，这也被认为是推

---

　　① 《约翰·罗默论社会主义的公平正义》，林林、赖海榕编译，《国外理论动态》2018年第9期。

进经济体制改革的根本阻碍，苏联失败的改革教训也从侧面告诉世人所有制改革是最根本的改革"①。因此，有法国学者结合经典文本中的"社会所有制"来进行批判性反思，并提出问题的关键在于"国家所有"向实际的"社会所有"转变，并强调"决策机构的民主化"②。亦有研究者认为，私有财产的第一个也是最重要的组成部分即"自有所有权"，首先被苏联社会主义废除了。苏联时期对于市场激励机制的破坏直接导致了中央计划的建立、强制执行以及随后的一系列的社会政治事件，但是这可能是社会主义条件下管理生产与分配的"唯一方法"③。此外，学界尤其关注苏联解体后经济体制转型中的"休克疗法"和"快速私有化"，美国学者大卫·科茨（David M. Kotz）就是俄罗斯实行私有化政策的强有力批判者，他通过对美国的公有制企业发展现状以及美国建国初期的产权状况的分析比较，深刻批判了私有化及其依赖的最新理论形式即产权理论④。毋庸置疑，上述"方法论""新理论"的挖掘拓展以及对现实所有制的反思都进一步推动和深化了经典所有制议题研究。

（二）关于中国的所有制领域改革实践的研究及评价

1978 年改革开放是我国对于经典所有制进行制度实践的分水岭。改革开放以来，中国保持 GDP 年均增长率近 10% 并成为世界第二大经济体，被外界誉为"中国奇迹"。因此，解读"中国奇迹"成为国内外学界的一个热点议题，在国内比较具有代表性的观点有蔡昉的"人口红利说"、林毅夫的"比较优势说"以及张五常的"县域经济锦标赛说"，而在国际上一般认为中国具有廉价劳动力优

①　Ramnath Narayanswamy. "Restructuring Socialist Ownership", *Economic and Political Weekly*, 1989, 24（18）：970 - 971.

②　陈露编写：《法国学者泰克西埃谈"社会所有制"问题》，《国外理论动态》2000 年第 3 期。

③　Yuri N. Maltsev. "The Soviet Experience：Mass Murder and Public Slavery", *The Independent Review*, 2017, 22（2）：183 - 189.

④　［美］大卫·科茨：《所有制、产权和经济业绩：美国和其他的国家的理论与实践》，张文红编译，《国外理论动态》2007 年第 2 期。

势、高储蓄高投资特点以及得益于出口导向的国际贸易等。当然，这些理论分析都在一定程度上具有解释力，而根本在于制度层次的所有制改革实践。因此，海内外学者都对中国所有制改革进行关注、研究和评价，在国际学术期刊上发表了诸多见解和观点。

关注点之一在于家庭联产承包责任制在中国农村的实行。学者们提出了这样一个观点，即"中国的农村土地制度虽然不承认永久性的土地私有权，但却承认私有生产的合法性"。① 这一观点直接与农村经济体制改革的性质界定密切相关，因为尽管家庭联产承包责任制在实践中取得了很大成功，但是被国外部分学者解读为去集体化或私有化的结果，进而被认为具有资本主义或半资本主义性质。当然也有研究者尝试将马克思经典理论与农村改革相结合，这一观点认为，"马克思的财产理论是理解从公社制度到家庭联产承包责任制的制度变迁的关键，它揭示了家庭联产承包责任制是马克思在后资本主义社会中设想的一种'个人财产'"②。

关注点之二在于私营经济在中国的发展。许多学者认为，中国的私营经济发展与农村改革密切相关，"私营经济的复兴是农村体制改革的副产品，该体制恢复了以家庭为单位的农业生产经营活动"③，而私营经济的发展空间深受国家政策的影响，私营经济的不断壮大总体上符合中国经济市场化的改革取向。

关注点之三在于中国的国有企业改革。中国的国企改革呈现阶段性，20 世纪八九十年代与 21 世纪以来的改革重点都不尽相同，因此海外研究的聚焦点又有所差异。有研究者关注到了 80 年代的"利

---

① Ross Garnaut, Ligang Song, Yang Yao and Xiaolu Wang. *Private Enterprise in China*, Canberra: ANU Press, 2012: 11.

② Gaofeng Meng. "The Household Responsibility System, Karl Marx's Theory of Property and Antony M. Honoré's Concept of Ownership", *Science & Society*, 2019, 83 (3): 300 – 326.

③ Ross Garnaut, Ligang Song, Yang Yao and Xiaolu Wang. *Private Enterprise in China*, Canberra: ANU Press, 2012: 11.

改税"改革,"1984 年税收改革后通过税收的手段重新分配生产资料所有制所无法实现的分配,这在一定程度上日益分辨不清公有制与私有制的区别"。① 而对于 90 年代的国企改革,西方主流经济学的解释框架主要有三种:一是所谓的"代理问题",二是所谓的"搭便车问题",三是所谓的"预算软约束问题"②。在上述理论框架下,总体而言西方主流经济学界持有"国企低效论",即认为国有企业产权不清晰,缺乏有效的激励机制,无法有效解决"激励相容"问题,因此对中国国企改革开出了"国企私有化"的解决方案。但是事实上,中国的国企改革选择了另一条路径。研究者们发现,中国改革实践经验证明"在向市场经济过渡的过程中国企私有化并非优先选项",国有企业始终是"公有制的制度化实践载体"。此外,与前期改革不同之处在于,当前阶段中国的国企改革希望同时实现对国有企业激励和治理的改善并加强监督,以提高其对政治目标的反应速度,而国有资产投资运营公司成为当前深化国企改革的重点参考选项③。

(三)关于所有制未来发展趋向的研究判断

结合海外学者和相关智库的研究,总体上可以辨识出当代海外学界对于所有制未来发展趋向所持有的基本倾向。一方面,海外学界在以后的一段时间内仍然将聚焦于中观和微观层次的所有制问题分析,例如关注个体的、合伙的或者大型企业的法人私有制形式,抑或是家庭所有制(household – ownership)。尽管现实经济世界不再简单地停留在非"公"即"私"或因"私"废"公"的矛盾层次,

---

① David Faure. *China and Capitalism:A History of Business Enterprise in Modern China*,Hong Kong:Hong Kong University Press,2006:69.

② 张晨:《以功能评价效率:国有企业定位问题研究》,经济科学出版社 2013 年版,第 11 页。

③ Barry Naughton. "State Enterprise Reform Today",Ross Garnaut,Ligang Song,Cai Fang. *China's 40 Years of Reform and Development:1978 – 2018*,Canberra:ANU Press,2018:375 – 391.

但是海外不少研究者对于所有制议题研究也仍然呈现意识形态偏好。

　　另一方面，"两制并存"的局面仍然将在相当长的一段时间内存在。诺贝尔经济学奖获得者斯蒂格利茨（Joseph Eugene Stiglitz）曾在《社会主义向何处去：经济体制转型的理论与证据》中指出，新古典经济学与市场社会主义都面临着不完全信息与不完备市场的现实困境。这是不同所有制经济主体都将共同面对的问题。而现在回过头来看，斯蒂格利茨曾在美国杂志《名利场》撰文作出"中国世纪从 2015 年开始"的判断似乎还为时过早。此外，国外左翼学者们仍然致力于对当代资本主义系统性危机的研究，比如，萨米尔·阿明则在《全球化时代的资本主义：对当代社会的管理》中重点分析了全球两极分化背景下对那种完全依附资本逻辑的人道主义的替代性方案。当然，对于所有制未来发展趋向的研究，比较务实的研究对象是选取国有企业以及新兴的合伙人企业所有制形式进行分析，而不是在一般意义上讨论优劣好坏。比如，香港城市大学陈汉宣教授与他的合作者认为，中美两国的公有制企业的界定及其管理存在巨大差异，公有制企业的性质受制于"政权价值观"。美国公有制企业分类为使之"合宪法化"而非政府行为的代理机构，与之相对应，中国的国有企业管理结构对应着行政序列，国有企业在国民经济、政治社会中扮演着独特作用，而中美两国将继续保持这种经济体制差异①。亦有研究者关注到中国的国有企业将更加侧重于"公司治理改革""混合所有制""加强监督""界定国企任务"②。

　　基于上述梳理，海外学界关于马克思主义所有制理论与实践的

---

　　① Hon S. Chan and David H. Rosenbloom. "Public Enterprise Reforms in the United States and the People's Republic of China：A Drift toward Constitutionalization and Departmentalization of Enterprise Management", *Public Administration Review*, 2009, 69（12）：S38 - S45.

　　② Barry Naughton. "State Enterprise Reform Today", Ross Garnaut, Ligang Song, Cai Fang. *China's 40 Years of Reform and Development：1978 - 2018*. Canberra：ANU Press, 2018：375 - 391.

研究已经清晰地呈现出来，一定程度上丰富和拓展了这一议题的研究广度和研究深度。总体而言，海外研究的可取之处表现在两方面：一方面，海外研究进一步拓宽了经典所有制议题的方法论基础，尤其为国内外不同所有制形式的比较提供了一个新颖的研究视角。国内研究范式的一个主要特征在于从马克思主义所有制理论的"内涵外延"出发加以阐发分析，而非以此作为一种方法论。另一方面，海外学界主要从中观和微观的角度研究所有制形态，以此构成所有制研究的另一条路径。长期以来，国内所有制研究侧重从所有制的性质、结构与功能等宏观层面进行探讨，海外学界则与此截然相反，这与西方经济学对经济行为主体的关注趋势一致。然而，在上述肯定性评价之外，海外研究仍然存在部分不足之处，对其不足之处以及研究特点进行客观评价则显得更为重要。

第一，尽管海外学界从不同角度对所有制问题进行探索，但是总体上，海外学界关于经典所有制问题理论研究相对较少。研究数量少的表现直接造成了国内相关翻译介绍的相对空白状态，但是，真正的问题在于探究是什么原因造成了这一现状。对此，从学术史演进的角度至少可以进行以下分析：在19世纪马克思、恩格斯生活的时代，生产资料所有制问题是他们分析和批判资本主义生产方式的重要切入点和落脚点，他们通过生产资料的归属问题揭示了资本主义的内在固有矛盾，并以所有制更替这一本质层面矛盾的最终爆发作为其理论武器。然而在后来的西方主流经济学的视野中，承认资本主义私有制，"市场万能论"作为其全部理论的前提预设。因此，在一段时间内，马克思主义经典所有制理论在西方主流话语中"失声"。这一研究范式至今仍然深刻影响着西方学界，比如，皮凯蒂的《21世纪资本论》深刻揭示了当代资本主义社会中的分配事实，但是那种只见"分配"不见"所有"的做法，即对于生产关系尤其是对于作为生产关系的生产资料所有制的忽视，都被证明只是停留在事实分析的表面而没有抓住事物的根本。上述就是海外学者相关议题研究较少的深层次原因。

　　第二，海外学界对于中国所有制改革的研究和判断仍然深受其主流意识形态的影响，因而某些结论和评价带有先天的"偏见"。从目前掌握的研究材料来看，海外研究已经基本达成共识，亦即承认所有制是一个事关经济改革成败的根本性、全局性问题。然而，海外学界对我国所有制改革的主流观点仍然陷入具有传统冷战思维的典型的二元对立论，即非黑即白、非此即彼、非公即私。这一研究特征直接表现在他们两方面的观点和结论：一是对于国有企业效率难题及其改革的分析框架，二是关于私营经济在社会主义市场经济中的地位作用问题。以国有企业问题分析为例，海外研究忽视了新中国成立以来我国国有企业的整体语境。总体而言，国有企业对于新中国成立以来的国家建构而言至少可以归纳为"物质载体论""政治基础论""国家利益论"等，国有企业是"国民经济和中国共产党执政的经济基础中的支柱"①，同时，一大批工人阶级在国有企业中发展，奠定了中国特色社会主义的政治基础。习近平总书记在全国国有企业党的建设工作会议上指出，国有企业"拥有四千多万在岗职工、近八十万个党组织、一千多万名党员，这是工人阶级队伍的骨干力量。把国有企业建设好，把工人阶级作用发挥好，对巩固党的执政地位、巩固我国社会主义制度具有十分重大的意义"②。然而，海外研究基于这样一个事实，亦即资本主义制度下的国有企业往往发挥的是辅助性作用而非必要性作用。因此，基于"科斯定理"、理性人假设、完美市场等多重理论抽象，将对国有企业作出诸多限制。然而他们始终无法确证，对于一个没有成熟市场、充裕资本的后发国家而言，谁来扮演企业家的角色。国有企业的存在与运行是一个具有奠基意义的命题，而海外研究则很大程度上忽视了这一社会历史语境。当然，尽管海外学者给出的部分方案脱离了中国

---

　　①　程恩富：《新时代为什么要做强做优做大国有企业》，《世界社会主义研究》2018 年第 3 期。

　　②　《十八大以来重要文献选编》（下），中央文献出版社 2018 年版，第 393 页。

的实际，并对中国经济现状的可持续性褒贬不一，但是他们的相关研究仍然提供了理解中国所有制改革的不同视角。这同样为我们重新认识和理解西方理论提供了有益启示，亦即对于一种理论有效性的判断不能仅仅停留在理论抽象的层面，更要考察理论背后的立场、观点和方法。

需要清醒地认识到，当今世界充满不确定性，尤其是近年来以"人工智能"为代表的新科技革命的兴起、中美经贸摩擦的冲突升级，以及部分发达国家对于中国崛起所持有的冷战思维，都对资本主义体系和中国特色社会主义产生巨大影响。在此背景下，海外学界对于所有制议题的研究也仍然是未竟之题。

三 马克思主义所有制理论研究中的几个争论性领域和关键性议题

上述所有制问题研究重点的演进线索反映了马克思主义所有制理论研究与实践之间的相互映射，体现了唯物史观所揭示的经济基础与上层建筑相互作用的基本原理。当然，在所有制改革过程中也出现了一系列争论，如"国有资产贱卖问题""私营经济地位问题""股份制改革与私有化问题"等，这些同样在理论上得到反映。这些关键性议题的讨论共同推动了马克思主义所有制理论中国化的进程，从而在横向上初步形成了"一体三翼"的研究格局，即所有制的"基础理论""性质结构""实现形式"和"生产效率"。在这里，不妨从这四个方面深入到所有制问题本身。

（一）基础理论

所谓"基础理论"，简言之就是回答和阐明"是什么"的研究。在基础理论方面，既有研究主要有两个面向：一是对"所有制"在马克思主义经典文本中的含义、地位、作用的界定和解读；二是对马克思主义经典文本中涉及的所有制论断如"消灭私有制""重建个人所有制""社会所有制"的讨论和分析。

关于"所有制"的含义、地位、作用的界定和解读。一般而言，

"所有制"是指生产资料的归属问题。有学者通过经典著作来考察马克思对于"所有制"的认识过程：在《黑格尔法哲学批判》和《德意志意识形态》中，马克思将所有制归结为经济关系；在《哲学的贫困》和《共产党宣言》中，马克思从主客体方面考察所有制形式的不同含义；在《雇佣劳动与资本》《〈政治经济学批判〉导言》中，马克思明确了所有制在生产关系中的基础地位；而后在《政治经济学批判》和《资本论》中成功运用所有制理论揭示资本主义经济运动规律、预示生产资料公有制的根本特征。① 总体上，学界关于"所有制"的含义存在三种观点，即"基础说"（强调生产资料所有制在整个生产关系中的基础和前提作用）、"过程说"（认为与"生产关系"同义，是"生产关系的总和"）和"实现说"（认为"所有制含义的深层内容，不在于法律归属，也不在于过程本身，而在于所有权能够带来的资产收入"）②。这三种观点是同时存在的，甚至出现了彼此否定的现象，比如以"过程说"否定"基础说"从而淡化所有制的重要性，或者以"基础说"否定"过程说"和"实现说"来过分强调所有制的"决定论"，以致陷入"所有制崇拜"。当然，对于"所有制"的不同界定自然影响到对它的地位和作用的认识。有学者就强调，"马克思主义所有制理论是政治经济学分析的基础"③，并强调历史唯物主义的基本方法就是根据所有制分析经济关系，因而所有制理论对于现实中的"分配不公问题""阶级关系问题""社会基本矛盾和基本经济规律问题""市场经济问题"具有解释力。

　　关于马克思主义经典文本中涉及的所有制论断的讨论和分析。

---

① 曹之虎：《对马克思所有制理论的系统研究》，《中国社会科学》1987 年第 6 期。

② 苏东斌：《论马克思主义创始人关于所有制概念的三层涵义》，《经济科学》1990 年第 3 期。

③ 吴宣恭：《马克思主义所有制理论是政治经济学分析的基础》，《马克思主义研究》2013 年第 7 期。

这里涉及《共产党宣言》中的"消灭私有制"以及《资本论》中的
"重建个人所有制"和"社会所有制"。关于"消灭私有制"论断，
学界主要有两类争论，一是"消灭"还是"扬弃"的翻译版本之
争，二是所有制变革的"目的"和"手段"之争，具体围绕所有制
变革的方式、对象、条件和结果展开，相关争论可参考笔者之前所
写的述评文章①，此处限于篇幅不作展开。关于"重建个人所有制"
论断，这一论断曾被形容为"经济学的哥德巴赫猜想"。概括起来，
学界对此主要有三种解读版本：一是以谢韬等为代表的"生产资料
私有制""人人皆有的私有制"②，这种观点主张生产资料量化到个
人、人人有份；二是以卫兴华等为代表的"联合起来的社会的个人
所有制""既是个人的又是公共的所有制"③，这种观点认为"个人
所有制"与"社会主义公有制"同义，两者关联在于"公有制"是
从由诸多个人组成的社会整体着眼的，"联合起来的个人所有制"则
是从组成联合体的诸多个体着眼的；三是以吴宣恭等为代表的"生
活资料个人所有制"④，肯定恩格斯对"个人所有制"理解的正确
性，即建立在协作和生产资料公有制基础上的生活资料归个人所有，
并援引《资本论》德文版和英文版关于"重建个人所有制"的原文
加以比对，得出"生活资料个人所有"更为准确。关于"社会所有
制"论断，于光远认为，适合社会主义所有制基本性质的是"社会
所有"，社会所有制不等于社会主义公有制，把"公有"作为社会
主义所有制的基本性质和把"公有制为主体"作为社会主义经济制

---

① 吴海江、包炜杰：《对〈共产党宣言〉中"消灭私有制"的再思考》，《马克
思主义理论学科研究》2017 年第 3 期。

② 谢韬、辛子陵：《试解马克思重建个人所有制的理论与中国改革》，《炎黄春
秋》2007 年第 6 期。

③ 卫兴华：《对"重建个人所有制"的解读、评论与争鸣的一些看法——兼谈王
成稼研究员对"重建个人所有制"不同解读的批评和有关观点》，《当代经济研究》
2009 年第 1 期。

④ 吴宣恭：《对马克思"重建个人所有制"的再理解》，《马克思主义研究》
2015 年第 2 期。

度基本特征的说法是不确切的。①

（二）性质结构

所有制的性质结构是所有制问题中最根本的命题，因为它关乎国家性质。以马克思恩格斯的"消灭私有制""重建个人所有制"为理论原点，社会主义所有制实践在苏联经历了从十月革命后列宁的"剥夺剥夺者"到斯大林提出全民所有制和集体所有制作为社会主义公有制的两种基本形式，在中国则经历了新中国成立初期的五种经济成分并存的"新民主主义经济"② 到1956年"三大改造"完成后的"一大二公三纯"，再从20世纪80年代允许发展私营经济到党的十五大对所有制结构规定作出的重大调整。既有研究以"公有制"和"非公有制经济"为两条主线，并衍生出关于"国"与"民"关系的一系列讨论。

关于公有制的研究。一方面，这些研究主张遵循生产关系一定要适应生产力发展的客观规律，破除了"公有制崇拜"。刘国光曾用"三破三立"来形容所有制结构领域的改革，即破除了"越大越公越好""越纯越好""越统越好"的旧观念，重新确立了"所有制性质决定所有制结构""多种所有制并存交融""所有权和经营权相分离"③ 的新观念。另一方面，深化研究"公有制为主体"的表现、原因和挑战等。公有制为主体，既指公有资产在量上占优势，又指国有经济在质上有控制力④。卫兴华认为，"公有制是社会主义基本制度的范畴，不是可有可无"，实行公有制为主体是基于"生产力原则"和"共同富裕"原则⑤。程恩富等人则从反面来说明"坚持公

①　于光远：《关于"社会所有制"》，《学术月刊》1994年第2期。
②　《毛泽东选集》第4卷，人民出版社1991年版，第1433页。
③　刘国光：《在改革的实践中发展马克思主义经济理论》，《中国社会科学》1987年第5期。
④　周新城：《关于公有制为主体问题的思考》，《当代经济研究》2017年第6期。
⑤　卫兴华：《坚持和完善我国社会主义初级阶段的基本经济制度》，《马克思主义研究》1997年第6期。

有制为主体意味着决不能搞私有化", "私有化" 正是新自由主义的理论主张, 基于此, 他们提出需要理解 "两个毫不动摇" 之间的相互依赖性和矛盾性①。

关于非公有制的性质、地位和作用的研究。非公有制经济包括个体经济、私营经济和外资经济。非公有制经济的性质问题是学界讨论的一个热点议题, 不少学者认为非公有制经济不是社会主义性质, "非公有制经济是建立在私有制基础上的, 它的主要组成部分——私营经济、外资经济——还存在着雇佣、剥削关系, 因而它们不是社会主义性质的经济成分"②。也有学者提出, 应当把公有制与非公有制在经济运行体制中的地位, 同它们在基本经济制度尤其是所有制结构中的地位区分开来③, 并从这一角度来认识非公有制经济。在作用方面, 非公有制总体上在不断发展壮大, 单单就民营经济而言, 习近平总书记用 "五六七八九" 来概括民营经济的特征, 即 "贡献了 50% 以上的税收, 60% 以上的国内生产总值, 70% 以上的技术创新成果, 80% 以上的城镇劳动就业, 90% 以上的企业数量"④。

此外, 公有制与非公有制经济之间的关系往往通过所谓 "国" "民" 关系讨论展开。20 世纪 80 年代以来, 随着我国非公有制经济写入宪法和国有企业改革不断深化, 关于 "国退民进" 还是 "国进民退" 的争论此起彼伏。时值中美经贸摩擦, 关于民营经济 "离场" 的言论更是甚嚣尘上。"国退民进" 论认为, 国有企业规模过大、发展过快、干预过多, 导致市场价格扭曲、竞争不公平, 因此主张国有企业应当退出竞争性或营利性领域, 专门从事私有企业不

---

① 程恩富、何干强:《坚持公有制为主体、多种所有制经济共同发展的基本经济制度》,《海派经济学》2009 年第 1 期。

② 周新城:《必须全面阐释社会主义初级阶段基本经济制度》,《北京交通大学学报》(社会科学版) 2018 年第 4 期。

③ 张翼:《"社会主义的经济是以公有制为基础的"——纪念邓小平诞辰 110 周年》,《学习论坛》2014 年第 7 期。

④ 习近平:《在民营企业座谈会上的讲话》,《人民日报》2018 年 11 月 2 日第 2 版。

愿或无法经营的公共产品，避免"与民争利"；"国进民退"论则认为民营经济已经完成历史使命而应退场。在此次民营经济座谈会上，习近平总书记对近年来舆论场兴起的"民营经济离场论""新公私合营论""企业党建控制论"也予以坚决否定，重申了"两个毫不动摇"。

（三）实现形式

在所有制结构调整的基础上，另一条马克思主义所有制理论中国化研究中的突破性认识也呼之欲出，即学界充分意识到一种所有制可以具有多重实现形式，社会主义所有制不局限于国家所有制一种实现形式。在公有制实现形式可以多样化的制度前提下，作为最主要的实现形式，"股份制"以及以股份制为基础的"混合所有制"引发了诸多争论。

关于股份制的性质和作用。首先是股份制的性质问题，即是"公"还是"私"的问题。对于股份制的认识曾有两种极端：一种是在股份制试行之处，备受各界质疑，股份制改革更被认为是"搞私有化"；另一种是过分夸大股份制，依据马克思在《资本论》中对"股份制"的肯定性描述，把"股份制"看作是实现"重建个人所有制"的形式。卫兴华认为，股份制只是一种"资本经营方式"，而非独立的"所有制存在形式"，"不能把中外私人资本组成的股份制视作社会主义公有制，不要混淆所有制的存在形式同其实现形式"①。胡钧对此也持类似观点，并进一步提出，"股份制作为一种资本联合形式，其经济关系性质不能由形式本身决定，只能由参加联合的成员的性质决定。在社会主义条件下，股份制企业的公有性只能由社会主义国有资本参与的程度和所占比重决定"②。另一种是

---

①　卫兴华：《关于股份制与重建个人所有制问题研究》，《经济学动态》2008 年第 6 期。

②　胡钧：《"重建个人所有制"是共产主义高级阶段的所有制关系——兼评把它与社会主义公有制和股份制等同的观点》，《经济学动态》2009 年第 1 期。

股份制的作用。党的十五大报告讲得很清楚，即有利于所有权和经营权的"两权分离"，也有利于资本运作效率①，当然更重要的是，股份制有助于当时现代企业制度改革中所要求的"产权清晰"。

关于"混合所有制"的研究。混合所有制是不同性质的所有者构成的一种所有制，主要实现形式就是现代股份制经济。程恩富等指出，西方国家的混合所有制经济是"国家垄断资本发展的产物"，私人资本与国家资本的融合是其实质，而非资本主义私有制与社会主义公有制的混合，后者则是我国混合所有制的特征。② 从混合所有制的优势来看，"混合所有制经济为国有资本发展提供了广阔的平台，有利于国有资本放大功能，更好体现公有制经济的主体地位，同时促进各种所有制资本共同发展"③。然而，混合所有制改革面临的现实问题同样严峻，"搞混合所有制不是简单地进行国有股减持，而要放大国有资本的功能；不是把国有企业一卖了之，而是要确保国有资产保值增值；不是只允许私有资本参与甚至控股国有企业，而是同样允许国有资本参与甚至控股私人企业；不是削弱公有制经济的主体地位，而是要加强社会主义的经济基础"④。

（四）生产效率

所有制改革是为了通过调整生产关系来促进生产力的解放和发展，而衡量生产力的标准恰恰正是生产效率。所有制的生产效率问题并不是一个陌生问题。早在 20 世纪初的那场著名的"社会主义大论战"就涉及这一议题，一方以奥地利学派米塞斯、哈耶克为代表，他们从根本上怀疑乃至彻底否定中央计划具有实行经济计算和合理

① 《改革开放三十年重要文献选编》（下），中央文献出版社 2008 年版，第901 页。

② 程恩富、董宇坤：《大力发展公有资本为主体的混合所有制经济》，《政治经济学评论》2015 年第 1 期。

③ 顾钰民：《混合所有制经济是基本经济制度的重要实现形式》，《毛泽东邓小平理论研究》2014 年第 1 期。

④ 程恩富、谢长安：《论资本主义和社会主义的混合所有制》，《马克思主义研究》2015 年第 1 期。

配置资源的可能性，以《社会主义》《通往奴役之路》为代表作品；另一方则以波兰经济学家兰格为代表，他在《社会主义经济理论》一文中提出，中央计划体制可采用试错法来模拟市场机制以决定生产资料的价格，使供求得到平衡进而实现资源的合理配置。在我国，这一议题表现在"国有企业低效论"和"国有企业垄断论"的争论中。

20 世纪 90 年代，新制度经济学以及"科斯定理"风靡一时，理论界盛传"私有产权更具效率""国有企业效率低"的言论，这些正是马克思主义所有制理论研究不得不回应的问题。通过对原始社会、奴隶社会、封建社会、资本主义社会等不同社会形态的考察，顾钰民认为，在所有制与生产力效率关系的问题上，不能简单地评价公有制和私有制的效率高低，公有制与私有制都可以是高效率，也可以是低效率。① 在学理上，由于马克思主义经济学与西方经济学对所有制效率分析侧重点不同，所以得出的结论也不同：马克思主义经济学分析所有制效率侧重宏观层面，从"生产力与生产关系的矛盾运动"和"人们的经济利益关系"两个角度来分析，西方经济学侧重微观层面，从"市场竞争关系"和"产权关系"出发加以分析，从而分别得出了"私有制不符合社会化大生产的发展要求"和"公有制不具有动力和效率"的结论②。此外，还有一些讨论公有制效率问题的有益尝试。例如，荣兆梓从公有制的本质特征与内在矛盾出发，分别从激励效率、配置效率和创新效率三个方面论证了公有制经济的微观效率。③ 也有研究者尝试通过数理模型来论证公有制的效率优势，该模型比较了不合作私有制和合作私有制的效率差异，进而在数量和质量两个层面分析了公有制相较于合作私有制的效率

---

① 顾钰民：《马克思主义所有制理论的当代发展》，《高校理论战线》2008 年第 10 期。

② 顾钰民：《马克思主义所有制理论的时代发展》，《经济学家》2012 年第 11 期。

③ 荣兆梓：《论公有制经济的微观效率》，《政治经济学报》2017 年第 2 期。

优势。① 但是，现实中"僵尸企业""产能过剩"等问题不容回避，而这些都要求国有企业朝着现代企业制度的方向不断改革和完善。

四　进一步推动马克思主义所有制理论研究的几点思考

改革开放以来，"实践是检验真理的唯一标准"这一原则推动了马克思主义所有制理论的中国化和时代化，为我国社会主义市场经济奠定了所有制基础。实践发展永无止境，进入新时代，外部世界正在发生复杂深刻的变化，我国正在经历从"富起来"到"强起来"的历史性转变，这些都对深化所有制问题研究提出了新的要求。

（一）核心命题：公有制与市场经济的有机结合问题

所有制问题与经济体制问题密不可分。当前，我国处于社会主义初级阶段，基本经济制度层面规定了我国所有制结构，与之相对应的经济运行体制则是社会主义市场经济，经济体制是以经济制度为基础和依据的。"社会主义市场经济"这一中国特色社会主义政治经济学的"术语革命"及其原创性实践带来了数十年来年均 GDP 增长率近 10% 的"中国奇迹"，它是"社会主义制度下的市场经济"②，但是，长期以来，部分西方国家基于特定意识形态偏见和国家利益诉求而不承认我国的市场经济地位。在"社会主义市场经济是不是市场经济"的这场争论中，关键在于作为一种制度的社会主义能否与作为一种资源配置方式的市场经济相结合，尤其是在理论和实践中回应公有制与市场经济有机结合问题。

"任何一种所有制能否促进社会生产力的发展，核心的问题是经济利益的激励机制。"③ 公有制与市场经济不相容论认为，公有制的经济发展动力存在缺陷。传统公有制经济的动力在于中央计划经济

---

① 赵岳阳、徐传谌：《公有制的效率优势：一个马克思主义的微观模型》，《马克思主义研究》2018 年第 8 期。

② 逢锦聚、何自力：《走向社会主义市场经济》，江苏人民出版社 2015 年版，第 13 页。

③ 杨春学：《论公有制理论的发展》，《中国工业经济》2017 年第 10 期。

体制下国家强制性的行政指令，是自上而下的等级结构，在具体操作层面又通过"条块结构"来传导信息，即按部门划分的行政系统和按地域划分的地区系统，由此推导出公有制经济的生产经营活动缺乏有效的财产激励和财产约束，不符合市场经济的要求。因此，当前所有制问题研究应当有效回应这一难题。

对于公有制与市场经济的有机结合问题至少有两条思路。其一，破除对西方国家的制度迷思，因为"市场经济"概念本身具有延展性，并不存在所谓"市场经济"的唯一模式。这一点从当代资本主义市场经济模式的"三足鼎立"格局中可见一斑：以德国为代表的"社会市场经济模式"、以日本为代表的"政府主导型经济模式"和以美国为代表的"自由市场经济模式"都呈现出市场经济的多样性。一般而言，市场经济要求市场交换主体具有独立性，以及市场主体决策经营具有自主性。因此，基于这一原则，自主经营、自负盈亏的国有企业同样可以成为市场经济的微观主体。其二，完善中国特色社会主义市场经济的激励和约束机制，使公有制企业符合市场经济要求，即成为具有独立性和竞争性的市场主体且产权明晰。就本质而言，公有制与市场经济的矛盾关系源于"社会主义公有制的特殊性质以及由此导致的商品性与非商品性并存的二重属性"[1]，只有夯实微观基础，公有制才能与市场经济相结合[2]。

（二）基本事实：公有制与私有制均已实现从"传统"到"现代"的转变

长期以来，"所有制崇拜"和"所有制歧视"是所有制问题认识论上存在的两种极端倾向，这种认识论上的偏见往往忽视了不同所有制经济的建设性作用。现实中，社会主义公有制已经走出了"一大二公三纯"的计划经济时代，资本主义私有制也已经走

---

① 张宇：《论公有制与市场经济的有机结合》，《经济研究》2016 年第 6 期。

② 简新华、余江：《市场经济只能建立在私有制基础上吗？——兼评公有制与市场经济不相容论》，《经济研究》2016 年第 12 期。

向了"混合经济",都完成了"由传统到现代的转变"①。这是我们分析所有制问题的客观前提,即注意区分马克思主义经典文本语境、中国特色社会主义实践与西方资本主义国家经济事实之间的差异性。

这种从"传统"到"现代"的转变是通过所有制的实现形式来达成的。一种经济制度可以在微观层面通过不同的企业经营形式和资本组织方式来实现,因此,"传统"与"现代"只能从相对意义上来把握,例如传统的社会主义公有制是国家所有制,现代的社会主义公有制则可以是混合所有制,现代资本主义制度同样经历了类似的实现形式转型。对于我国基本经济制度而言,其实现形式的有效性直接关系对于整个经济制度的评价,即"混合所有制"在多大程度上成功直接关系我国社会主义初级阶段所有制结构制度规定的合法性。一般而言,混合所有制使得不同所有制经济能够共同存在、融合生长,在宏观层面表现为各种所有制形式相互渗透、彼此交叉,在微观层面即在企业层面实现不同资本融合发展。在我国,社会主义的国家性质要求大力发展以公有资本为主体的混合所有制,而不是在混合所有制改革中陷入"资本的狂欢"。

此外,这种转变也促成了认识论转向,尤其是对非公有制经济地位问题以及非公有制经济对公有制经济的信任问题。一般而言,不同所有制经济的地位至少包含两方面内容:一是在所有制结构中的地位,具体表现为"主—从"的关系,其中,"主"的部分决定了经济社会性质;二是在具体的经济运行机制层面,不同所有制经济之间的竞争关系反映了它们的不同地位,竞争主体的平等性是市场经济的内在要求,社会主义市场经济同样遵循这一客观要求。从这个角度来说,"民营经济和国有经济各有优势,都有广阔发展的空间,国进不一定民就要退,民进也不一定国就要退,我们努力做到

---

① 顾钰民:《马克思主义所有制理论的时代发展》,《经济学家》2012 年第 11 期。

国进民也进，实现共同发展"①。当然，非公有制经济在市场准入等方面确实还存在着一些困难，习近平总书记在民营企业座谈会上的讲话中将其概括为"三门三山"（即政策执行中"玻璃门""弹簧门""旋转门"和民营企业遇到的"市场的冰山""融资的高山""转型的火山"）。这些现实困难使得非公有制经济对于"私营经济离场论"类似论调感到格外敏感。因而，在我国社会舆论引导中仍应强调"两个毫不动摇"和"国民共进"。

（三）问题导向："建设现代化经济体系"与"建设创新型国家"

所有制领域的深化改革是为了促进不同所有制经济发展，推动社会主义市场经济的繁荣，内在地要求不同所有制经济的自我完善和发展。党的十九大报告指出，我国经济正在由高速度增长向高质量发展转型，"贯彻新发展理念、建设现代化经济体系"是我国在经济领域的重大战略部署。因此，所有制研究更应当回应转型发展的现实问题，尤其是回应"建设现代化经济体系"和"建设创新型国家"这两大时代课题。

当代所有制问题研究亟须在"创新"上做文章。一方面，国有企业混合所有制改革的关键在于创新机制、释放活力，从根本上是为了完善激励和约束机制、解决生产效率问题。国有企业是建设现代化经济体系的主要力量，也是国家创新体系的重要组成部分。国有企业混合所有制改革是为了促成国有企业能够创新出一种良好的体制机制，最大限度释放活力，从而形成持续发展的内生动力。在新时代迈向"高质量发展"的关键时期，国有企业肩负着产业创新的重要使命，在基础技术、核心技术和共性技术创新方面发挥着主导作用。因此，国有企业应发挥"举国体制"的优势，集中资源推动核心技术研发，尤其是跟踪全球前沿科技，争取在重大原创性技术与基础性研究方面取得突破，真正成为提升国家整体创新实力

---

① 张卓元、胡家勇、万军：《中国经济理论创新四十年》，中国人民大学出版社2018年版，第286页。

的重要支撑。当然，"僵尸企业"问题需要在全面深化改革阶段得以解决，基本思路在于划分国有资本功能领域，明确国有经济改革方向，推进国有企业分类改革，以此为国有企业创新奠定基础。另一方面，民营经济也面临着创新转型这道"坎"，不少民营企业集中在技术含量不高、进入门槛较低的产业，创新积淀不深、创新能力不足等内生因素影响其长远发展。党的十九大提出，"激发和保护企业家精神，鼓励更多社会主体投身创新创业"①。此外，还提到了可以通过市场准入负面清单等方式营造公平竞争的良好营商环境。因此，政府部门至少可以从政策支持、资金供给、人才支撑等方面来"毫不动摇地鼓励、支持和引导非公有制经济"，从而更好地为市场创新提供平台。

（四）价值归属：所有制改革是为了满足人民的美好生活需要

所有制改革本身不是目的，而是要解放和发展生产力，实现社会转型发展。同样，不是为了发展生产力而发展生产力，用马克思恩格斯的话来说，是为了实现"自由人的联合体"，这一"目的"在我国现阶段表现为满足"人民日益增长的美好生活需要"。因此，所有制领域深化改革要在发展生产力的基础上处理好"为了谁"的问题。然而，在过去很长一段时间内，我国没有处理好整体和个人之间的关系，往往强调整体而忽视个人，所以间接导致"重建个人所有制"这一议题得以深入和持续讨论。反观现实中出现的两种情况：一种是在生产力不足的情况下搞平均主义结果导致贫穷的社会主义；另一种则是在生产力发展的基础上出现了贫富分化等社会不公现象。因此，所有制改革至少包含两个阶段：一是解放和发展生产力；二是以人民为中心，实现共同富裕。这是由中国共产党作为

---

① 习近平：《决胜全面建成小康社会 夺取新时代中国特色社会主义伟大胜利——在中国共产党第十九次全国代表大会上的报告》，人民出版社 2017 年版，第 31 页。

人民政党的宗旨所决定的，以人民为中心的发展是为了解决新时代中国社会的主要矛盾。

因此，跳脱出所有制决定论的意识形态窠臼，以生产力为客观依据，以共同富裕为价值归属。关于这一点，邓小平曾谈了他的认识，"革命是要搞阶级斗争，但革命不只是搞阶级斗争。生产力方面的革命也是革命，而且是很重要的革命，从历史的发展来讲是最根本的革命"[1]。"社会主义经济政策对不对，归根到底要看生产力是否发展，人民收入是否增加。这是压倒一切的标准。空讲社会主义不行，人民不相信。"[2] 由此可见，纵观改革开放以来的所有制实践，通过所有制调整来发展生产力是第一步；第二步在于真正实现"共同富裕"。在新时代背景下讨论"共同富裕"具有两重指向：第一，"富起来"的时代"做大蛋糕"，意味着经济增长和综合国力的显著提升；第二，"强起来"的时代需要实现"共同富裕"这一"分好蛋糕"的关键一步，意味着应当实现经济增长与居民收入同步增长，以及劳动生产率与劳动报酬同步提高。针对分配领域出现的收入差距扩大、贫富分化明显的现实问题，实现共同富裕的路径主要有两条：一是从根本上促进生产力的不断发展，创造更多的财富；二是解决财产分布不均且差距日益扩大的问题，以及由此引起的居民收入分配不公问题。[3]

第三节　研究方法与研究框架

一　研究方法

本书采用的研究方法主要有三种。

---

[1]　《邓小平文选》第 2 卷，人民出版社 1994 年版，第 311 页。

[2]　《邓小平文选》第 2 卷，人民出版社 1994 年版，第 314 页。

[3]　张宇：《中国特色社会主义政治经济学》，中国人民大学出版社 2016 年版，第 205 页。

一是文本研究与文献资料梳理法。一方面，立足于马克思主义基本原理的整体性，以《共产党宣言》《资本论》《共产主义信条草案》和《共产主义原理》等经典著作为研究线索，梳理马克思主义经典作家从"消灭私有制"到"重建个人所有制"的整体脉络；另一方面，通过对《改革开放三十年重要文献选编》《十八大以来重要文献选编》等中央文件汇编的梳理，筛选整理出改革开放以来我国历次党代会相关决议文件关于所有制领域改革的论述，从而厘清我国所有制领域改革的基本线索和演变逻辑。

二是认识论研究方法。这是马克思主义研究中的一种重要方法，即重点考察马克思主义理论与历史现实的关系。本书在第四章中重点对"消灭私有制"的经典话语与"两个毫不动摇"的现实政策作出了客观分析，运用马克思主义基本原理分析非公有制的性质和对我国社会关系的影响，同时结合我国现实重新认识非公有制经济的地位作用。此外，第五章立足于新时代国有企业深化改革实践，对一些马克思主义所有制理论没有提及的命题进行了一定研究，从而丰富了当代的马克思主义所有制理论。

三是比较分析法。马克思主义所有制理论与实践内容十分丰富，因此，本书在厘清经典作家关于所有制的分析思路和理论设想的基础上，既从纵向上比较分析了新中国成立前30年和改革开放以来的所有制的内涵差异，又从横向上比较分析了苏联和中国在所有制理论与实践上的制度差异。此外，还比较分析了社会主义市场经济条件下公有制与非公有制经济的发展差异，国有企业与民营企业在创新方面的功能差异等，通过比较不同阶段、不同国家、不同主体，进一步拓宽所有制研究的问题域。

二　研究框架

本书的研究框架和基本观点如图 1 和图 2 所示。

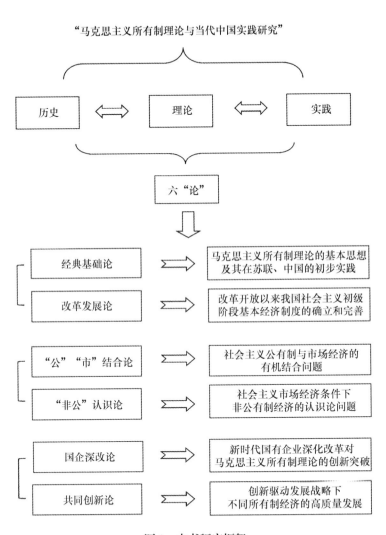

图 1　本书研究框架

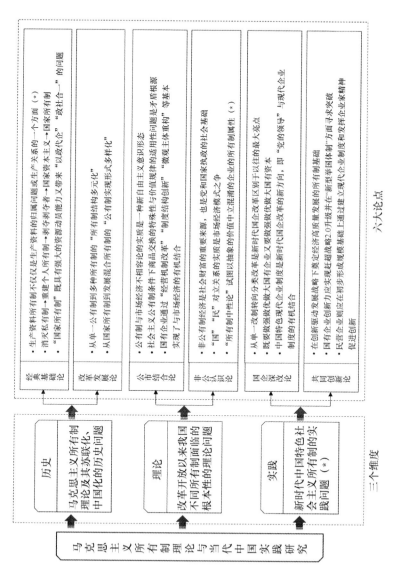

图 2　本书逻辑结构和基本观点

注：* 标记为主要创新点。

第四节　学术创新

本书的创新点集中在研究视角和学术观点与思想内容两个方面。

在研究视角方面，不同于既有研究只关注经典理论、所有制结构或国有企业产权改革的单一化倾向，本书采用"历史—理论—实践"相结合的整体性研究视角，紧扣所有制议题的主要线索和关键问题。既涵盖了经典理论、历史实践，又对我国所有制领域的二元主体即公有制与非公有制的根本问题展开研究，在此基础上突出新时代所有制实践对既有理论体系的发展，拓展了社会主义所有制理论与实践的研究范围，深化了中国特色社会主义政治经济学中的所有制问题研究。

在学术观点与思想内容方面，在前人研究的基础上，本书结合我国经济体制改革以及所有制理论与实践的最新发展，以问题为导向，在马克思主义所有制基础理论和前沿问题方面凝练出五大创新点。

（1）在学术史梳理方面，本书清晰有力地揭示了新中国成立70多年来我国所有制理论研究的演进图谱，并指出当代所有制议题需要重点研究"公有制与市场经济有机结合"等四大问题。研究发现，从纵向来看，马克思主义所有制理论研究呈现渐进式、阶段性特征，研究重点大体上经历了"基本制度"（1949—1977年）—"经营机制"（1978—1991年）—"企业制度"（1992—1996年）—"所有制结构"（1997—2001年）—"实现形式"（2002—2011年）—"实现形式2.0"（2012年至今）的演进过程；从横向来看，围绕所有制问题的争论性领域和关键性议题初步形成了"一体三翼"的研究格局，即"基础理论""性质结构""实现形式"和"生产效率"四个方面。在进一步推动该领域研究方面，至少可以思考以下四个问题：一是在核心命题层面回应"公有制与市场经济的有机结合"；

二是在基本事实层面客观认识传统公有制与传统私有制的现代转变；三是在问题导向层面回应"建设现代化经济体系"和"建设创新型国家"的现实诉求；四是在价值归属层面重申所有制改革本身不是目的，而是为了满足"人民日益增长的美好生活需要"。

（2）在基础理论方面，立足于马克思主义基本原理的整体性，本书在前人研究基础上，结合经典文本和历史事实进一步论证"消灭私有制""生产资料所有制""国家所有制"等概念的文本语境和现实条件。其一，以《资本论》《共产主义信条草案》和《共产主义原理》等经典著作为研究线索，把握"消灭私有制"的文本语境和理论逻辑，从而提出"那种忽视生产力和社会意识基础而片面追求'消灭私有制'的做法，既不符合社会历史客观发展趋势，也遮蔽了马克思主义经典作家的原意"。其二，对于生产资料所有制存在两种狭隘的理解：一种是将其仅仅理解为生产关系的一个方面，而割裂了它与产品的分配形式、人与人之间的关系问题的密切联系；另一种是将其仅仅理解为生产资料的归属问题，而割裂了对生产资料的占有、使用、支配和收益等权利。其三，应当辩证认识国家所有制，既应正视国家代表社会占有全部生产资料的客观性，尤其在无产阶级取得政权的最初阶段，国家势必扮演着生产资料所有者与国民经济管理者的双重角色，又应反思其作为社会主义公有制实现形式带来的"以政代企""政社合一"等现实问题。

（3）在前沿问题方面，针对"国""民"关系争论的最新理论表现即"所有制中性论"，本书在国内学界较早地对这一概念的内涵、实质及问题进行系统分析与批判。本书指出，首先，"所有制中性论"试图糅合"所有制中立"和"竞争中性"这两个概念，以"不平等竞争"来形塑国有企业与民营企业之间的对立关系，主张"取消国企、民企、外企的所有制分类""摘下企业头上的所有制帽子"。但是，不能简单化地理解为是当前我国经济领域客观存在的所有制歧视现象的理论反映和诉求。事实上，"所有制中性论"试图以抽象的价值中立混淆企业的所有制属性，是一个违背马克思主义政治经济学基本原理的伪命题。其次，公平竞争与企业的所有制类型并无直接必然联系，它过分夸大了所有制在企业经营管理层面的作用，忽视了民营经济在社会主义市场经济中的地位作用及其演进逻辑。最后，它从根本上试图淡化国有企业的所有制属性，变相主张"国退民进""国企私有化"。

（4）在原创性探索方面，本书总结了新时代国有企业改革实践对马克思主义所有制理论的创新突破，进一步推动马克思主义所有制理论的中国化、时代化。研究指出，第一，新时代国企改革区别于以往的一个亮点，即国有企业由"单一改制"向"分类改革"的转变。只有在功能界定和分类改革的基础上，才能真正发挥国有经济对国民经济的主导作用，而"分类"的根本指向是以功能评价国企和"国民共进"。第二，针对有人提出只要"做强做优做大国有资本"而不要"做强做优做大国有企业"，本书厘清了国有资产管理体制从"以管企业为主"转向"以管资本为主"的内在逻辑，并指出国有企业和国有资本是国有经济的不同形态，两者都要"做强做优做大"。第三，新时代国有企业改革方向的定位是"建立中国特色现代企业制度"，即在原有的现代企业制度基础上加上"党的领导"，是为了因应国有企业党组织存在被弱化和被边缘化的问题，而"党的领导"与现代企业制度的功能领域各有侧重不存在本质矛盾，关键在于将"党的领导"嵌入公司治理中。

（5）在研究落脚点方面，本书跳出以往所有制研究中的"公""私"之争，选择"创新"作为当代所有制实践研究的根本目标，探讨了创新驱动发展战略下新时代不同所有制经济高质量发展的基本路径问题。本书指出，国有企业角色应当从"赶超战略1.0版本"向"赶超战略2.0版本"转变：工业时代后发国家通过计划体制集中资源进行资本投入、技术模仿、产业革命的发展路径，能够初步建立工业体系、实现快速工业化，此时国有企业扮演着"企业家"的角色；信息时代高新科技对于市场信息、激励机制、风险分散机制的依赖度更强，具有不确定性，而"举国体制"在这方面的微观效率缺陷则日益暴露。因此，政府主导下的控制模式应当调整为引入市场机制进行知识积累和创新驱动的发展路径，此时，国有企业应当专注于基础创新、原始创新和关键技术创新，积极构建"新型举国体制"条件下国有企业创新平台。此外，民营企业则应当充分利用它在创新方面的优势，在形成初步规模的基础上同样应当通过建立现代企业制度和发挥企业家精神实现创新发展。

第 一 章

马克思主义所有制理论的基本思想
及其在苏联、中国的初步实践

无论在哪一种语境下进行马克思主义所有制理论研究，都需要首先讲清楚三个基础性问题：第一，马克思恩格斯是如何认识和分析所有制问题的？第二，作为世界上第一个无产阶级国家，苏联又是如何进行所有制的制度实践的？第三，新中国成立前 30 年（1949—1978 年）在所有制领域的探索是怎样的？对于上述三个基础性问题的回答，不仅需要对马克思主义经典文本中的关键性概念、标识性文献进行梳理，而且需要分析苏联和新中国所有制实践的历史脉络和基本特征，从而基本廓清所有制理论在马克思主义发展史和中华人民共和国史上的内涵、地位和意义。

第一节　马克思恩格斯关于生产资料
所有制的理论分析①

生产资料所有制是马克思恩格斯毕生研究的重要范畴。考察马

---

① 本节主要内容曾以《整体性视域下"消灭私有制"的内涵及其中国化指向》为题发表在《江汉论坛》2019 年第 6 期。

克思主义的学说体系，生产资料所有制是绕不开的关键一环。我们首先尝试廓清生产资料所有制在马克思主义经典作家论述中的内涵与外延，并以关键论断为突破口，梳理从"消灭私有制"到"重建个人所有制"的演进逻辑，从而掌握整体性的马克思主义所有制基本原理。

一 马克思恩格斯关于生产资料所有制的内涵、地位和作用的界定

《马克思主义大辞典》对生产资料所有制（the ownership of the means of production）作了权威解释①，简言之，就是指生产资料归谁所有、劳动者与生产资料结合形式的制度反映。然而，研究发现，马克思恩格斯并未针对"生产资料所有制"这一概念做过明确定义。相关分析只是散见于唯物史观、共产主义、政治经济学等相关内容的论述中，甚至在马恩经典著作中的一些场合，"生产资料所有制"与"所有权""经济关系""生产关系"等概念是混同的。但是为了尽可能呈现出"生产资料所有制"这一概念的原貌，我们仍然尝试对相关文本进行梳理，以便描绘出这一重要议题的大致轮廓。

第一，关于生产资料所有制的内涵。所有制的内涵具有多层次性，贯通于哲学、科学社会主义与政治经济学不同学说体系中。其一，在哲学层面，马克思恩格斯侧重从"所有权""社会关系"的角度来阐发生产资料所有制。马克思在《哲学的贫困》第四节"所有权或租"中指出，"在每个历史时代中所有权是以各种不同的方式、在完全不同的社会关系下面发展起来的。因此，给资产阶级的所有权下定义不外是把资产阶级生产的全部社会关系描述一番"②。在这里，"所有权"与"社会关系"基本同义，这是哲学层次的描述。其二，在科学社会主义层面，马克思恩格斯侧重从国家经济形

---

① 徐光春主编：《马克思主义大辞典》，崇文书局 2017 年版，第 106 页。
② 《马克思恩格斯选集》第 1 卷，人民出版社 2012 年版，第 258 页。

态角度来论述生产资料所有制。比如，1848 年马克思恩格斯在《共产党宣言》中阐明无产阶级的政治主张时指出，"无产阶级将利用自己的政治统治，一步一步地夺取资产阶级的全部资本，把一切生产工具集中在国家即组织成为统治阶级的无产阶级手里，并且尽可能快地增加生产力的总量"①。再如，1872 年马克思在《国际先驱报》上发表了自己关于土地国有化问题的观点，他认为，"土地国有化将彻底改变劳动和资本的关系，并最终消灭工业和农业中的资本主义生产方式"，"生产资料的全国性的集中将成为由自由平等的生产者的各联合体所构成的社会的全国性的基础，这些生产者将按照共同的合理的计划进行社会劳动"②。其三，在政治经济学层面，马克思恩格斯侧重从资本对劳动的剥削、生产与分配的关系角度来揭示生产资料所有制的内涵。马克思在《雇佣劳动与资本》中揭露了以剥削雇佣工人劳动为基础的资本主义生产关系的实质，并指出："生产者相互发生的这些社会关系，他们借以互相交换其活动和参与共同生产的条件，当然依照生产资料的性质而有所不同。"③ 什么是"生产资料的性质"？显然，这里指的正是生产资料所有制。此外，马克思在《〈政治经济学批判〉导言》中论述生产与分配的关系时指出，"照最浅薄的理解，分配表现为产品的分配，因此它离开生产很远，似乎对生产是独立的。但是，在分配是产品的分配之前，它是（1）生产工具的分配，（2）社会成员在各类生产之间的分配（个人从属于一定的生产关系）——这是同一关系的进一步规定。这种分配包含在生产过程本身中并且决定生产的结构，产品的分配显然只是这种分配的结果。"④ 这一论述已经非常清楚地揭示了生产资料所有制对于生产和分配的基础性作用，这里的"生产资料所有制"与"生产工具的分配"同义。

---

① 《马克思恩格斯选集》第 1 卷，人民出版社 2012 年版，第 421 页。
② 《马克思恩格斯选集》第 3 卷，人民出版社 2012 年版，第 178 页。
③ 《马克思恩格斯选集》第 1 卷，人民出版社 2012 年版，第 340 页。
④ 《马克思恩格斯选集》第 2 卷，人民出版社 2012 年版，第 696 页。

第二，关于生产资料所有制的地位。尽管上文已经从马克思恩格斯经典著作中的"社会关系""国家经济形态""生产工具的分配"等角度对生产资料所有制展开论述，但是生产资料所有制这一概念是斯大林在《苏联社会主义经济问题》中最早完整提出的。"政治经济学的对象是人们的生产关系，即经济关系。这里包括：（一）生产资料的所有制形式；（二）由此产生的各种社会集团在生产中的地位以及他们的相互关系，或如马克思所说的，'互相交换其活动'；（三）完全以它们为转移的产品分配形式。这一切共同构成政治经济学的对象。"① 在这里，斯大林将生产资料所有制作为生产关系的一个部分，并且生产资料所有制在生产关系中处于基础地位。而论及生产资料所有制的基础性地位，可以从马克思恩格斯的诸多论述中发现线索。马克思指出："一般说来，人（不论是孤立的还是社会的）在作为劳动者出现以前，总是作为所有者出现，即使所有物只是他从周围的自然界中获得的东西。"② 再如，马克思在《哥达纲领批判》中反驳"劳动是一切财富和一切文化的源泉"时指出，"只有一个人一开始就以所有者的身份来对待自然界这个一切劳动资料和劳动对象的第一源泉，把自然界当做属于他的东西来处置，他的劳动才成为使用价值的源泉，因而也成为财富的源泉。"③ 这一论述强调了生产资料所有制的重要性，即生产资料必须与劳动者结合才能实现生产创造财富。

第三，关于生产资料所有制的作用。从现实层面来看，生产资料所有制是生产条件的一定的社会形式，因而是任何社会生产和交换的前提条件；从抽象层面来讲，生产资料所有制是生产关系的基础，从而对生产过程、交换过程、分配过程和消费过程等各个方面起着决定作用。这一作用是与其含义、地位密切相关的。马克思指

① 《斯大林文集》，人民出版社1985年版，第655页。
② 《马克思恩格斯全集》第26卷，人民出版社1974年版，第416页。
③ 《马克思恩格斯选集》第3卷，人民出版社2012年版，第357页。

出，劳动条件的分配，"是生产关系本身范围内，落到同直接生产者相对立的、生产关系的一定当事人身上的那些特殊社会职能的基础。这种分配关系赋予生产条件本身及其代表以特殊的社会性质。它们决定着生产的全部性质和全部运动"①。从这段话不难看出，生产资料所有制是生产关系的基础，对全部生产关系起基础性、决定性作用，深刻决定着生产活动的方向和目的。根据上述对生产资料所有制的地位和作用的基本考察可以看出，生产资料所有制包括对生产资料的所有、占有、支配和使用关系。为什么要提及这一点呢？因为如果将所有制仅仅理解为归属关系，无疑是一种简单化、狭隘化的倾向，势必会割裂所有制与现实经济关系的深刻联系。因此，必须结合生产资料所有制在生产和生产关系中的地位和作用来掌握所有制的丰富内涵，进而理解所有制在马克思主义学说体系中的重要地位。

上述从经典论述中梳理"生产资料所有制"的概念只是第一步，在接下来的研究分析中我们会发现，经典作家以所有制为切入点，对资本主义进行了批判分析，在对资本主义经济规律即剩余价值规律的全面考察的基础上揭示了资本主义基本矛盾，论证了资本主义被共产主义取代的必然性，以及与之相对应的所有制形式由资本主义私有制转变为社会主义公有制。马克思恩格斯的研究揭示了所有制是不断发展演进的，不存在所谓永恒的所有制形式，充分证明了"要想把所有权作为一种独立的关系、一种特殊的范畴、一种抽象的和永恒的观念来下定义，这只能是形而上学或法学的幻想"②。

二　"消灭私有制"：马克思恩格斯对资本主义私有制的批判

马克思主义基本原理的一个重要研究方法就是整体性解读，理解整体性视域下的所有制原理，根本在于掌握关键论断，《共产党宣

---

① ［德］马克思：《资本论》第3卷，人民出版社2004年版，第994页。
② 《马克思恩格斯选集》第1卷，人民出版社2012年版，第258页。

言》(以下简称《宣言》)中的"消灭私有制"和《资本论》中的"重建个人所有制"这两个论断就是关键。在这里,我们先从"消灭私有制"切入。长期以来,《宣言》中关于"消灭私有制"的论断引起了学界和社会的广泛讨论,这其中既有肯定的声音,又有否定的声音。关于"消灭私有制"的基本内涵、实现路径以及约束条件,都是在马克思主义研究中亟须澄清和回应的重大理论问题。针对这一系列的争论,首先需要从逻辑起点上阐明一个问题,即为什么《宣言》提出"消灭私有制"?回顾学界近40年来关于"消灭私有制"的争论,之所以产生关于这一问题的分歧,从根本上说,是一定程度上忽视了"消灭私有制"的整体语境,没有准确理解"从这个意义上说"所指称的"意义"为何。因此,要理解马克思恩格斯为什么提出"消灭私有制"的论断,首先要结合《宣言》的上下文,理顺经典作家的分析思路,阐明"这个意义"的具体内涵。

(一)分析框架:从"前提预设—内嵌过程—推导结论"把握"这个意义"

梳理《宣言》文本发现,"从这个意义上说,共产党人可以把自己的理论概括为一句话:消灭私有制。"这一原文隐含了一个前提预设和一个内嵌过程,而"从这个意义上说"正是指向了该命题的前提预设和内嵌过程。

从前提预设来看,生产资料所有制的变更是社会形态演进的主要特征。从原始社会的自然关系到奴隶社会的工具关系,从封建社会的人身依附关系到资本主义社会的雇佣关系,贯穿社会形态更替的最本质特征正是包括生产资料所有制在内的生产关系的变化,从这一角度来看,"废除先前存在的所有制关系,并不是共产主义所独具的特征"①。"一切所有制关系都经历了经常的历史更替、经常的历史变更。"②

---

① 《马克思恩格斯选集》第1卷,人民出版社2012年版,第414页。
② 《马克思恩格斯选集》第1卷,人民出版社2012年版,第414页。

从内嵌过程来看，资产阶级私有制消灭了先前各种形态的所有制关系。资本主义私有制相对以往的小私有制而言，它实现财富的集中和垄断，"现代的资产阶级私有制是建立在阶级对立上面、建立在一些人对另一些人的剥削上面的产品生产和占有的最后而又最完备的表现"①。这一点是针对共产主义是否需要消灭资本主义以前的小私有制而提出来的。资本主义私有制已经消灭了以往的小农私有制、手工业者私有制和封建地主私有制的小私有制。从这一点来讲，共产主义并不直接消灭小私有制。

因此，在文本语境中，推导结论是共产党人要实现共产主义，就要消灭资本主义私有制。"消灭"的对象不是别的私有制，而正是资本主义私有制。"共产主义革命就是同传统的所有制关系实行最彻底的决裂"②，"共产主义的特征并不是要废除一般的所有制，而是要废除资产阶级的所有制"③。

（二）核心思想：消灭生产资料不公平"占有"而非消灭一切

针对那些把"消灭私有制"看作是"消灭个人的生活资料"的指责，马克思恩格斯在《宣言》中阐述得十分透彻，"消灭私有制"是为了消灭生产资料私人占有导致的不公平状态，而不是为了消灭一切生产资料和生活资料。

"消灭私有制"的核心是消灭"占有"以及利用"占有"去"奴役"他人劳动的权力。"共产主义并不剥夺任何人占有社会产品的权力，它只剥夺利用这种占有去奴役他人劳动的权力。"④ 因为在资本为资产阶级独占的情况下，无产阶级遭遇的正是剩余价值被剥削、劳动异化的悲惨处境。"我们决不打算消灭这种供直接生命再生

---

① 《马克思恩格斯选集》第 1 卷，人民出版社 2012 年版，第 414 页。
② 《马克思恩格斯选集》第 1 卷，人民出版社 2012 年版，第 421 页。
③ 《马克思恩格斯选集》第 1 卷，人民出版社 2012 年版，第 414 页。
④ 《马克思恩格斯选集》第 1 卷，人民出版社 2012 年版，第 416 页。

产用的劳动产品的个人占有，这种占有并不会留下任何剩余的东西使人们有可能支配别人的劳动。"①

　　每一种社会都有其存在的制度条件，用以维系不同阶级的对立状态。农奴制度维系了农奴的被统治状态，封建专制制度则维持了封建主和小资产者的关系。对于资本主义的制度条件而言，马克思恩格斯认为，"资产阶级生存和统治的根本条件，是财富在手里的积累，是资本的形成和增殖；资本的条件是雇佣劳动"②。正是这种生产资料不公平的占有即资产阶级的私有财产造成了资本和雇佣劳动的对立。马克思恩格斯认为：资本本身就是集体的产物，而且只有通过社会全体成员活动才能完成运动，"资本不是一种个人力量，而是一种社会力量"，资本本身就是属于社会的。因此，"把资本变为公共的、属于社会全体成员的财产，这并不是把个人财产变为社会财产"③。"消灭私有制"正是为了消除资本对雇佣劳动的奴役和压迫，让劳动回归劳动本身，从而实现摆脱资本奴役的自由。

　　（三）理论设想："自由人的联合体"

　　那么，最终废除私有制后会产生什么样的结果呢？《宣言》指出："代替那存在着阶级和阶级对立的资产阶级旧社会的，将是这样一个联合体，在那里，每个人的自由发展是一切人的自由发展的条件。"④ 这种"自由发展"强调的是克服因资本主义分工方式而造成个人的片面性，取而代之的应是"整个社会共同地和有计划地来经营的工业"⑤。

　　那么，如何从生产资料所有制的角度来理解"自由人的联合体"呢？马克思在《资本论》中就这一点作了补充说明。在产品生产方面，"设想有一个自由人联合体，他们用公共的生产资料进行劳动，

---

① 《马克思恩格斯选集》第 1 卷，人民出版社 2012 年版，第 415 页。
② 《马克思恩格斯选集》第 1 卷，人民出版社 2012 年版，第 412 页。
③ 《马克思恩格斯选集》第 1 卷，人民出版社 2012 年版，第 415 页。
④ 《马克思恩格斯选集》第 1 卷，人民出版社 2012 年版，第 422 页。
⑤ 《马克思恩格斯选集》第 1 卷，人民出版社 2012 年版，第 308 页。

并且自觉地把他们许多个人劳动力当作一个社会劳动力来使用"。在产品分配环节，"这个联合体的总产品是一个社会产品。这个产品的一部分重新用作生产资料。这一部分依旧是社会的。而另一部分则作为生活资料由联合体成员消费。"其中的分配方式在于"每个生产者在生活资料中得到的份额是由他的劳动时间决定的"。① 在这里，出现了马克思主义经典作家关于共产主义经济形态设想的"公有制"的痕迹。

最终以"公共的生产资料"取代"私有制"，是马克思恩格斯关于"自由人的联合体"的基本判断。归根结底，共产主义运动是为公而不是为私的。"过去的一切运动都是少数人的，或者为少数人谋利益的运动。无产阶级的运动是绝大多数人的，为绝大多数人谋利益的独立的运动。"② 生产方式决定分配方式，以生产资料之"公"消灭生产资料之"私"，意在让更大多数的人民能够获得自己的劳动所得，因而使生产资料所有制问题成为共产主义运动在经济层面的首要议题。也是从这个角度出发，"共产党人到处都支持一切反对现存的社会制度和政治制度的革命运动。在所有这些运动中，他们都强调所有制问题是运动的基本问题，不管这个问题的发展程度怎样"③。

在上述分析基础上，《共产党宣言》的两部准备著作，即1847年恩格斯的《共产主义信条草案》和《共产主义原理》，都对"消灭私有制"的前提条件作了回答。

第一、能不能一下子"消灭私有制"实现财产公有？"消灭私有制"无疑受到客观条件的限制，在《共产主义信条草案》中，恩格斯在回答第十五个问题即"你们是否打算一下子就用财产公有来代替今天的社会制度"时指出，"我们不想这样做。群众的发展是不

---

① ［德］马克思：《资本论》第1卷，人民出版社2004年版，第96页。
② 《马克思恩格斯选集》第1卷，人民出版社2012年版，第411页。
③ 《马克思恩格斯选集》第1卷，人民出版社2012年版，第435页。

能命令的。这种发展受到群众生活条件的发展的制约，因而是逐步前进的"①。无独有偶，恩格斯在回答《共产主义原理》第十七个问题即"能不能就把私有制废除"时说道："不，不能，正像不能一下子就把现有的生产力扩大到为实现财产共有所必要的程度一样。因此，很可能就要来临的无产阶级革命，只能逐步改造现今社会，只有创造了所必需的大量生产资料之后，才能废除私有制。"②

第二，"消灭私有制"的社会基础。恩格斯在《共产主义信条草案》第四个问题中就财产公有的基础作了说明，他认为："第一，建立在通过发展工业、农业、商业和垦殖而产生的大量的生产力和生活资料的基础上，建立在因使用机器、化学辅助手段和其他辅助手段而使生产力和生活资料无限增长的可能性的基础上。第二，建立在这样的基础上：在每一个人的意识或情感中都存在着某些原理，这些原理是颠扑不破的准则，是整个历史发展的结果，是无须加以论证的。"③ 由此析出，恩格斯强调"消灭私有制"的前提在于：一方面是物质基础，要建立在生产力和生活资料无限增长的基础上；另一方面则是社会意识，需要厚植关于共产主义的道德理想，"通过对无产阶级进行宣传教育并使他们联合起来"④。

综合上述两方面，那些忽视了生产力和社会意识基础而片面追求"消灭私有制"的做法，既不符合社会历史客观发展趋势，又遮蔽了马克思主义经典作家的原义。"消灭私有制"是为了实现无产阶级的解放，但是，"消灭私有制"无疑受到客观条件的限制，因而不是一蹴而就的，盲目追求公有制的体量和数量恰恰适得其反。马克思恩格斯在《宣言》中评述"批判的空想的社会主义和共产主义"时，重申了无产阶级解放对物质条件的依赖性："无产阶级在普遍激

---

① ［德］马克思、恩格斯：《共产党宣言》，中央编译局编译，人民出版社 2014 年版，第 73 页。

② 《马克思恩格斯选集》第 1 卷，人民出版社 2012 年版，第 304 页。

③ 《马克思恩格斯全集》第 42 卷，人民出版社 1979 年版，第 373 页。

④ 《马克思恩格斯全集》第 42 卷，人民出版社 1979 年版，第 378 页。

动的时代、在推翻封建社会的时期直接实现自己阶级利益的最初尝试，都不可避免地遭到了失败，这是由于无产阶级本身还不够发展，由于无产阶级解放的物质条件还没有具备，这些条件只是资产阶级时代的产物。"①

三　"重建个人所有制"：马克思恩格斯对未来社会所有制形式的设想

生产资料所有制问题是马克思毕生研究的重要范畴，并不是孤立的，而是一以贯之的。早期马克思在《1844年经济学哲学手稿》中从哲学层面揭示了作为社会权力的资本对劳动的异化，进而批判资本主义私有制。《共产党宣言》则从科学社会主义层面论证了"两个必然"的社会历史规律、阐明无产阶级的政治主张，进而批判资本主义私有制。作为马克思晚年的集大成之作，《资本论》从政治经济学层面区分了两种不同形式的私有制，阐述了资本主义积累下所有制变革的历史趋势。更进一步地，马克思在《资本论》中明确提出，"在协作和对土地及靠劳动本身生产的生产资料的共同占有的基础上，重新建立个人所有制。"② 因此，从《资本论》关于生产资料所有制的论述中更能准确清晰地把握马克思对"消灭私有制"这一论断的进一步思考，以及未来社会所有制形式即"重建个人所有制"的进一步设想。

第一，两种形式的私有制以及"否定的否定"。"政治经济学在原则上把两种极不相同的私有制混同起来了。"③ 马克思在《资本论》中区分了两种形式的私有制，一种是"以个人自己劳动为基础的分散的私有制"，另一种则是"资本主义私有制"。④ 马克思通过"否定的否定"来深刻地揭示两种私有制的关系："从资本主义生产

① 《马克思恩格斯选集》第1卷，人民出版社2012年版，第430—431页。
② 《马克思恩格斯选集》第2卷，人民出版社2012年版，第269页。
③ ［德］马克思：《资本论》第1卷，人民出版社2004年版，第876页。
④ ［德］马克思：《资本论》第1卷，人民出版社2004年版，第874页。

方式产生的资本主义占有方式，从而资本主义的私有制，是对个人的、以自己劳动为基础的私有制的第一个否定。但资本主义生产由于自然过程的必然性，造成了对自身的否定。这是否定的否定。"在此基础上，他阐明了"否定的否定"的结果，即生产资料所有制的未来形态："这种否定不是重新建立私有制，而是在劳动本身生产的生产资料的共同占有的基础上，重新建立个人所有制。"① 第一个否定对应的正是《共产党宣言》中所阐述的"现代的资产阶级私有制是建立在阶级对立上面、建立在一些人对另一些人的剥削上面的产品生产和占有的最后而又最完备的表现"②；第二个否定对应的则是"消灭私有制"所指称的消灭资本主义私有制。在这里，"重新建立个人所有制"作为马克思关于"消灭私有制"后所有制形态的设想，其意不是要重新建立个人私有制，而是要建立生产资料共同占有基础上的"个人所有制"。

第二，资本主义积累下所有制变革的历史趋势。在资本主义私有制条件下，资本与劳动日益对立。在资本的积累过程中，所有权与劳动相分离，最终造成了"社会财富越来越多地成为那些能不断地重新占有别人无酬劳动的人的财产"③，劳动力这种特殊商品具有独特的使用价值，在创造价值的同时创造了剩余价值。然而，在资本主义社会，"剩余价值是资本家的财产，它从来不属于别人"④。马克思在《资本论》中揭示资本主义积累过程中所有制变革的历史趋势。私有制作为社会的、集体的所有制的对立物而出现，最初表现在小生产中劳动者对他的生产资料拥有私有权，这是以土地和其他生产资料的分散为前提的。而随着社会生产力的发展尤其是大工业的出现，这种以自己劳动为基础的私有制将解体，"它的消灭，个人的分散的生产资料转化为社会的积聚的生产资料，从而多数人的

① ［德］马克思：《资本论》第1卷，人民出版社2004年版，第874页。
② 《马克思恩格斯选集》第1卷，人民出版社2012年版，第414页。
③ ［德］马克思：《资本论》第1卷，人民出版社2004年版，第677页。
④ ［德］马克思：《资本论》第1卷，人民出版社2004年版，第676页。

小财产转化为少数人的大财产"①。在此基础上，伴随着资本主义生产方式的进一步发展，"生产资料的集中和劳动的社会化，达到了同它们的资本主义外壳不能相容的地步。这个外壳就要炸毁了。资本主义私有制的丧钟就要响了。剥夺者就要被剥夺了"②。这里，正是马克思所揭示的资本主义制度的固有矛盾，即生产的社会化与生产资料私有制之间的矛盾，这一资本主义生产方式下生产力与生产关系的矛盾最终将通过危机的强制方式实现。

第三，从"消灭私有制"到"重建个人所有制"是生产资料所有制变革的辩证法。在马克思生活的时代，他看到了股份制作为"个人所有制"的一种实现形式的可能。他在《资本论》中论述信用在资本主义生产中的作用时指出，随着股份制度的出现，"那种本身建立在社会生产方式的基础上并以生产资料和劳动力的社会集中为前提的资本，在这里直接取得了社会资本（即那些直接联合起来的个人的资本）的形式，而与私人资本相对立，并且它的企业也表现为社会企业，而与私人企业相对立。这是作为私人财产的资本在资本主义生产方式本身范围的扬弃。"③ 马克思关于生产资料所有制设想中"扬弃"和"否定的否定"，正是辩证法在《资本论》中的鲜活运用。他在《资本论》第二版跋中对"辩证法"作了肯定。他指出，虽然辩证法在黑格尔手中神秘化了，但是，"辩证法，在其合理形态上，引起资产阶级及其空论主义的代言人的愤怒和恐怖"④，"因为辩证法在对现存事物的肯定的理解中同时包含对现存事物的否定的理解，即对现存事物的必然灭亡的理解；辩证法对每一种既成的形式都是从不断的运动中，因而也是从它的暂时性方面去理解；辩证法不崇拜任何东西，按其本质来说，它是批判的和革命的。"⑤

---

① ［德］马克思：《资本论》第 1 卷，人民出版社 2004 年版，第 873 页。
② ［德］马克思：《资本论》第 1 卷，人民出版社 2004 年版，第 874 页。
③ ［德］马克思：《资本论》第 3 卷，人民出版社 2004 年版，第 494—495 页。
④ ［德］马克思：《资本论》第 1 卷，人民出版社 2004 年版，第 22 页。
⑤ ［德］马克思：《资本论》第 1 卷，人民出版社 2004 年版，第 22 页。

因此，就生产资料所有制的整个发展演变的过程来看，可以说，马克思运用辩证法对这一问题进行了透彻分析，才有了从"消灭私有制"到"重建个人所有制"的进一步思考。

以上就是基于《资本论》文本梳理的马克思关于所有制变革的基本观点。更进一步地，问题就在于"重建个人所有制"的基本内涵究竟是什么？这种所有制究竟是个人的还是公共的？关于这一问题的争论，众说纷纭，以致成为"经济学的哥德巴赫猜想"。学界主要有三种观点，既有人认为是"个人私有制"，又有人认为是"生产资料公有制"，也有人认为是"消费资料个人所有"，具体争论及代表观点在文献综述部分已提及，在这里，我们还是尝试根据掌握的资料做一些回应。

第一，马克思所讲的"个人所有制"的主体仍然应是"生产资料"。有学者认为，此处的"个人所有制"的主体为"消费资料"。其依据主要有两点，其一，援引恩格斯的一段原文加以佐证，即"对任何一个懂德语的人来说，这就是，公有制包括土地和其他生产资料，个人所有制包括产品即消费品"①。其二，在"重新建立个人所有制"的原文中，如果"个人所有制"指的是生产资料，则与前文"生产资料的共同占有"矛盾，将直接导向"私有化"，与马克思一贯主张的生产资料公有制的基本原则相背离。我们认为，"个人所有制"的主体仍然是"生产资料"，理由在于：尽管恩格斯的那段话讲的是"消费资料"的"个人所有制"，但是如果仅理解为"消费资料"则离开了整个文本语境。根据前文梳理，马克思在原文前后论述的是"两种形式的私有制""资本主义积累下所有制变革的历史趋势"，这里讲到的都是"生产资料"，如果强行理解为"消费资料"，尽管可以避免原文中"生产资料的共同占有"与"个人所有制"产生的歧义矛盾，却一定程度上脱离了文本原意。如果从引文佐证的角度来考察的话，马克思在《政治经济学批判（1857—

① 《马克思恩格斯全集》第20卷，人民出版社1971年版，第143页。

1858 年手稿)》"公社制的生产关系的局限性"一节中指出公社的存在由所有制的形式来决定，他进而论述了公社所有制的三种存在形式：一是"公共所有制"（个人只是占有者，不存在土地的私有制），二是"国家所有同私人所有相并列的双重形式"，三是"仅仅表现为个人所有制的补充"。① 从这里不难看出，"个人所有制"如果作为公社所有制的基础，那么必然对应的是"劳动的客观条件"即生产资料而非消费资料。当然，需要指出的是，将"个人所有制"的主体理解为消费资料有一定的可取性，比如，马克思在《哥达纲领批判》中花了很大篇幅描述了共产主义社会的生产和分配状况，并提出，除了个人的消费资料之外没有其他东西"可以转为个人的财产"②。然而，立足于"重新建立个人所有制"的上下文来看，"生产资料"作为主体更为恰当。

第二，"重建个人所有制"并非重建私有制，而是指重建"联合起来的个人"的所有制，前提基础是"共同占有生产资料"。如果"个人所有"的对象是"生产资料"，那么"生产资料"的"个人所有制"是不是私有制？如果对这一问题的回答是肯定的，那么势必又会产生一个新的疑惑：马克思恩格斯在生产资料所有制问题上"兜兜转转"竟然又回到了私有制？这显然不符合经典作家的原义。那么，如何来理解这种语义上的矛盾呢？综合来看，从"社会所有与个人所有的统一"（卫兴华）的角度来理解"重建个人所有制"比较恰当。在马克思的文本中，他一直强调"联合起来的个体"的重要性，正如他在《政治经济学批判（1857—1858 年手稿)》中说"孤立的个人是完全不可能有土地财产的，就像他不可能会说话一样"③，当然，强调这种"联合起来的个体"的最著名篇目就是《共产党宣言》中讲到的"自由人的联合体"。所以，从马克思文本

① 《马克思恩格斯选集》第 2 卷，人民出版社 2012 年版，第 737 页。
② 《马克思恩格斯选集》第 3 卷，人民出版社 2012 年版，第 363 页。
③ 《马克思恩格斯选集》第 2 卷，人民出版社 2012 年版，第 737 页。

的一般语境出发，"个人"是"联合起来的个人"，放置于"重新建立个人所有制"这段原文的语境中，"生产资料的共同占有"侧重于"社会所有"的角度来指向"公有制"，"重新建立个人所有制"侧重于"联合起来的个人"的角度来指向"公有制"，这样才与"这种否定不是重新建立私有制"这句前置相符合。当然，又有人质疑了，如果这样理解即都指向"公有制"，那么前后两句就有同义反复之嫌，针对这一点，必须看到前后两句的侧重点不同，因而话语表达也就不同。

第二节　苏联关于生产资料所有制的探索与启示

上文基本梳理了马克思恩格斯关于所有制问题的基本观点及其核心要义，而理论的科学性有待于实践去检验，苏俄以及后来的苏联在历史上推动了马克思主义所有制走向实践。尽管苏联在生产资料所有制领域推行的是完全公有制，但仍然经历了一个探索过程。因此，我们尝试梳理出列宁时期和斯大林时期这两个主要时期关于所有制的理论实践和基本经验。

一　从"剥夺剥夺者"到"国家资本主义"：列宁的所有制理论与实践

十月革命爆发后，苏维埃俄国在经济上仍然是以小农生产为主。因此，如何从一个落后的农业国快速建设成为先进的社会主义国家，成为摆在布尔什维克面前的一道难题。总体上，列宁领导苏俄在生产资料所有制方面的探索可以分为三个阶段。

第一阶段（1917 年十月革命—1918 年初），苏维埃俄国初期，部分地"剥夺剥夺者"。这一阶段所有制实践内容可以说主要是：列宁并没有完全"消灭私有制"，而是将土地、大工业、银行、交通运输业和邮电业收归国有，暂时允许私人资本在国家控制的范围内发展。1917 年，列宁在十月革命后的全俄工兵代表苏维埃第二次代表大会上作了关于土地问题的报告，他提出应当"立刻废除地主土地所有制"，"禁止买卖、出租、典押或以任何其他方式转让土地"①，规定一切土地成为全民财产并交给一切耕种土地的劳动者使用。同时，宣布银行国有化、一切股份企业为国家财产、辛迪加国有化。1918 年 4 月，列宁在《苏维埃政权的当前任务》中将之归结为"直接剥夺剥夺者的措施"②，他直言，"资产阶级在我国已被击败，可是还没有根除，没有消灭，甚至还没有彻底摧毁"③。但是，应当"暂停"对资本的进攻，他认为，更重要的仍在于对产品的生产和分配组织最严格的全民计算和监督。因此，这一阶段多种所有制形式并存，1918 年 5 月 5 日列宁在《当前的主要任务。论"左派"幼稚性和小资产阶级性》中关于俄国现时经济的分析，他将俄国的社会经济结构成分区分为 5 类："（1）宗法式的，即在很大程度上属于自然经济的农民经济；（2）小商品生产（这里包括大多数出卖粮食的农民）；（3）私人资本主义；（4）国家资本主义；（5）社会主义。"④

第二阶段（1918 年春—1921 年初），"战时共产主义"时期，为最大限度调动资源，采用强制的办法不断扩大国有化的范围，取消商品、货币关系。1918 年春，在苏俄国民经济建设还未正式展开前，国外帝国主义势力和国内反革命叛乱对新生的苏维埃政权发动了武装干涉。在这样的内外环境下，布尔什维克采取了"战时共产主义"政策。这一时期苏俄经济体制的主要特点为：第一，除农业外，几乎对全部经济（包括对超过 5 人的小企业）实行国有化，在农业方面则通过余粮征集制将全部农业剩余集中到国家手中；第二，

---

① 《列宁选集》第 3 卷，人民出版社 2012 年版，第 349 页。
② 《列宁选集》第 3 卷，人民出版社 2012 年版，第 480 页。
③ 《列宁选集》第 3 卷，人民出版社 2012 年版，第 479 页。
④ 《列宁选集》第 3 卷，人民出版社 2012 年版，第 522 页。

把从生产到分配的全部经济活动的决策权和管理权都集中到国家手中，用强制的行政方法管理；第三，在消灭商品、货币的条件下，经济关系实物化；第四，国有企业与国家（总管理局）是行政隶属关系，实行"统收统支制"；第五，分配方面实行平均主义；第六，劳动力强制分配和普遍劳动义务制；第七，对外经济由国家垄断。①

"战时共产主义"政策在当时的严峻形势下一定程度上保卫和巩固了新生的苏维埃政权，但是随着内外部威胁的消除，这些政策对于苏俄国民经济的恢复和发展起到消极作用。事实上，列宁逐渐意识到"战时共产主义"的经济政策尤其是粮食政策的不可持续性。"特殊的'战时共产主义'就是：我们实际上从农民手里拿来了全部余粮，甚至有时不仅是余粮，而是农民的一部分必需的粮食"②，"'战时共产主义'是战争和经济破坏迫使我们实行的。它不是而且也不能是一项适应无产阶级经济任务的政策。它是一种临时的办法"③。

第三阶段（1921年春—1924年列宁逝世），"新经济政策"时期，恢复商品交换，允许发展国家资本主义向社会主义过渡。1921年春，由于农业歉收和牲畜死亡，以及"喀琅施塔得水兵叛乱"的爆发，"战时共产主义"政策的弊端日益暴露。在这一情况下，改善农民的生活状况成为当时的主要任务。列宁在1921年5月俄共（布）第十次全国代表会议上作了关于"新经济政策"的说明，他认为："应当把商品交换提到首要地位，把它作为新经济政策的主要杠杆。"④ 他主张应当在工业和农业之间实行系统的商品交换和产品交换，巩固无产阶级和农民之间的经济联盟。就新经济政策的核心和实质而言，列宁在1921年10月全俄政治教育委员会第二次代表大会上的报告中指出，"新经济政策就是以实物税代替余粮收集制，

---

① 陆南泉：《苏联经济体制改革史论》，人民出版社2007年版，第11—12页。
② 《列宁选集》第4卷，人民出版社2012年版，第501页。
③ 《列宁选集》第4卷，人民出版社2012年版，第502页。
④ 《列宁选集》第4卷，人民出版社2012年版，第533页。

就是在很大程度上转而恢复资本主义"①。他认为，恢复了资本主义也就恢复了无产阶级，客观上发展了生产力，只要无产阶级掌握国家政权，就能够有效控制和监督资本主义。此外，列宁在《论粮食税》中明确提出，采用国家资本主义的方式是向社会主义过渡的最佳方式，"因为消除无秩序、经济破坏和松懈现象比什么都重要，因为让小私有者的无政府状态继续下去就是最大、最严重的危险"②，而国家资本主义与社会主义的共同经济特征就在于"对产品的生产和分配实行全民的计算和监督"③，苏维埃政权可以通过租让制、合作制、租赁制和代销代购制等方式发展国家资本主义。

通过对上述三个阶段经济政策梳理发现，列宁对于社会主义经济制度和经济体制的认识有一个渐进式的过程。这三个阶段既具有一致性，又存在差异性，甚至表现出某种矛盾性。一方面，列宁继承了马克思恩格斯关于所有制的基本思想，主张社会主义所有制应当"剥夺剥夺者"。在列宁的思想观念里，他认同马克思恩格斯关于社会主义社会没有商品生产的观点，"只要还存在着市场经济，只要还保持着货币权力和资本力量，世界上任何法律都无法消灭不平等和剥削。只有建立起大规模的社会化的计划经济，一切土地、工厂、工具都转归工人阶级所有，才可能消灭一切剥削"④。"社会主义……就是消灭商品经济。……只要仍然有交换，谈论什么社会主义就是可笑的。"⑤ 另一方面，列宁认识到，在当时经济条件还不够成熟的情况下取消商品交换的不可能性。他指出，在苏俄的经济形势下，"试图完全禁止、堵塞一切私人的非国营的交换的发展，即商业的发展，即资本主义的发展，而这种发展在有千百万小生产者存在的条件下是不可避免的。一个政党要是试行这样的政策，那它就

---

① 《列宁选集》第 4 卷，人民出版社 2012 年版，第 576 页。
② 《列宁选集》第 4 卷，人民出版社 2012 年版，第 492 页。
③ 《列宁选集》第 4 卷，人民出版社 2012 年版，第 494 页。
④ 《列宁全集》第 13 卷，人民出版社 1987 年版，第 124 页。
⑤ 《列宁全集》第 17 卷，人民出版社 1988 年版，第 111 页。

是在干蠢事，就是自杀。"① 在这里，值得一提的是，列宁在《论粮食税》中谈到了社会主义的三大前提条件，即"大资本主义技术""计划经济"和"无产阶级专政"。他认为，"没有建筑在现代科学最新成就基础上的大资本主义技术，没有一个使千百万人在产品的生产和分配中严格遵守统一标准的有计划的国家组织，社会主义就无从设想。""同时，无产阶级若不在国家内占统治地位，社会主义也是无从设想的，这也是一个起码的常识。"② 但是，列宁领导下的苏俄所有制实践并没有就此固定下来，包括生产资料所有制在内的经济制度方面的探索还在继续，并且在苏联兴亡的两个时期形成强烈的反差。

二　"国家所有制"：斯大林关于所有制的理论与实践

列宁逝世后，联共（布）领导层在 1924—1929 年就新经济政策展开了激烈的争论。当时党内对新经济政策有三种观点：一是以托洛茨基等人为代表，将其看作是无产阶级的"退却"和"喘息"，主张等待时机成熟仍要消灭商品货币关系；二是以财政人民委员会主席普列奥布拉任斯基等人为代表，认为这是恢复国民经济的必要手段，但只是一种暂时现象；三是以布哈林等人为代表，认为新经济政策恢复商品货币关系对发展社会主义具有积极作用，将使之最终战胜私人资本。③ 由此看出，列宁当时寄希望于通过新经济政策进行社会主义建设的主张在党内并未得到一致认同。在上述争论中，斯大林也将新经济政策理解为一种过渡性政策。但是，1928 年粮食收购危机的出现，直接导致了苏俄经济体制又一次发生了重大变化。斯大林认为，"小农经济的落后性、劣根性与富农（实际上多数为富裕中农）捣乱是粮食收购危机的主要原因，也是问题的'全部实

---

① 《列宁选集》第 4 卷，人民出版社 2012 年版，第 504 页。
② 《列宁选集》第 4 卷，人民出版社 2012 年版，第 493 页。
③ 陆南泉：《苏联经济体制改革史论》，人民出版社 2007 年版，第 21—23 页。

质'。"① 斯大林借此事件否定新经济政策，开始推行后来被称为"斯大林模式"的一整套新的经济政治体制。

从实践来看，"斯大林模式"在经济体制方面有两大标志，分别是超高速工业化和农业全盘集体化，而这些都离不开指令性计划。斯大林执政以来，企业的国有化程度不断提高，根据统计数据，"1928 年私人经济成分占工业总产值比重为 17.6%，但到了 1932 年只占 0.5%"②。在农业方面，1929—1932 年农业全盘集体化过程中，采取了消灭富农阶级的政策。同苏俄政权建立之初就推行的农业集体化相比，全盘集体化的涉及范围更广，但两者都是为了将分散的小农经济纳入"社会主义大生产的轨道"③。从理论来看，斯大林认为，社会主义公有制有两种形式，分别是以国有企业为代表的全民所有制与以集体农庄为代表的集体所有制。1936 年苏联通过宪法将这一所有制结构和形式固定下来。至此，伴随着生产资料国有化和集体化，"斯大林模式"完成了单一公有制的社会主义改造，一个高度集中的指令性的计划经济体制得以实行，此外，一个高度集权的政治体制模式也应运而生。

第一，在对斯大林时期的所有制理论进行考察时，就不难发现苏联体制的最大特点，即完全公有制与高度集中的计划经济体制。其核心就是取消商品货币关系，否认价值规律，实行产品经济。在斯大林的观念里，社会主义制度下的价值规律受到了严格限制，起不到调节生产的作用，相反，国民经济有计划按比例发展的规律，以及根据国民经济有计划规律制定的年度计划和五年计划的经济政策将发生作用。④ 尽管十月革命以后，西方主流经济学界一直对苏联

---

① 陆南泉：《苏联经济体制改革史论》，人民出版社 2007 年版，第 24 页。

② 陆南泉：《苏联时期所有制理论对经济体制改革的影响》，《中国浦东干部学院学报》2018 年第 5 期。

③ 吴恩远：《关于苏联农业全盘集体化的两个问题》，《世界历史》1984 年第 4 期。

④ ［苏］斯大林：《苏联社会主义经济问题》，人民出版社 1953 年版，第 16 页。

经济制度持否定态度，并且坚称"社会主义不可行"①，但是，苏联社会主义经济制度有力地驳斥了西方观点，一个典型的例证，苏联在1928年到1941年先后实施并完成了3个五年计划，基本实现了社会主义工业化，国民经济快速发展，奠定了坚实的工业和国防基础，为世界反法西斯战争的胜利和战后成为世界超级大国打下了基础。

第二，斯大林主张的社会主义所有制理论的核心和实质是"国家所有制"，无论是将国有企业直接等同于全民所有制，还是通过农业全盘集体化使之纳入国家计划的轨道，斯大林尝试建构一个"国家式的大工厂"。在思考超高速工业化在苏联何以可能的问题时，"国家所有制"是一个重要原因。超高速工业化需要高积累、高投资，当时苏联的市场机制远远达不到这方面的要求，限制和消灭商品货币关系、通过指令性计划直接垄断和控制国有企业恰恰可以满足这方面的需要。但是，生产资料的完全国有化并不能确保所有劳动者都享受均等的劳动成果。"越来越多的学者论证，全民所有制和国家所有制不是一回事，这两者就其物质内容、形成的来源方面是完全不同的，有决定性的差别。"② 从狭义上讲，国家所有制是"国家机关系统的所有制"。③ 在完全国有化后，国家成了唯一的所有者和雇主，在这种情况下，官僚就成了对经济社会生活进行全面计算和监督的唯一的垄断力量。这是一个根本性问题，还需要进一步分析。

第三，斯大林关于所有制的基本框架整个苏联时期一直沿用，直到戈尔巴乔夫推行生产资料所有制的非国家化、民营化和私有化。戈尔巴乔夫执政时期，为了向市场经济过渡，推行了一系列的改革方案，强调"人的权利"，并最终认为公有制与市场经济不兼容。今

---

① 李燕：《苏联社会主义经济制度选择与西方批判辨析——驳"社会主义不可行"论》，《马克思主义研究》2019年第3期。

② 陆南泉：《苏联经济体制改革史论》，人民出版社2007年版，第526页。

③ 陆南泉：《苏联经济体制改革史论》，人民出版社2007年版，第526页。

天来看这一认识无疑是片面的，并且是苏共垮台的重要经济根源，"削足适履"是对戈尔巴乔夫所有制改革的贴切形容。苏联解体后，俄罗斯采用西方新自由主义的"休克疗法"，大力推行"私有化"，通过发放私有化债券等形式无偿转让国有资产，快速自由化引发了宏观经济失衡，金融和石油寡头们趁机操控国民经济，结果出现了严重的通货膨胀，最终造成了"20 世纪 90 年代的转型经济衰退"[①]。自此，随着社会主义经济基础的消失，那个曾经盛极一时的社会主义超级大国也就不复存在。

今天来看，斯大林时期的国家所有制与苏联解体后私有化大行其道形成鲜明对比，这为我们思考马克思主义所有制理论提供了诸多命题：第一，国家所有制是不是全民所有制？第二，苏联后期的经济表现不佳与社会主义有什么联系吗？第三，社会主义公有制与商品经济能否兼容？第四，私有化或私有制能否真正保障个人权利？当然，与之相关的问题还有许多，关于这些问题的讨论将在马克思主义所有制理论中国化的进程中得以呈现。

第三节　新中国关于社会主义基本经济制度的探索：1949—1978 年

近代以来，无数国人矢志报国、追寻国家富强之路，1919 年五四运动的爆发，极大地推动了马克思主义在中国的传播，最终促成了中国由效仿英美转向"以俄为师"，开启了马克思主义中国化与中国现代化的百年征程。1949 年新中国的成立，标志着马克思主义在中国从理论到制度的转向。就所有制的理论与实践而言，可以将新中国历史分为 1949—1978 年和 1978 年至今两个时间跨度，前一阶

---

① ［俄］弗拉基米尔·波波夫：《荣衰互鉴：中国、俄罗斯以及西方的经济史》，孙梁译，格致出版社、上海人民出版社 2018 年版，第 87 页。

段实现了从新民主主义经济到单一公有制为基础的基本经济制度的转向，后一阶段则在反思单一公有制的经典理论基础上进行了真正意义上马克思主义所有制中国化的进程。在这里，我们先尝试梳理和分析前一阶段的探索历程。

一 从新民主主义经济到单一公有制为基础的基本经济制度

1940 年毛泽东在《新民主主义论》中回答"中国向何处去"时，客观分析了当时中国的革命主体和革命任务，进而提出"中国革命分为两个历史阶段，而其第一阶段是新民主主义的革命，这是中国革命的新的历史特点"①，"这是一定历史时期的形式，因而是过渡的形式，但是不可移易的必要的形式"②。因此，在 1949 年后的一段时间，我国处于新民主主义社会向社会主义社会过渡的时期，通过生产资料所有制的改造进行新社会的建构运动正在党的领导下分阶段有序展开。

第一阶段（1949—1952 年），"没收"与"限制"并重，侧重于发展"国营经济"与"合作社经济"。针对新民主主义的经济形态，毛泽东进行了相关的分析并提出主张。第一，提出新民主主义三大经济纲领。随着抗日战争的胜利和解放战争的顺利完成，1947 年 12 月 25 日毛泽东在《目前形势和我们的任务》中提出了新民主主义的三大经济纲领，即"没收封建阶级的土地归农民所有，没收蒋介石、宋子文、孔祥熙、陈立夫为首的垄断资本归新民主主义的国家所有，保护民族工商业"③。第二，将新民主主义经济划分为五大经济成分。1949 年 3 月 5 日毛泽东在七届二中全会上作报告时，对新民主主义时期的经济形态进行了划分并相对应地提出了党的经济政策，即"国营经济""合作社经济""私人资本主义""个体经

---

① 《毛泽东选集》第 3 卷，人民出版社 1991 年版，第 672 页。
② 《毛泽东选集》第 3 卷，人民出版社 1991 年版，第 675 页。
③ 《毛泽东选集》第 4 卷，人民出版社 1991 年版，第 1253 页。

济"和"国家资本主义经济"五种经济成分并存。其中，对应"私人资本主义"的政策是"限制和反限制"，即"我们要从各方面，按照各地、各业和各个时期的具体情况，对于资本主义采取恰如其分的有伸缩性的限制政策"。具体而言，一方面，"它将从几个方面被限制——在活动范围方面，在税收政策方面，在市场价格方面，在劳动条件方面"；另一方面，"必须容许它们在人民共和国的经济政策和经济计划的轨道内有存在和发展的余地"，"如果……认为简直可以很快地消灭私人资本，这也是完全错误的，这就是'左'倾机会主义或冒险主义的观点"。① 可以说，这些理论和主张贯穿了1949—1952 年中国共产党的经济政策，而随着三年国民经济基本恢复、全国土地改革基本完成，社会主义工业化建设被提上了日程。

第二阶段（1953—1956 年），完成社会主义改造，确立单一公有制为基础的基本经济制度。1953 年春，在三年国民经济基本恢复和土地改革基本完成的大背景下，毛泽东提出了"过渡时期总路线"，即"从中华人民共和国成立，到社会主义改造基本完成，这是一个过渡时期。党在这个过渡时期的总路线和总任务，是要在一个相当长的时间内，基本上实现国家工业化和对农业、手工业和资本主义工商业的社会主义改造。这条总路线应该是照耀我们各项工作的灯塔，各项工作离开它就要犯'右倾'或'左倾'的错误"。这就是我们通常所说的"一化三改"，即一方面进行社会主义工业化，发展生产力；另一方面对农业、手工业实行合作化，对资本主义工商业实行公私合营，调整生产关系。对于这样一个特殊历史时期的生产资料所有制的巨大变化，我们至少需要关注两件事情：其一，1954 年宪法对新民主主义经济形态的再次确认。1954 年第一届全国人大第一次会议通过了第一部《中华人民共和国宪法》，其中第五条把我国的基本经济制度表述为："中华人民共和国的生产资料所有制现在主要有下列各种：国家所有制，即全民所有制；合作社所有制，

---

① 《毛泽东选集》第 4 卷，人民出版社 1991 年版，第 1431—1433 页。

即劳动群众集体所有制；个体劳动者所有制；资本家所有制。"其二，生产资料所有制的社会主义改造是与我国第一个五年计划同步进行的。第一个五年计划由苏联援建的 156 个项目构成。其主要特点有：投资率从战前约 5% 的水平提升至 20% 的平均水平、将绝大部分投资用于工业尤其是生产生产资料的工业部门中、重点发展规模型和资本密集型的制造业。1956 年底基本完成社会主义改造。这意味着在中国共产党领导下，我国创造性地完成了从新民主主义到社会主义的转变，在中国建立起社会主义基本制度，实现了中国历史上最广泛最深刻的社会变革。

1956 年中共八大提出，社会主义改造完成后，社会主义制度在我国已经基本上建立起来，国内的主要矛盾不再是工人阶级和资产阶级之间的矛盾，而是人民对于建立先进的工业国的要求同落后的农业国的现实之间的矛盾，是人民对于经济文化迅速发展的需要同当前经济文化不能满足人民需要的状况之间的矛盾。而在此后的1957—1977 年，我国的生产资料所有制领域未再出现新的结构性变化。总之，在 1949—1978 年的 30 年间，我国以"消灭私有制"为指向，最终建立了公有经济在经济总量中占 95% 以上的单一公有制为基础的基本经济制度。①

二　单一公有制为基础的基本经济制度的主要特征与原因分析

在上述的梳理中，我们主要从当时社会的经济形态、中国共产党人的态度以及改造方法和政策等方面梳理了生产资料所有制的社会主义改造史。而以这种基本经济制度为对象，它又具有怎样的特征，以及为什么在当时的社会背景下会建立这样一套基本经济制度呢？

一般而言，"一大二公三纯"是以单一公有制为基础的基本经济

---

① 葛扬：《中国特色社会主义基本经济制度》，经济科学出版社 2018 年版，第73 页。

制度的主要特征，而联系到当时的经济运行体制特征，整个社会结构表现为"单一公有制—全能型政府—计划经济"。当时人们对于社会主义公有制的理解，带有一种明显倾向：凡是"公"的，就是社会主义的，就是正确的和伟大的；凡是"私"的，就是资本主义的，就是需要"革命"和"消灭"的对象，甚至农村自家豢养家禽可能都会被认定为"资本主义的尾巴"。从 1949 年到 1956 年社会主义改造基本完成，是"国家权力由公共领域逐渐扩大到私人经济领域并最终取消私人在生产和消费方面自主权"的过程，单一公有制和计划经济强化了政府权力，从而形成"全能型"政府。在这一过程中，"政府权力强化、市场作用式微、社会管制严厉"，试图通过加强党和各级政府直接管理经济和全面控制社会，来解决激励机制不足的问题①。但是，为什么在当时的社会背景下会建立这样一套基本经济制度，这是一个需要深入研究和分析的问题。今天常常有人错误地用改革开放后的发展成就来否定 1949—1978 年这 30 年对于社会主义道路的艰辛探索，尤其是在所有制领域以改革开放后的"所有制的多元化"来片面否定单一公有制，更说明这一问题需要被慎重对待和认真反思。通过梳理，至少可以归纳出以下三个层面的原因。

第一，从理论逻辑出发，建立单一公有制符合"消灭私有制"的理论主张，被视为社会主义的基本标志、无产阶级的行动纲领。依据唯物史观的基本原理，社会形态与生产资料所有制密切相关，生产资料所有制的变革是一种新的社会形态的标志。因此，社会主义公有制就与社会主义画上了等号，而无产阶级革命和专政是建立社会主义生产关系的前提。正如孙冶方所说，社会主义生产关系"只有在无产阶级夺取政权之后才能建立。无产阶级革命的任务，就

---

① 武力、张林鹏：《改革开放 40 年政府、市场、社会关系的演变》，《国家行政学院学报》2018 年第 5 期。

是夺取政权，改变生产关系，发展生产力"①。因此，从马克思主义的理论逻辑出发，"最直接"地推导出建立单一公有制的必然性。

第二，从历史逻辑出发，苏联通过"单一公有制 + 计划经济"的方式快速实现了社会主义工业化，为中国提供了参考样本。在那个特殊年代，苏联既是当时世界上最大也是最成功的社会主义国家，又是对中国进行军事和经济援助的唯一来源。1949—1957 年，苏联对中国共产党的政策选择和中国社会发展产生了巨大影响②。伴随着朝鲜战争和苏联对华援助谈判的结束，中国效仿苏联的现代化模式，开始了从 1953—1957 年的第一个五年计划。与苏联的农业全盘集体化相类似，中国也强化了生产资料所有制的社会主义改造。这既有意识形态方面的考量，更重要的是，计划经济被认为是实现"经济目标和社会改造"的"关键纽带"，而单一公有制则能够与"计划经济"相配合以使国家能够"直接控制经济资源""剥夺可疑的阶级的财产"③。

第三，从现实逻辑出发，国家和人民迫切要求建立一个先进的工业国，而单一公有制能够在经济基础薄弱时期最大限度地集中国家资源进行工业化建设。自 15 世纪以来以英、美、德、日等国为代表的现代世界兴起的历史已经表明，工业化是一个国家从传统走向现代、从落后走向富强的必由之路。然而，并不是所有国家都能够轻易地实现工业化，尤其是深受帝国主义列强剥削的殖民地或封建国家。因为工业化前必须实现必要的资本积累，较多的资本存量能够将生产可能性边界向外推移，从而有助于经济的快速增长。"在一个低收入水平的农业社会，实现工业化所必需的资本积累，是无法

---

① 孙冶方：《社会主义经济论稿》，商务印书馆 2015 年版，第 105 页。

② ［美］麦克法夸尔、［美］费正清编：《剑桥中华人民共和国史（上卷：革命的中国的兴起：1949—1965）》，谢亮生等译，中国社会科学出版社 1990 年版，第 61 页。

③ ［美］麦克法夸尔、［美］费正清编：《剑桥中华人民共和国史（上卷 革命的中国的兴起：1949—1965）》，谢亮生等译，中国社会科学出版社 1990 年版，第 85 页。

依靠市场信号引导进行的。"① 而单一公有制使得一个覆盖全部部门、全部领域的计划经济得以可能，计划经济则能够最大限度地将资源集中到政府手中，将农业剩余补贴到工业发展所需的资本积累中。从这一点来看，我们不难得出结论，即公有制经济是欠发达国家工业化和现代化的重要力量。

更深入来看，上述三方面原因是层层递进的关系，尤其是第三方面的原因往往最被人忽视。大多数人的观念认为，主要是由于"马克思主义经典作家的理论设想"和"照搬苏联模式"而形成了我国以单一公有制为基础的基本经济制度，但是第三方面即工业化的现实考量实际上最具现实解释力。

三　单一公有制为基础的基本经济制度的现实困境

一般认为，我国国民经济在经历了"文化大革命"后陷入混乱状态，到了 1978 年处于即将崩溃的边缘，当时中国经济面临的一个严重问题，即短缺问题。尽管社会主义公有制在"三大改造"中彻底替代了资本主义剥削制度，但是这种以单一公有制为基础的基本经济制度没有在与以美国为代表的资本主义私有制经济的竞争中赢得比较优势，包括苏联和中国在内的许多社会主义国家反而陷入了自身发展的困境，甚至不少人开始质疑社会主义的优越性。后来的多数研究表明，在单一公有制、计划经济的制度设计下，激励问题成为根本缺陷，那么，激励何以成为问题以及这种经济体制究竟有什么样的问题呢？这是马克思主义所有制理论中国化必须要回答的问题，而要真正解答这个问题，就必须反思传统公有制理论即单一公有制的理论局限。

第一，单一公有制作为一种社会主义生产关系，与当时社会的生产力基础存在一定差距，客观地说，这种生产关系超越了当时的

---

① 蔡昉：《四十不惑：中国改革开放发展经验分享》，中国社会科学出版社 2018 年版，第 91 页。

生产力发展阶段。无论是苏联还是中国的社会主义实践，都不同于马克思主义创立者的经典语境，物质生产力和社会意识基础的缺失导致经典设想与现实实践之间始终存在着一个跨度。在经典语境中，生产力发展积累到一定阶段后受到资本主义私有制的限制，在此基础上，公有制对生产力进一步解放和发展①，但是现实条件存在出入。而在经典理论的影响下，又势必会产生两种极端化的认识论倾向：一种是"公有制崇拜"，对公有制产生路径依赖，认为建立完全公有制就一劳永逸地解决了所有经济问题；另一种是"私有制歧视"，将私有制与社会主义完全对立化，彻底否定资本主义生产关系。这两种倾向都忽视了生产力的基础性和决定性作用，生产关系与生产力之间的这种矛盾往往会导致社会主义实践出现重大曲折。

　　第二，经济制度上的单一公有制与经济体制上的计划经济的组合，虽然在短期内为快速工业化提供必要的资本积累，但又导致了激励难题。就理论而言，计划经济被认为是适应社会化大生产的组织形式。但是，这一生产组织形式客观上造成了"条块分割"，同时否认社会主义条件下的价值规律，使之必然偏离了客观经济规律。在生产方面只需要完成上级计划指标，在分配方面搞低水平的平均主义，导致有效激励不足，严重影响了经济效率②。一定程度上，计划经济对于我国初步建立国家工业体系、稳定物价秩序、整合社会力量起到了积极作用，但是"统得过多""统得过死"以及信息不完备性是这一经济体制的固有弊端，加之缺乏有效激励机制导致生产主体缺乏积极性。这一体制容易生成路径依赖和依附关系，使得经济主体缺失自生能力，这也是"斯大林模式"为人诟病的地方。

　　第三，更进一步看，激励问题的深层次根源在于全民所有制的国家所有制形式问题，"以政代企""政社合一"滋长了国家机器的官僚主义。当时一些经济学者已经意识到这个严重问题，比如董辅

---

① 杨春学：《论公有制理论的发展》，《中国工业经济》2017 年第 10 期。
② 杨春学：《论公有制理论的发展》，《中国工业经济》2017 年第 10 期。

礽指出，国家所有制导致了国家行政组织取代了经济组织，容易产生"官僚主义""命令主义""'按长官意志'办事"① 等不良风气。再如薛暮桥又说道，"需要进一步讨论的是，在全民所有制经济中国家、企业、劳动者这三方面的关系问题"。在国有企业中，片面强调国家的集中统一，"管得过多""统得过死"，"企业完全按照国家计划生产，劳动者按国家计划的要求提供劳动，企业丝毫没有经营管理的自主权，劳动者没有管理企业的权利，也不能从企业生产中多得一点利益。这样，企业对国家、劳动者对企业就会漠不关心，就不能充分体现出社会主义制度的优越性。"② 此外，薛暮桥还指出，国家在对农村管理的过程中，往往混淆集体所有制和全民所有制，不尊重集体经济单位的所有权和经营自主权，对集体经济单位实行强迫命令，使农业生产受到很大的损失③。

在这里，我们不得不思考下述问题：一是全民所有制的国家所有制形式是否真正实现了生产资料与劳动者的结合？二是如何来界定这种国家所有制的有效性和局限性？事实上，在国家所有制中，劳动者与生产资料处于分离状态，并没有获得对生产资料的直接管理权，而这种国家所有制只能是"社会直接占有全部生产资料"的替代品，是全民所有制的"低级形式"。但是，在国家尚未消亡以前，其经济管理职能和阶级统治职能仍然是客观存在的。因此，创新国家所有制的实现形式成为盘活国有经济的主要路径，而对于生产关系的调试以适应生产力发展也将作为另一条路径在改革开放中全面清晰地呈现出来。

---

① 董辅礽：《关于我国社会主义所有制形式问题》，《经济研究》1979 年第 1 期。

② 薛暮桥：《中国社会主义经济问题研究》，人民出版社 2012 年版，第 50—53 页。

③ 薛暮桥：《中国社会主义经济问题研究》，人民出版社 2012 年版，第 53 页。

第 二 章

改革开放以来中国社会主义初级
阶段基本经济制度的确立和完善

马克思主义所有制经典理论在经历了近百年的实践发展后，终于在 1978 年后伴随着改革开放正式拉开了"中国化"的序幕。今天人们耳熟能详的"家庭联产承包责任制""国企改革""股份制"等词都与马克思主义所有制理论的中国化密切相关。就这一"中国化"与传统公有制经典理论的差异性而言，既表现在所有制结构层面实现了从单一公有制到公有制为主体的转变，又表现在公有制的实现不再局限于国有经济和集体经济这两种形式，而是经历了从承包制、股份制、公司制再到混合所有制的探索。因此，回顾改革开放以来我国社会主义初级阶段基本经济制度的探索历程，也就把握住了马克思主义所有制理论中国化的发展过程，从而把握住了我国经济体制改革的两条主线之一。

第一节　社会主义初级阶段基本
经济制度的探索历程

为什么要突破单一公有制？既有前文提到的激励不足、"政企不分"等原因，更有着深刻的社会现实背景。"文化大革命"以后，我国经济社会秩序一片混乱。国民经济比例严重失调，商品短缺现象十分严重，原有的物资产品供销系统遭到严重破坏，原有的过于集中的经济管理机制也在"以阶级斗争为纲"的思想路线下日趋僵化缺乏活力，经济体制改革已经到了刻不容缓的地步。从实践来看，我国经济体制始终围绕着两条主线进行改革，一条是以企业改革为中心论的所有制改革，另一条是以价格改革为主线推动经济运行机制转轨。就第一条主线的内容而言，"包括国企改革，允许和发展个体私营经济，利用外资，建立新体制的所有制基础包括微观经济主体。总之就是建立和完善社会主义初级阶段的基本经济制度，构建社会主义市场经济发展的经济基础"①。

　　而在讨论 1978 年以来的所有制领域改革的所有细节和具体进展之前，首先需要回答一个前置性命题，即"要不要单一公有制"。对于这样一个命题的忽视往往导致人们把更多的注意力放在国有企业的经营机制和产权制度改革上。当然更确切地说，"要不要单一公有制"不仅仅是一个理论问题，更是一个实践问题，因为当时在"左"的路线的影响下，"一大二公三纯"的社会主义生产关系成为主流认识，使得某些领域成为"禁区"。因此，冲破单一公有制的认识禁区，重新确立一套符合中国实际的基本经济制度并非易事。在这里，我们尝试以历次党的全国代表大会报告、历届三中全会决议以及其他相关文献为线索，梳理出 1978 年以来社会主义初级阶段基本经济制度的探索历程。

　　第一阶段（1978—1991 年），在计划经济体制框架下，"恢复了所有制由生产力发展水平决定的历史唯物主义原理"②，允许个体经济、私营经济和外资经济的发展，逐渐突破原来的单一公有制的

---

　　①　张卓元：《中国经济改革的两条主线》，《中国社会科学》2018 年第 11 期。

　　②　葛扬：《中国特色社会主义基本经济制度》，经济科学出版社 2018 年版，第 88 页。

格局。

1978 年党的十一届三中全会提出，"社员自留地、家庭副业和集市贸易是社会主义经济的必要补充部分，任何人不得乱加干涉"①。这是新时期以来中央会议中首次对这一问题"松口"，为后来个体经济的发展打开了制度的大门。紧接着，允许外资发展也突破了原有的单一公有制格局。1979 年邓小平在会见外国客人时指出，中国进行社会主义现代化建设离不开国际合作，包括外国的资本和技术，"外资是资本主义经济，在中国占有它的地位。但是外资所占的份额也是有限的，改变不了中国的社会制度。"②

值得一提的是，我们党在 20 世纪 80 年代初从生产关系与生产力矛盾运动规律的角度来认识所有制问题了。1981 年党的十一届六中全会通过的《关于建国以来党的若干历史问题的决议》提出，"社会主义生产关系的变革和完善必须适应于生产力的状况，有利于生产的发展。国营经济和集体经济是我国基本的经济形式，一定范围的劳动者个体经济是公有制经济的必要补充。"③ 与此同时，1981 年为了解决当时比较突出的城镇青年就业问题，中共中央、国务院出台了《关于广开门路，搞活经济，解决城镇就业问题的若干决定》，再次强调"一定范围的劳动者个体经济是社会主义公有制经济的必要补充"④。这一文件还提到了，"对个体劳动者，应当允许经营者请两个以内的帮手；有特殊技艺的可以带五个以内的学

---

① 《改革开放三十年重要文献选编》（上），中央文献出版社 2008 年版，第17 页。

② 《改革开放三十年重要文献选编》（上），中央文献出版社 2008 年版，第98 页。

③ 《改革开放三十年重要文献选编》（上），中央文献出版社 2008 年版，第213 页。

④ 《改革开放三十年重要文献选编》（上），中央文献出版社 2008 年版，第223 页。

徒"①。1982 年党的十二大在"必要补充"的基础上又加上了"有益"两个字,即个体经济"作为公有制经济的必要的、有益的补充"。②

在这段时间,个体经济成为改革开放最活跃的前沿。据统计,从 1979 年到 1986 年,个体经济由 31 万人发展到 1211 万户、1846 万人。1987 年党的十三大提出,"社会主义初级阶段的所有制结构应以公有制为主体"。与此同时,肯定了私营经济在中国存在的客观性。"私营经济是存在雇佣劳动关系的经济成分。但是在社会主义条件下,它必然同占优势的公有制经济相联系,并受公有制经济的巨大影响",它和中外合资企业、合作经营企业、外商独资企业一样,都是"公有制经济必要的和有益的补充"。③

第二阶段(1992—1997 年),在市场经济体制框架下,明确社会主义初级阶段基本经济制度是"公有制为主体、多种所有制经济共同发展",奠定了社会主义市场经济的所有制基础,真正确立了马克思主义所有制理论的中国化。

如果说 1992 年以前的改革开放都是"摸着石头过河"的话,那 1992 年以后的制度实践更加注重加强"顶层设计",尤其是"社会主义市场经济"的提出和建立,深刻改变了我国社会主义初级阶段基本经济制度的发展趋向。1992 年党的十四大提出,"经济体制改革的目标,是在坚持公有制和按劳分配为主体、其他经济成分和分配方式为补充的基础上,建立和完善社会主义市场经济体制。"④ 在这里,已经出现了"公有制为主体""其他经济成分为补充"的字

---

① 《改革开放三十年重要文献选编》(上),中央文献出版社 2008 年版,第 225 页。

② 《改革开放三十年重要文献选编》(上),中央文献出版社 2008 年版,第 270 页。

③ 《改革开放三十年重要文献选编》(上),中央文献出版社 2008 年版,第 487 页。

④ 《改革开放三十年重要文献选编》(上),中央文献出版社 2008 年版,第 655 页。

样。1993 年党的十四届三中全会又向前进了一步，在原有基础上表述为"共同发展"，即"必须坚持以公有制为主体、多种经济成分共同发展的方针，进一步转换国有企业经营机制，建立适应市场经济要求，产权清晰、权责明确、政企分开、管理科学的现代企业制度"①。这里规划了社会主义市场经济所对应的经济形式和经营形式。

正是在这样的大背景下，社会主义初级阶段基本经济制度在实践中"突破"单一公有制后在制度上得以"确立"。1997 年党的十五大提出，"公有制为主体、多种所有制经济共同发展，是我国社会主义初级阶段的一项基本经济制度。这一制度的确立，是由社会主义性质和初级阶段国情决定的：第一，我国是社会主义国家，必须坚持公有制作为社会主义经济制度的基础；第二，我国处于社会主义初级阶段，需要在公有制为主体的条件下发展多种所有制经济；第三，一切符合'三个有利于'的所有制形式都可以而且应该用来为社会主义服务。"② 由此，"公有制为主体、多种所有制经济共同发展"在经历了近 20 年的艰辛探索后被正式确立为社会主义初级阶段基本经济制度并被写入党章和宪法。

当然，在党的十五大之后，历次中国共产党全国代表大会基本都对基本经济制度做一些补充说明，而这类补充主要涉及公有制经济与非公有制经济的关系问题以及党的一些路线方针政策，并没有从根本上再去触及所有制结构方面，因而社会主义初级阶段基本经济制度在结构性方面的探索至党的十五大也就暂时告一段落了，它的完善将在后面的章节中陆续呈现。值得注意的是，在原来的所有制基础上，2019 年党的十九届四中全会把按劳分配为主体、多种分配方式并存，社会主义市场经济上升为社会主义基本经济制度，由

---

① 《改革开放三十年重要文献选编》（上），中央文献出版社 2008 年版，第733 页。

② 《改革开放三十年重要文献选编》（下），中央文献出版社 2008 年版，第900 页。

此形成了社会主义基本经济制度"新概括"。这是对"基本经济制度"概念范围的进一步拓展。2021 年，党的十九届六中全会审议通过的《中共中央关于党的百年奋斗重大成就和历史经验的决议》将"必须坚持和完善社会主义基本经济制度"上升为习近平新时代中国特色社会主义思想的"十个明确"之一，再次凸显了基本经济制度的重要性。这里就带来了一个新的研究议题，即所有制与收入分配制度、社会主义市场经济在基本经济制度中的内在关系问题，限于篇幅，我们暂不作展开，在这里，我们仍然重点聚焦讨论基本经济制度层面的所有制问题本身。从纵向上，我们基本梳理了社会主义初级阶段基本经济制度的历史线索，接下来，我们将从横向上即从马克思主义所有制理论中国化的两个方面——"所有制结构多元化"和"公有制实现形式多样化"两个角度深入到基本经济制度本身。

第二节　所有制结构多元化：从单一公有制到多种所有制

从一元化到多元化，这是我国所有制结构性变迁的事实。多元化的表现及其原因是我们重点关注的议题。而在多元的基础上，我国经济结构还存在着以公有制为主体的特征，对于这一特征的认识时至今日也仍然是一个重大的理论问题，需要从公有资产比重数据、国有经济主导作用等多角度来把握。

一　所有制结构多元化与多种所有制经济共同发展

当前，我国所有制结构多元化已成为公认事实。对于这一事实的把握不能仅仅停留在"主体"与"次要"的认识层面，所有制结构多元化的具体表现及其变化动因则仍然是我们关心的议题。

"我国所有制结构的变动是以允许个体经济的存在和发展为

开端的。"① 改革开放初期，既有提出个体经济是资本主义生产关系进而认为应当予以取缔的声音，又有陈志雄承包鱼塘牵出的雇工问题在全国范围引发激烈争论。这一系列问题的核心就在于，社会主义条件下是否允许存在属于资本主义生产关系范畴的雇佣劳动关系。改革开放初期，为了缓解 800 万知青返城的就业问题，个体经济在一定条件下被允许，国家只是对雇工人数进行了严格限制。但是，随着生产经营规模范围的扩大和生产组织的客观需要，雇工人数由少到多只是早晚问题。1982 年华南师范学院政治经济学专业研究生郑炎潮在其论文中给雇工超过 8 人的个体经济起名"私营经济"。因为马克思在《资本论》中有过一个著名论断：雇工到了 8 个就不是普通的个体经济，而是资本主义经济。于是，在"个体经济"之外又有了"私营经济"。在对待个体户雇工问题上，当时全国的共识是所谓的"七上八下"。针对是否应当取缔私营经济的争论，邓小平的看法是"放两年再看"，允许一部分人先富起来。正是"放两年再看"，个体经济和私营经济赢得了在夹缝中发展的机会。

　　但是，关于不同经济成分姓"资"姓"社"的思想争论并没有停止，仍然此起彼伏。邓小平在著名的"南方谈话"中提出了"三个有利于"的判断标准，他说道，"改革开放迈不开步子，不敢闯，说来说去就是怕资本主义的东西多了，走了资本主义道路。要害是姓'资'还是姓'社'的问题。判断的标准，应该主要看是否有利于发展社会主义社会的生产力，是否有利于增强社会主义国家的综合国力，是否有利于提高人民的生活水平"②。"三个有利于"的判断标准进一步解放了人们思想，直接推动了社会主义市场经济框架的提出以及我国所有制结构体系的制度调整。进入 21 世纪以来，为了引导私营经济的发展，中央又相继分别在 2005 年出台了"非公三

　　① 张卓元、胡家勇、万军：《中国经济理论创新四十年》，中国人民大学出版社 2018 年版，第 86 页。

　　② 《邓小平文选》第 3 卷，人民出版社 1993 年版，第 372 页。

十六条"即《关于鼓励支持和引导个体私营等非公有制经济发展的若干意见》，以及 2010 年"新三十六条"即《国务院关于鼓励和引导民间投资健康发展的若干意见》。与国内个体经济、私营经济相伴的则是"三资企业"在我国的大量落地。所谓"三资企业"，就是中外合资企业、中外合作企业和外方独资企业，随着我国经济特区和沿海开放城市的相继设立，外资经济在我国规模不断扩大。

在这里，我们援引相关领域权威学者的研究数据和成果，从总体上认识和把握这一"多元化"。根据中国社会科学院裴长洪研究员和郭克莎研究员等人的研究结果，自 1978 年改革开放以来，我国所有制结构在产出、资产、就业、税收等不同领域的主要表现如下：第一，在 GDP 的所有制结构中，公有制的比例 1978 年为 99%，1996 年为 76%，到 2012 年，公有制在第二、第三产业中的比例下降为 32% 左右，而非公有制的比例则由 1% 上升到 24% 和 68% 左右；第二，在资产的所有制结构中，公有制的比例 1978 年为 99.9%，1996 年为 76.3%，到 2012 年，公有制占三次产业经营性资产比例下降为 53%，而非公有制的比例则由 0.1% 上升到 23.7% 和 47%；第三，在就业的所有制结构中，公有制的比例 1978 年为 99.8%，1995 年为 83.1%，2012 年下降为 26%，而非公有制的比例则由 0.2% 陆续上升到 16.9% 和 74%；第四，在税收的所有制结构中，公有制的比例 1978 年为 100%，1995 年为 88.4%，2012 年下降为 36.3%，而非公有制的比例则由 0 陆续上升到 11.6% 和 63.7%。[①]以上数据反映了改革开放以来我国所有制结构变化的一个最大特征，即公有制经济占比大幅下降、非公有制经济占比大幅上升，也从侧面充分呈现了当前我国不同所有制经济共同发展的基本情况。

具体来看，就民营经济而言，2018 年 11 月，习近平总书记在民营企业座谈会上用"五六七八九"概括了民营经济的特征，即"贡

---

① 郭克莎、胡家勇等：《中国所有制结构变化趋势和政策问题研究》，广东经济出版社 2015 年版，第 2 页。

献了 50% 以上的税收，60% 以上的国内生产总值，70% 以上的技术创新成果，80% 以上的城镇劳动就业，90% 以上的企业数量"[1]。40多年来，我国民营经济从小到大、从弱到强，不断发展壮大。截至2017 年底，我国民营企业数量超过 2700 万家，个体工商户超过6500 万户，注册资本超过 165 万亿元。就外资经济而言，1983 年我国实际利用外资额只有 22.6 亿美元，2012 年增加到了 1132.9 亿美元，增长了 49 倍，年均增长 14.5%。[2] 由此可见，外资独资企业、控股企业在我国经济中的比重不断上升。

在此基础上，我们可以从"内因"和"外因"两方面来进一步考察所有制结构多元化的原因。从内因来看，我国在汲取了新中国前 30 年单一公有制时期的经验基础上，已经从历史唯物主义的角度深刻认识到"社会主义生产关系的变革和完善必须适应于生产力的状况"，摆脱了对"消灭私有制"的教条式理解，在实践中打破了"公有制与商品经济不兼容论"，在制度设计上提出了"社会主义市场经济"，在政策方面出台了一系列"鼓励、支持、引导非公有制经济发展"的法律法规，从而真正改变了我国的所有制结构。这是一个自我认识和主体选择的过程。尤其是在社会主义市场经济的建立和完善过程中，所有制基础必须进行与之相对应的改革，对国有企业而言，它的改革目标就是建立"产权清晰、权责明确、政企分开、管理科学"的现代企业制度，也就是在这个过程中，"国有企业改革和国有经济布局调整，使非公有制经济获得了新的发展空间，发展活力和动力不断增强，所占比重持续增大"[3]。从外因来看，改革开放以来，外资被允许进入我国，外资比重逐步提升。尤其是 2001 年

---

[1]　习近平：《在民营企业座谈会上的讲话》，《人民日报》2018 年 11 月 2 日第2 版。

[2]　郭克莎、胡家勇等：《中国所有制结构变化趋势和政策问题研究》，广东经济出版社 2015 年版，第 4 页。

[3]　郭克莎、胡家勇等：《中国所有制结构变化趋势和政策问题研究》，广东经济出版社 2015 年版，第 4 页。

我国加入 WTO 后全方面对外开放，外商进一步扩大对华投资，大量外资快速进入我国。同时反观自身，作为一个后发国家和新兴经济体，中国具有丰富廉价的劳动力以及广阔的市场、稳定的社会秩序、良好的营商环境，这些都对外商构成吸引力，也使得外资经济在我国所有制结构中占得一席之地。

当然，所有制结构的多元化，从另一个侧面来看也是所有制结构的优化。从单一公有制转向多种所有制共同发展的成功实践已被40 多年来年均 GDP 增长率近 10% 的"中国奇迹"所佐证。更重要的是，社会主义市场经济之所以成功，它的最大特征即在于坚持公有制的主体地位。我们既应看到非公有制经济带来的市场竞争效率和生产力革命，又需要正视国有经济的战略性退出和集中，盘活了国有资产，提高了国有经济的经营效率。接下来，我们将切入基本经济制度的最主要特征即"公有制为主体"。

二　公有制的主体地位与国有经济的主导作用

在上述事实基础上，我们需要进一步思考"公有制为主体"的深刻含义。时至今日，很多人的思想观念里对这一问题仍然存有疑惑，甚至会反问：民营经济具有的"五六七八九"的地位和作用同公有制的主体地位是否产生矛盾？对于这样一个现实问题的回答，既要追溯党的十五大对"公有制的主体地位"的基本界定，又要将马克思主义基本原理与中国实际相联系，来回应"多元"之上应有"主体"的根本原因这个问题。

关于"公有制为主体"的基本界定，党的十五大对此作了制度阐释，强调了两个方面，一是公有资产在量上占优势，二是国有经济在质上有控制力①。即使今天来看，这一解释对于理解上述问题仍然具有预见性。

---

① 《改革开放三十年重要文献选编》（下），中央文献出版社 2008 年版，第900—901 页。

其一，量上占优势。公有资产在社会总资产中占优势，这里的"社会总资产"指的是经营性资产而非资源类、公益性资产等，因为生产资料与劳动者在经营性资产中形成经济关系①。根据前文所援引的裴长洪研究员和郭克莎研究员等人的推算数据，目前公有制经济在产出、就业和税收方面的比例已经降到了50%以下，只有资产比例还在50%以上。但是由于资产在经济活动中具有支配或控制地位，所以总的来看，公有制经济在国民经济中仍然保持着主体地位。当然，公有资产比重数据还可能产生变化，这也说明了数据是重要参照标准但不是唯一标准。

其二，质上有控制力。尽管所有制结构多元化，但是国有经济在重点行业和产业中占据着主导地位，这些行业领域具体包括石油、天然气、核燃料加工，以及金融业、电信业和铁路运输业等第三产业。由于国有控股工业的资产比例较高，在工业运行行业占据重要地位，所以对国家发展战略实施、国民经济运行发挥着主导作用。而公有资产的优势地位与国有经济的主导作用是相辅相成的，如果公有资产所占比重过低，那么不可能由国有经济来主导国民经济的运行方向。

关于坚持公有制为主体的根本原因。围绕基本经济制度的争论焦点之一即在于哪种所有制应成为主体。这既是一个经济现实问题，又是一个意识形态问题。因为在多种所有制共同存在的情况下，占主体地位的所有制就决定了一个国家的性质。但是，不容否认的是，在市场经济高度发达的今天，全球化时代下的劳动者个体大多习惯性地接受了"劳动力商品"和"雇佣劳动关系"的事实，在一些人的头脑观念里也已经淡化了所有制与国家性质的高度关联性。

因此，我们不妨先厘清一个基础问题，即为什么所有制与国家性质高度关联甚至占主体的所有制形式对国家性质起决定性作用？

---

①　周新城：《关于中国特色社会主义的若干理论问题》，经济日报出版社 2015 年版，第 270 页。

前文已经指出，"生产资料所有制的变更是社会形态演进的主要特征，从原始社会的自然关系到奴隶社会的工具关系，从封建社会的人身依附关系到资本主义社会的雇佣关系，贯穿社会形态更替的最本质特征正是包括生产资料所有制在内的生产关系的变化"①，这是唯物史观所揭示的。马克思正是运用了这一研究方法，在对资本主义生产方式全面考察的基础上揭示其基本矛盾，论证了"两个必然"的历史规律。基于上述分析即不难得出这样的结论：公有制为主体是社会主义的基本原则。这一结论也正是我国所有制结构安排中强调公有制为主体的根本原因。邓小平曾在不同场合多次强调社会主义的这一原则问题，他指出，"公有制占主体"和"共同富裕"是"社会主义根本原则"②。也正是基于这一点，才有了中国特色社会主义所有制对马克思主义所有制基本原理的继承性。

在"多元"之上强调"主体"是对两种极端倾向的否定：一种是认为"越大越公越纯"就越好的单一公有制崇拜倾向；另一种是认为应当取消公有制主体地位的私有化倾向。"多元 + 主体"的制度设计也为今天民营经济"五六七八九"留下了空间，也为"公有制为主体"留有余地，当然，回归现实，我们还需要思考另一个问题：如果公有资产的比例继续缓慢下降，甚至降到50%以下，那么公有制的主体地位是否仍然存在？这是一个有待论证研究的问题。郭克莎研究员等人在《中国所有制结构变化趋势和政策问题研究》一书中提到可以借用"多数"与"主体"的指称差别，这是一个思路。当然，国有资产保值增值以惠及全体人民才是最根本问题。

---

① 包炜杰、周文：《整体性视域下"消灭私有制"的内涵及其中国化指向》，《江汉论坛》2019 年第 6 期。

② 《邓小平文选》第 3 卷，人民出版社 1993 年版，第 111 页。

第三节 公有制实现形式多样化：从国家
所有制到混合所有制

1978 年至今，从单一公有制到"多种所有制经济共同发展"是一种"结构性转向"，而所有制领域的改革当然不能仅仅局限在结构层次，即局限于从所有制结构多元化或者更准确地说是局限于从"公"和"私"的二元对立论的视角来考察两者的主从关系，更重要的是探索多样化且有效的公有制实现形式，这两个方面共同构成了我国所有制领域改革的主要内容，而后者恰恰是一种"内涵式发展"。在这里，我们将考察公有制实现形式的基本内涵、主要类型以及核心问题。

一 公有制与公有制实现形式的差异

党的十五大在所有制结构方面做了新表述的基础上，同时强调"公有制实现形式可以而且应当多样化。一切反映社会化生产规律的经营方式和组织方式都可以大胆利用。要努力寻找能够极大促进生产力发展的公有制实现形式"[①]。在这里，一个关于所有制的深层次问题终于得到了澄清，即公有制与公有制实现形式之间存在着重大差异。对于这一命题，我们有以下几点认识。

第一，从根源来看，长期以来，人们一直将国家所有制视为社会主义公有制，但是它只是后者的一种形式。在封建社会中存在着封建君主代表的国家所有制，资本主义社会则表现为国家垄断资本主义，由此可见，国家所有制不等于社会主义公有制。于光远对此有着大量研究，他指出，社会主义国家所有制的产生源于社会主义

---

① 《改革开放三十年重要文献选编》（下），中央文献出版社 2008 年版，第901 页。

条件下国家及其职能的客观存在，但是，"把国家所有制视作社会主义所有制的基本性质是不对的"①。历史上，计划经济体制下的国家所有制混淆了公有制与公有制实现形式的重大差别，而以国家计划、国有国营完全替代市场机制和价值规律，混淆了生产资料所有者和公共事务管理者的双重身份，以致出现了"以政代企""政企不分""政社合一"的情况，对于这一点，我们应当有深刻的认识。

第二，从内涵来看，所有制的实现形式是指所有制的经营方式、组织方式，包括支配、经营、管理与分配过程②。换言之，实现形式不局限在单一的"占有"层面。当然，"实现形式"是一种新提法，与之相类似的说法包括"适应于各种经济成分的具体管理制度和分配制度""生产关系的具体形式"③ 等。置于公有制的语境下，它的实现形式就是指生产资料公有制前提下的企业资本和财产的经营方式和组织方式，这是它在企业微观领域的具体体现。一种所有制必然要求一种或多种有效的实现形式，因而效率是所有制实现形式的核心问题。就公有制与公有制的实现形式的差异而言，一个宏观、一个微观，一个是经济成分、一个侧重企业资本组织经营方式。

第三，从外延来看，租赁制、承包制、股份合作制、股份制等都属于实现形式的范畴，但要注意到实现形式的类型还有狭义和广义之分。狭义的包括有限责任公司、股份有限公司、国有独资公司、集体所有制企业等，广义的则还包括企业治理结构、资本运作方式等④。因此，公有制企业的经营形式和资本的组织形式都属于公有制的实现形式。在公有制的实现形式中，不能将全民所有制与国家机构直接经营管理企业混为一谈，应当明确，全民所有制的全民性体

① 于光远：《改革中国家所有制的命运》，《经济研究》1988 年第 3 期。
② 吕政：《论公有制的实现形式》，《中国社会科学》1997 年第 6 期。
③ 《改革开放三十年重要文献选编》（上），中央文献出版社 2008 年版，第 213 页。
④ 吕政：《论公有制的实现形式》，《中国社会科学》1997 年第 6 期。

现于经济活动的成果，而不在于国家对于这些企业的经营管理①。此外，由于我国公有制经济比重大、类型丰富，在实际中，大中小型国有企业的情况又各有特点。因此，所有制改革的重点难点就在于找到能够适应社会主义市场经济的公有制实现形式②。

为什么要探索公有制的多样化实现形式？归根结底，是为了以实现形式多样化激活公有制的生产效率，避免私有化的错误倾向。可以说，公有制实现形式多样化奠定了社会主义市场经济的微观制度基础。自20世纪80年代以来，国有经济的一系列改革试点就是在公有制实现形式上面做文章："承包经营制"就是以所有权和经营权分离为改革思路以突破单一的国有国营形式；"股份制"则是通过引入多元投资主体以尝试明晰产权明确"权""责""利"；"现代企业制度"则是从国有企业生产经营方式切入；"混合所有制"则通过重构资本组织方式以激活资本主体动力和进一步放大国有资本作用。上述就是在反思公有制不应局限于国有经济和集体经济的基础上而转向"公有制实现形式可以而且应当多样化"的历史实践。

二 股份制是公有制的重要实现形式

党的十五大高度肯定了股份制的作用，认为股份制有利于"两权分离"和提高资本效率③。关于股份制的一系列争论也终于告一段落，随后股份制改革试点扩大，国有大型企业也被纳入股份制改革的系列。但是，对于股份制的认识，我们不能仅仅停留在政策文件语言上，股份制何以成为公有制的有效实现形式才是值得深入考察的议题。

从股份制提出伊始，就一直有两种声音。一种观点认为股份制

---

① 厉以宁：《社会主义所有制体系的探索》，《河北学刊》1987年第1期。

② 张卓元：《所有制结构的重大调整和公有制实现形式的大胆探索——近二十年中国所有制改革的回顾和展望》，《社会科学辑刊》1999年第1期。

③ 《改革开放三十年重要文献选编》（下），中央文献出版社2008年版，第901页。

是破解国有企业困境的关键；另一种则认为股份制是资本主义特有的形式，搞股份制就是搞私有化。前者经常援引马克思在《资本论》中的一段话来证明股份制的"合法性"，即"那种本身建立在社会生产方式的基础上并以生产资料和劳动力的社会集中为前提的资本，在这里直接取得了社会资本（即那些直接联合起来的个人的资本）的形式，而与私人资本相对立，并且它的企业也表现为社会企业，而与私人企业相对立。这是作为私人财产的资本在资本主义生产方式本身范围内的扬弃"①。该论述突出了股份制能够集中"社会资本"、建立"社会企业"的资本组织功能。但是，光有这一条文本依据还不够，仍然不能打消人们将其与资本主义相关联的疑虑，于是就有了"摸着石头过河"的过程。

　　1978 年以来，股份制经历了从无到有、从小到大的过程，因而人们对于股份制的认识和接受也经历了一个较长的历程。为什么要采用股份制？直接原因就在于 1987 年企业承包制失灵和 1988 年"价格闯关"失败。其实，早在改革开放初期，农民采用集股方式组成的乡镇企业就是中国后来的股份制企业的雏形。1984 年，上海市出台对发行股票的管理办法；同年，北京市开始了天桥百货公司股份制试点。1990 年，上海和深圳的证券交易所先后成立。但是，即使到了 1997 年党的十五大宣布了股份制的"合法地位"之后，股份制依然至少经历了两次大的改革：股份制的第一次改革（1999—2003 年），"先增量股份化，后存量股份化"，即实行股份制的双轨制，分为流通股和非流通股；股份制的第二次改革（2004—2006年），进行股权分置改革，也就是把流通股和非流通股的分置全部改为流通股，把国有股从非流通股全部变为流通股。当然，股份制的产生、发展与演变的整个过程并非上述寥寥数笔能够概括的，但总的来说，股份制在社会主义市场经济中不断发展壮大，逐渐成为国有企业的主要资本组织形式。股份制改革的成功，展现了实践与认

---

① ［德］马克思：《资本论》第 3 卷，人民出版社 2004 年版，第 494—495 页。

识循环往复、相互推动的历史逻辑①。

那么，股份制何以成为公有制的有效实现形式，究其原因，这与股份制的作用密切相关。根据厉以宁的说法，他最早将股份制仅仅看作集资和扩大就业的方式，20 世纪 80 年代初他建议集资入股组织新的企业以解决 2000 万"待业青年"的就业问题；直到 1986 年前后，出现了改革主线之争即价格改革主线和企业改革主线之争后，这时他认为，"只有通过股份制改革才能重新构造市场经济的微观基础，才能完成市场化改革"②。就股份制的作用而言，我们可以从理顺国有企业中国家、企业与个人的"权""责""利"的角度来解释：从"权"的角度来看，股份制能够突破原有的国家所有制的弊端，实现所有权和经营权相分离，减少政府干预，从而实现政企分开；从"责"的角度来看，股份制可以明晰产权关系，明确经营责任，解除国家对国有企业承担的无限责任；从"利"的角度来看，股份制可以引入投资主体多元化，实现资本集中，形成规模优势。作为"股份制"的主要提出者，厉以宁在 1987 年就提出了企业股份制的优越性：第一，可以改变政企不分的状况，将企业办成经济性实体；第二，有效解决生产要素合理流动的问题；第三，有利于集中社会资金实现融资功能。③

在实践中，股份制证明了自身可以成为公有制的有效实现形式，在此基础上，还需要回答社会主义条件下的股份制何以区别于资本主义经济中的股份制。一方面，不同社会制度下的股份制具有一般共性，即所有者主体多元化的客观存在；另一方面，"股份经济不等于资本主义经济。股份经济不是一种独立的经济形态，它的性质取

---

① 厉以宁：《中国股份制改革的历史逻辑》，《人民日报》2018 年 7 月 18 日第 7 版。

② 厉以宁：《中国股份制改革的回顾和前瞻》，《改革开放以来的中国经济：1978—2018》，中国大百科全书出版社 2018 年版，第 364 页。

③ 厉以宁：《社会主义所有制体系的探索》，《河北学刊》1987 年第 1 期。

决于入股者的性质"①。如果入股者为公有制企业，那么企业性质自然是不同于资本主义社会中的股份企业。此外，股份企业的经营管理还受到相关法律约束和监督，这些就是两种股份经济的基本区别。这些更加确证了股份制可以是公有制经济的有效实现形式，而股份制在社会主义市场经济中也一直被"寄予重任"。

但是，这些年的股份制改革实践及其效果，既有力证明了股份制是公有制的有效实现形式，又反映出社会主义市场经济中股份制仍有诸多可以继续改进的空间。股份制的关键是产权界定和产权明晰化，这样才能实现国有企业产权清晰和投资主体多元化。所以，今天来看，股份制改造的目的不仅仅是融资，更重要的在于通过投资主体多元化来明晰产权、促进政企分开，最根本的是要转换企业经营机制，强化市场对国有企业的约束和激励机制。

三　混合所有制是基本经济制度的重要实现形式

实践发展永无止境，理论创新永无止境。2013 年党的十八届三中全会通过的《中共中央关于全面深化改革若干重大问题的决定》提出，"国有资本、集体资本、非公有资本等交叉持股、相互融合的混合所有制经济，是基本经济制度的重要实现形式，有利于国有资本放大功能、保值增值、提高竞争力，有利于各种所有制资本取长补短、相互促进、共同发展"②。因此，我国基本经济制度在经历了党的十五大作出的重大结构性调整的高潮后，又迎来了实现形式上的重大突破。但是，时至今日，关于混合所有制"为何混""混什么""怎么混"等问题仍然萦绕在人们心中，它与股份制的关系是什么？它与西方国家的混合经济又有怎样的关系？它会不会导致私有化？这些问题正是需要我们从理论上回应的。接下来，我们将从

---

① 厉以宁：《所有制改革和股份企业的管理》，《中国经济体制改革》1986 年第12 期、1987 年第 1 期、1987 年第 2 期。

② 《中共中央关于全面深化改革若干重大问题的决定》，《人民日报》2013 年 11月 12 日第 1 版。

混合所有制的内涵、由来与特征等角度勾勒出上述问题的大致轮廓。

第一个疑问，混合所有制与股份制的关系问题。就混合所有制的基本内涵而言，它是"财产权属于两个以上不同性质的所有者构成的一种所有制"①，"从本质上说就是不同所有制资本之间相互参股的股份制经济"②。有人不禁要问，既然混合所有制经济本质上是股份制经济，并且股份制在实践中已经被证明是公有制的有效实现形式，为什么还要提出混合所有制呢？这仅仅是一种"徒有其表式"的概念创新，还是有着某种深层次的内在逻辑呢？为了解开这一疑惑，下述事实值得注意：以往人们对于股份制的认识往往将其局限在融资或资本组织形式这一层面，无论是"先增量股份化、后存量股份化"，还是后来的股权分置改革。由于对于股份制的这种认识是很难打破的，这也就造成了一个问题，即企业经营机制与公司治理结构并没有完全按照预期的社会主义市场经济的方向发展，因而在股份制的基础上强调混合所有制重构社会主义市场经济的微观基础成为一个新的时代命题。

第二个疑问，混合所有制与基本经济制度的关系问题。一些人对混合所有制是存疑的，即混合所有制究竟指的是所有制结构形式还是所有制的实现形式呢？事实上，对于混合所有制的理解可以从宏观和微观的角度来加以区分，发展混合所有制经济"在宏观上是基本经济制度，在微观上是现代企业制度"③。党的十八届三中全会强调"发展混合所有制经济"，这是所有制结构问题的"内生化"，即从宏观制度领域的不同经济成分共同发展深入到微观企业层面的不同资本有机构成、相互融合，从而进一步夯实社会主义市场经济

---

① 程恩富、谢长安：《论资本主义和社会主义的混合所有制》，《马克思主义研究》2015 年第 1 期。

② 国家发展改革委：《坚持社会主义市场经济改革方向 推进国有企业发展混合所有制经济》，《人民日报》2015 年 9 月 18 日第 13 版。

③ 顾钰民：《混合所有制经济是基本经济制度的重要实现形式》，《毛泽东邓小平理论研究》2014 年第 1 期。

的微观基础。当然，我国语境主要侧重于从实现形式的角度来考察混合所有制，即从企业微观主体的角度来讲，这可以从混合所有制这一概念的流变过程得到印证。在学术领域，1987 年薛暮桥在《我国生产资料所有制的演变》一文中最早正式提出"混合所有制"概念①，在政治领域，1993 年党的十四届三中全会对产权重组过程中的"财产混合所有"② 的情况进行了分析。这些就是最早的"混合所有制经济"的思想，可以看出它们都是立足于企业、单位等微观主体角度来讨论的。

　　第三个疑问，混合所有制与西方国家的混合经济的差异性问题及其可能带来的私有化问题。长期以来，西方经济学界流行着一个概念，即"混合经济"。就这两个概念的差异性而言，其一，混合经济的概念要比混合所有制经济更加宽泛，除了所有制结构之外，还包括调节结构。萨缪尔森曾直言，"世界经济都是一种混合经济，即市场上的私人企业，以及监管、税收和规划等各政府部门的结合体"③。其二，西方国家的混合经济是国家资本与私人资本的混合，我国的混合所有制经济则是公有制资本与非公有制资本的混合。西方国家的混合经济在本质上仍然是资本主义固有矛盾调和的结果，"并没有从根本上改变资本主义的基本经济关系——私人资本雇佣和剥削劳动"④，而我国混合所有制改革具有鲜明的目的导向和特征，是为了放大国有资本功能和促进不同所有制资本共同发展⑤。其三，针对私有化问题，需要注重混合所有制经济中国有资本的控股权，

---

　　① 薛暮桥：《我国生产资料所有制的演变》，《经济研究》1987 年第 2 期。
　　② 《改革开放三十年重要文献选编》（上），中央文献出版社 2008 年版，第 736 页。
　　③ ［美］保罗·萨缪尔森、威廉·诺德豪斯：《经济学》（第 19 版），萧琛主译，商务印书馆 2013 年版，第 29 页。
　　④ 程恩富、谢长安：《论资本主义和社会主义的混合所有制》，《马克思主义研究》2015 年第 1 期。
　　⑤ 顾钰民：《发展混合所有制经济的理论思考》，《中国高校社会科学》2015 年第 4 期。

控股权决定了不同资本的决策权大小。因此，从防止私有化的角度需要注意"引入非公资本是为了扩大国有资本的支配范围，而不是让非公资本控制国有资本"①。也正是在这一背景下，对于国有企业的治理思路也就从原先的"管企业"部分地转向"管资本"。

上述基础问题的澄清使得混合所有制能够较为清晰地呈现在我们面前。目前，国有企业混合所有制改革已经实现电力、石油、天然气、电信、军工、铁路、民航七大重要领域全覆盖。全面深化改革推动着马克思主义所有制理论进一步中国化、时代化。

四 不断深化关于产权问题的认识

在建立社会主义市场经济的过程中，"现代企业制度"被确立为国有企业改革方向，在对于这一概念的界定中，"产权清晰"是最关键的一环。于是，当代所有制问题研究的一个核心概念"产权"就出现了。党的十八届三中全会再次提出"产权是所有制的核心"②。"产权"问题成为当代所有制研究的一个重要打开方式，同样也是公有制实现形式多样化的关键所在，因为只有在界定、明晰和保护产权关系的基础上，才能借助产权推动实现形式多样化。

第一，什么是"产权"？简言之，"产权"就是"财产权利"，包括所有权、经营权、收益权和处分权等。就特征而言，产权具有两大特征，即"产权是一组权利，而不是单一权利"，且"产权是可以分割的"③。起初，"产权"是以科斯、诺斯、阿尔奇安等人为代表的西方新制度经济学的核心理论，该学派强调制度变迁对经济效率的影响。其中，与产权直接相关的理论以科斯命名的"科斯定理"最为著名，即当产权清晰且交易费用为零或较小时，资源配置

---

① 周新城：《谨防以推行混合所有制为名削弱国有经济》，《马克思主义研究》2016 年第 12 期。

② 《十八大以来重要文献选编》（上），中央文献出版社 2014 年版，第 515 页。

③ 顾钰民：《马克思主义与西方新制度经济理论比较研究》，复旦大学出版社 2014 年版，第 77—78 页。

效率最优。由此也引申出产权理论的核心思想，即权利的清晰界定是市场交易的基本前提。这一核心思想对于我国的市场化改革无疑具有革命性意义，家庭联产承包责任制、"两权分离"、股份制等都直接或间接触及了产权的激励作用，改革开放的成功在很大程度上得益于产权的激励作用。1996 年，习近平同志在福建工作期间，针对农业和农村的发展问题时曾提出"深化农村产权制度改革""优化组合农村生产要素"，直到今天我国农村土地制度的"三权分置"改革，都是我国产权改革的生动案例。

　　第二，对于产权的认识不能仅仅停留在概念上，我们不妨从政策演变过程来考察。2003 年党的十六届三中全会通过的《中共中央关于完善社会主义市场经济体制若干问题的决定》提出，"产权是所有制的核心和主要内容，包括物权、债权、股权和知识产权等各类财产权"①。2013 年党的十八届三中全会提出要"健全归属清晰、权责明确、保护严格、流转顺畅的现代产权制度"②。2016 年《关于完善产权保护制度依法保护产权的意见》指出，"产权制度是社会主义市场经济的基石，保护产权是坚持社会主义基本经济制度的必然要求。有恒产者有恒心，经济主体财产权的有效保障和实现是经济社会持续健康发展的基础"③。2017 年党的十九大提出，"经济体制改革必须以完善产权制度和要素市场化配置为重点"④。从上述政策演变中不难发现，其一，产权是一组权利得到承认，其二，产权制度包含产权界定、产权流转和产权保护制度，其三，坚持"两个毫不动摇"在现代意义上就是保护公有产权和私有产权同样不受侵犯。

---

　　① 《改革开放三十年重要文献选编》（下），中央文献出版社 2008 年版，第 1050 页。

　　② 《十八大以来重要文献选编》（上），中央文献出版社 2014 年版，第 515 页。

　　③ 《十八大以来重要文献选编》（下），中央文献出版社 2018 年版，第 467 页。

　　④ 习近平：《决胜全面建成小康社会 夺取新时代中国特色社会主义伟大胜利——在中国共产党第十九次全国代表大会上的报告》，人民出版社 2017 年版，第 33 页。

总的来说，我国的经济体制改革过程证明了，产权激励非常关键，"产权的界定、配置和流转具有更强更有效的激励，完善产权制度的目标就是要解决产权的有效激励问题"①。

第三，我们仍要回过头来分析一下产权何以成为所有制的核心，或者说，产权与所有制的关联性究竟在哪里。中国人民大学吴易风教授指出，"产权是所有制的法律形态"，所有制是经济范畴，产权则属于法律范畴②。正如我们在之前的分析中反复强调的那样，对于生产资料所有制的理解存在着一种狭隘化的倾向，即将其仅仅理解为生产资料的归属问题，而割裂了占有、使用、支配和收益等一系列权利。引入产权概念，恰恰突破了将所有制仅仅限定于所有权的单一层次，从而对我国所有制改革具有积极意义。但是，马克思主义所有制理论与西方产权理论存在根本区别。其一，前者坚持整体主义方法论，即认为所有制形式和产权结构是由生产力和经济基础来决定的，而后者则从鲁滨逊式的孤立的个人主义出发，即认为个人之间的自由交易和自由契约起决定作用；其二，前者依据唯物史观确认了所有制关系对法律财产关系的决定意义，并认为财产关系只是一种历史权利，后者则认为先验的、超历史的、自然的法律创造了产权，并形成了"产权关系是一种自然权利"的意识形态；其三，前者认为所有制或产权问题是一个生产关系概念，是以生产为基础的，而后者则以交易为基础，加之新古典经济学的成本收益学说，从而将产权理论泛化。③

因此，我们得出这样一个基本结论：产权概念来源于西方，但发展在中国。我们既应借鉴吸收西方产权理论的合理性，即承认产权清晰是市场交易的前提，并重视产权作为所有制的核心，推动和

---

① 洪银兴：《完善产权制度和要素市场化配置机制研究》，《中国工业经济》2018年第6期。

② 吴易风：《产权理论：马克思和科斯的比较》，《中国社会科学》2007年第2期。

③ 林岗、张宇：《产权分析的两种范式》，《中国社会科学》2000年第1期。

完善我国产权界定、产权流转和产权保护等一系列制度，又应认清西方产权理论的局限性，即它的理论前提设定为私有产权，也就是只研究不同交易条件下私有产权如何优化配置，而没有对不同社会关系下产权关系进行研究①，这是一大缺陷。此外，根据西方产权理论的基本逻辑，其结论必然是肯定私有制和自由市场而否定公有制和政府调节。因此如果完全照搬这一套理论指导中国国有企业改革，得出的结论只能是私有化②。归根结底，以公平为原则的产权制度是现代经济的共同规律，但是不存在私有产权效率最优的神话。

至此，本书从广义的历史线索即马克思主义发展史、中华人民共和国史和改革开放史的角度基本梳理了整体性视域下的所有制问题，并对一些关键论断和政策演变做了基础性阐释与回顾性分析，为下文两个层次的根本性理论问题的展开做了铺垫。

---

　　①　刘凤义、崔学东、张彤玉：《发展混合所有制经济需要厘清的几种基本关系》，《天津社会科学》2016 年第 1 期。

　　②　林岗、张宇：《产权分析的两种范式》，《中国社会科学》2000 年第 1 期。

第 三 章

社会主义公有制与市场经济的
有机结合问题

在纵向上梳理了改革开放以来我国基本经济制度探索历程的基础上，我们尝试从横向上考察我国所有制结构的两大主体即公有制与非公有制经济，以它们在社会主义市场经济条件下的发展演进及其面临的问题作为进一步考察的线索。因此，接下来将从理论上重点分析两个问题：第一，公有制经济在 1978 年以来的改革开放实践中就是探索如何更好地与市场经济相结合，从而真正成为市场主体；第二，如何正确认识非公有制经济的地位、功能和作用等一系列认识论问题则成了与它紧密相关的议题。在这一章中，我们先讨论公有制经济部分。

第一节　理论反思：公有制与市场
经济不相容吗？

如果将公有制条件下的经济运行体制完全等同于计划经济，那么公有制毫无疑问与市场经济不相容，我国单一公有制实践所呈现出来的计划与市场的相互排斥已经证明了这一点。而关于在公有制条件下实行计划经济这一论点在恩格斯和列宁的著作中有着大量的直接论述，本书第一章也有所涉及。新中国成立初期选择单一公有制和计划经济既有其理论逻辑，又有社会主义性质、国家工业化等深刻的社会现实原因。但是，当社会实践突破了经典理论的框架时，我们就需要反思：公有制只能实行计划经济吗？以及由此带来的1978年以来围绕公有制经济改革的深层次问题，即公有制与市场经济的兼容性问题。在马克思主义经典作家那里，社会主义社会是取消商品经济、否认商品货币关系的，其理论依据在于商品经济意味着存在私有制，货币有可能通过购买劳动力商品而成为资本，这些往往意味着剥削关系的存在。这是经典意义上公有制与市场经济不相容的理论表现。更进一步看，围绕"公有制与市场经济不相容论"这样一个命题，既有历史上关于社会主义经济核算的论战，又有现实中公有制经济资源配置效率的争议，而今天来看，改革开放实践已经将这一命题突破，并证明其实质是一套新自由主义意识形态。

一　溯源：20世纪初社会主义经济核算大论战

20世纪初，人们普遍认为"社会主义 = 计划经济"，经济学界围绕在社会主义条件下合理的经济核算是否可能展开争论。一方以奥地利学派经济学家米瑟斯为代表，他在1920年发表了《社会主义共同体的价值计算》，而后在1922年又写作了《社会主义》一书，更系统地说明了他的观点。米瑟斯认为，没有市场和价格体系就没有经济核算[1]。他指出，在市场经济条件下通过价格来反映商品价值、调节供求关系，在计划经济体制下取消市场经济、取消货币和商品交换，使得成本—效益无法比较，从而造成经济生活的混乱和浪费。另一方以波兰经济学家兰格为代表，他在《社会主义经济理论》中提出了不同的观点，他的观点可以概括为这样一句话，即社

---

[1]　［奥］米瑟斯：《社会主义》，王建民等译，中国社会科学出版社2008年版，第98页。

会主义经济在没有市场价格的情况下也能够进行合理的经济核算。兰格在论证了竞争市场通过"试错法"建立均衡的基础上，提出社会主义经济可以通过"试错法"获得"正确的均衡价格"从而实现资源的合理配置，关键在于中央计划部门求解一组均衡方程组。①

总的来看，双方观点均深刻影响了两个阵营的经济学界和思想界，尤其是兰格及其倡导的市场社会主义更是对东欧社会主义国家产生了深远影响。当然，这场论战是以"社会主义只能实行计划经济"为理论前提的，并且从结果来看也更加强化了这一认知。今天，我们回顾这场论战，既应对计划经济进行反思，承认市场在资源配置方面的优势，更重要的是摆脱"社会主义公有制 = 计划经济"的思维桎梏。具体而言，我们对这场论战至少有以下三点认识。

第一，这场论战并不是单纯的统计学意义上的争论。而是关于经济运行动力和效率的争论。我们承认市场配置资源的有效性，但反对将市场经济与资本主义私有制捆绑在一起。米瑟斯强调货币价格作为经济核算的基础，以及由此构成的市场对资源配置的有效性，这是值得肯定和借鉴的。但是，米瑟斯的根本问题在于将市场经济与资本主义捆绑在一起，坚称市场经济具有资本主义制度属性，市场和价格机制与资本主义私有制不可分离②。他认为，资本主义的利润动机才是生产资料形成市场价格并进行合理配置的根本动力，是"资本主义的实质"③。从这一角度来说，米瑟斯将社会主义与市场经济完全对立起来，他说道："要么是社会主义，要么是市场经济。"④

---

① 杨春学：《"社会主义经济核算争论"及其理论遗产》，《经济学动态》2010 年第 9 期。

② ［奥］米瑟斯：《社会主义》，王建民等译，中国社会科学出版社 2008 年版，第 103 页。

③ ［奥］米瑟斯：《社会主义》，王建民等译，中国社会科学出版社 2008 年版，第 104 页。

④ ［奥］米瑟斯：《社会主义》，王建民等译，中国社会科学出版社 2008 年版，第 107 页。

第二，社会主义同样可以引入市场经济，反对将社会主义经济体制狭隘化即局限在中央指令性计划经济之列的米瑟斯式偏见。在米瑟斯那里，经济核算只能以货币价格为基础，才能够有效协调经济利益关系从而提高资源配置效率。米瑟斯的观点在他的学生哈耶克那里得到进一步发展，后者在《通往奴役之路》《个人主义与经济秩序》《致命的自负》等一系列著作中反复宣扬以下信条，即抨击社会主义计划的"不可避免性"① 以及主张"市场秩序自发论"。从米瑟斯和哈耶克的观点中不难发现，他们都近乎"偏执"地将社会主义的经济运行体制狭隘地局限在中央指令性计划经济之列。今天改革开放的实践已经证明，计划和市场只是调节经济的手段而不具制度属性。

第三，经济核算同样存在于社会主义中，但是以劳动为基础的社会主义经济核算体系的真正问题在于劳动质量的差异性、经济生活的官僚化以及信息的不完备性，因而无法有效解决资源配置问题，即使是"试错法"也无法解决一个有效市场的问题。在现实中社会主义国家也进行经济核算，但是对于经济核算存在不同认识。以列宁为例，在他那里，以劳动时间为基础的经济核算之所以重要，是为了更好地进行生产和分配的监督，从而使计划经济得以实行。这一认识论的不同最终导致了对经济运行体制选择的差异性。

二　焦点：公有制经济的资源配置效率问题

社会主义经济核算大论战的焦点就是社会主义公有制的资源配置效率问题。尽管这场论战似乎已经离我们比较遥远，但是在现实生活中，公有制经济常常被指责"低效率""搞垄断"，因而国有企业常常被污名化为"与市场经济不相容"。这种观点认为，国有企业效率低下阻碍市场体系的完善和发展，因而与市场经济不相容。如

---

① ［英］哈耶克：《通往奴役之路》，王明毅等译，中国社会科学出版社 1997 年版，第 68 页。

果说市场经济是与效率天然挂钩的话，那么我们确实有必要对国有企业效率问题进行深入分析。在学界，对于国有企业的效率问题，既有"国有企业非效率论"，又有"国有企业效率论"[1]，更有"国有企业效率悖论"[2]。接下来，我们尝试分析回答这样一个问题：国有企业真的低效率吗？

其一，"国企低效论"的由来、表现及其原因。国有企业经营状况是效率状况的直接表现。樊纲、刘小玄等研究者选取了20世纪八九十年代的相关数据，通过对国有企业产值占GDP的比重、国有企业的财务指标、各类型企业的全要素生产率等指标的研究，得出改革开放以来国有企业的效率是持续下降的，并且通过国有经济与非国有经济的数据指标比较得出了"国企低效论"。而就数据表现来看，根据1998年《中国统计年鉴》的数据，从1978年到1997年，国有独立核算工业企业的亏损总额由42.06亿元扩大到830.95亿元，并呈现不断扩大的趋势[3]。数据表明，国有企业在这一时间段确实存在亏损严重、效率低下甚至资不抵债的状况。国有企业出现效率问题的原因，按照西方主流经济学的解释框架，至少存在三类原因：一是所谓"代理问题"，二是所谓国有企业治理的"搭便车问题"，三是所谓"预算软约束问题"[4]。比如，林毅夫等人认为，"政策性负担"是形成"预算软约束"的根本原因，在缺乏有效竞争激励的情况下，国有企业经营者的决策风险和道德风险导致了国有企业的效率问题，而在市场竞争强化的情况下，政策性负担仍然会为

---

① 林毅夫、蔡昉、李周：《中国的奇迹》，格致出版社、上海人民出版社2013年版，第155页。

② 李培林、张翼：《国有企业社会成本分析》，《中国社会科学》1999年第5期。

③ 洪功翔：《国有企业效率研究：进展、论证与评述》，《政治经济学评论》2014年第3期。

④ 张晨：《以功能评价效率：国有企业定位问题研究》，经济科学出版社2013年版，第11页。

国有企业带来预算软约束，导致其无法真正面向市场①。当然，"国企低效论"从另一个角度来说指向的是国有企业的效率损失问题，因为国有企业同时需要提供公共产品以及负责实施区域平衡发展战略。

其二，"国企宏观效率论"对"国企低效论"作出了有力回应。国有企业真的如数据指标显示得那样低效率吗？在对"国企低效论"的所有回应中，"国企宏观效率论"最具说服力和解释力。刘元春在《中国社会科学》撰文指出，如果仅仅采用"财务指标""亏损指标""财政补贴指标"等微观指标来考察国有企业的效率势必会得出"国企低效论"。而从宏观来看，国有企业是国家赶超战略的实施主体，是技术模仿和赶超的中心，在经济转型期稳定宏观经济并提供着大量公共品，所以从宏观来看是有效率的。② 该观点为国有企业的效率问题提供了另一种理解思路，也就是说，国有企业的效率品质体现在"注重社会经济活动的整体效率"③。从这一角度出发，对于国有企业效率问题的考察，既应注重"宏观"和"微观"的差别，微观效率评价指标实际上侧重于从经营效益方面来考评国有企业，又应注意到"经济效益"和"经济效率"的不同。效益是指利润实现情况，而效率则指单位时间的产出情况，效益增长并不必然意味着生产效率提高，因为在生产效率不变的情况下可以通过提高劳动强度、加强剥削程度来间接获得效益增长，因此，"效益"是局部性的而"效率"则是整体性的。"国企低效论"在一定程度上注重"经济效益"而忽视"整体效率"，在经营效益的视角下不可避免地忽视了国有企业的社会职能及其社会效益。

---

① 林毅夫、李志赟：《政策性负担、道德风险与预算软约束》，《经济研究》2004年第2期。

② 刘元春：《国有企业宏观效率论——理论及其验证》，《中国社会科学》2001年第5期。

③ 程恩富、鄢杰：《评析"国有经济低效论"和"国有企业垄断论"》，《学术研究》2012年第10期。

此外，"国企低效论"还涉及经济动力论，流行观点认为私有化更具效率。对于这一问题的回答，不妨从经济效率的影响因素来分析。大体来看，经济主体从事生产经营活动的效率问题受到两个方面因素的影响，一是财产收益，二是直接收入。在"以各个独立劳动者与其劳动条件相结合为基础"①的小私有制那里，财产收益激励对所有者主体具有十分明显的效果。随着社会化大生产的发展需要，职业经理人制度的出现在事实上造成了所有权和经营权的分离，生产资料所有制对于经济活动的激励作用已经明显弱化，直接收入已经成为现代市场经济中影响企业效率的最根本因素。因此，那些认为私有制更具效率的观点将不攻自破，其根本缺陷在于以静态观点对待社会现实的发展，无法充分认识到市场化改革对于国有企业同样具有激励和约束作用。

其三，国有企业效率问题倒逼国有企业不断深化改革。尽管"国企宏观效率论"已经对"国企低效论"进行了有力回应，但是"国企低效论"的出现还是掀起了一场"要不要国有企业"的大讨论，因此国有企业改革势在必行。如果说在计划经济时代问题表现为短缺经济与平均主义的话，那么在市场经济条件下国有企业效率问题就表现为债务亏损，而最根本的解决之道即在于解决生产组织和经营问题。1999年，中央对国有经济布局进行战略性调整，尤其是"抓大放小"和"坚持有所为有所不为"。也正是从2000年以来，我国通过"国有经济的结构调整和体制创新"②，明显改善了国有企业经济绩效。在这个过程中，国有企业改革经历了"阵痛"，而只有在市场竞争中才能完成现代转型，从而实现与市场经济的有机结合。在国有企业效率问题得到基本解决的情况下，舆论界又出现了"国有企业垄断论"。该观点认为，21世纪以来，我国国有企业

---

① ［德］马克思：《资本论》第1卷，人民出版社2004年版，第873页。

② 张宇、张晨：《"国有企业垄断论"的谬误》，《政治经济学评论》2010年第1期。

经济绩效的改善得益于国有企业的垄断地位而非企业效率的提高。此外，还有研究者认为，国有企业垄断程度上升阻碍了市场体系的正常发育，并且造成劳动收入占比下降和内外结构失衡，因而提出处于自然垄断行业的国有企业应当放弃"保值增值"的目标、对于行政性垄断行业则应该放开民营资本进入。① 在这里又引申出另一个问题即"垄断问题"，它与"效率问题"紧密相关，这些都进一步倒逼了新时代国有企业体制机制的深化改革以及从整体效率的角度来实现国有企业做大做强做优。

三　实质："公有制与市场经济不相容论"是一种新自由主义意识形态

就传统公有制条件下实行计划经济的原因而言，最核心的部分在于克服资本主义生产方式的基本矛盾即生产的社会化与生产资料私有制之间的矛盾，这一矛盾"在量上表现为有支付能力的需求远远落后于商品生产造成供需矛盾，在质上则表现为生产的无政府状态以及国民经济比例失调造成深层次的结构矛盾"②。因而以社会主义公有制取代资本主义私有制在理论上获得了自洽性，也正是从这个意义出发，错误地将公有制等同于计划经济，并由此得出公有制与市场经济不相容的结论。但是，"公有制＝计划经济"这一模式被改革开放的实践证明只是一种教条，这一教条的形成原因中既有经典理论与社会现实的间距性，又有西方新自由主义对社会主义的狭隘偏见和错误解读。

今天看来，"国企低效论"及其背后深层次的"公有制与市场经济不相容论"更是一种新自由主义意识形态。前文已经提到，如果按照西方主流经济学的解释框架，国有企业之所以存在效率问题

---

① 袁志刚、邵挺：《国有企业的历史地位、功能及其进一步改革》，《学术月刊》2010 年第 1 期。

② 周文、包炜杰：《中国方案：一种对新自由主义理论的当代回应》，《经济社会体制比较》2017 年第 3 期。

至少有三类原因：一是所谓的"代理问题"，二是所谓的"搭便车问题"，三是所谓的"预算软约束问题"。但是，越来越多的研究表明，上述问题不仅存在于国有企业，私营企业同样不可避免。总体而言，西方主流经济学对国有企业效率问题的指责和攻击至少包括两个层次：一是认为国有企业产权不清晰，缺乏有效的激励机制，即公有制经济无法有效解决"激励相容"问题；二是强调竞争性市场最终将实现帕累托最优，政府干预与国有企业影响市场竞争。基于上述逻辑，我国国有企业改革如果完全按照新制度经济学的产权理论那一套进行的话，得出的结论必然是快速私有化，如果完全按照西方竞争理论的逻辑的话，那么也不难得出国有企业应快速退出竞争性领域的结论。而这些都与我国国有企业在社会主义市场经济中的功能定位不相符。

在现实中，国有企业内部激励与外部监督问题是不容回避的真问题，这有待于通过具体的体制机制改革去解决，从而实现国有企业的现代转型。21世纪以来，我国国有企业在剥离部分社会职能、建立现代企业制度后，在经营绩效方面有了明显改善和提高，这一点足以说明公有制通过结构调整和体制创新能够实现与市场经济的有机结合。因此，从根本上来看，那种仍然持有"公有制与市场经济不相容论"的观点反映的是西方新自由主义理论对国有企业效率问题的进一步攻击，承认了这一点，也就不难理解米瑟斯的全部研究动机，即通过论证社会主义经济核算不可能，从而证明"社会主义的不可行"①。

更进一步来看，在上述西方经济学理论的背后内嵌一套西方的经济政治意识形态，也就是我们经常讨论的"新自由主义"。新自由主义意识形态的总体表现是"私有化、市场化和自由化"，其具体的政策表现为英国撒切尔夫人推行的"非国有化"政策、美国里根政

---

① ［奥］米瑟斯：《社会主义》，王建民等译，中国社会科学出版社2008年版，第102页。

府推崇的"供给学派"以及20世纪90年代"华盛顿共识"针对发展中国家提出的严苛的经济结构调整方案。但是，从结果来看，新自由主义严重损害了发展中国家的政治经济主权，也加深了资本主义系统的深层次结构性危机。究其原因，新自由主义始终强调"市场有效论"，是一种"市场原教旨主义"，从而忽视和否定国有企业在发展中国家实现现代化过程中的关键作用。后发国家没有优秀的企业家和完备的市场体系来进行生产性投资、消化吸收先进的技术、筛选规模报酬递增的产业，如果仅仅是基于比较优势理论而专注于生产那些产品附加值低的农产品，那么将始终被排除在现代化之外。因而需要破除这一意识形态的遮蔽，并且认识到国有企业既能开启一个国家的现代化、工业化进程，同样能够在市场经济中发展壮大。事实上，"经过多年改革，国有企业总体上已经同市场经济相融合"①。

第二节　公有制与市场经济"对立统一"的内在根源

　　尽管国有企业通过结构改革和体制创新能够在效率问题与市场经济上实现有机结合，但是我们仍然应从根本上考察公有制与市场经济"对立统一"的内在根源，即在理论基础上回应"不相容论"。在这里，我们尝试从"公有制"与"市场经济"两个方面来考察。研究发现，在"公有制"方面，社会主义公有制条件下产品归国家或集体所有从而使得公有制条件下商品交换具有特殊性；在"市场经济"方面，市场作为一种资源配置的方式，它在社会主义条件下的作用范围在一定程度上受到限制，因而使得政府与市场关系成为我国经济体制改革的核心命题。

---

①　《十八大以来重要文献选编》（上），中央文献出版社2014年版，第501页。

一　公有制条件下商品交换的特殊性

公有制与市场经济"对立统一"的第一个根源在于社会主义社会商品交换的特殊性。改革开放以前，学界就对这一问题进行过大讨论，详见卫兴华教授的相关回顾性研究①。这里涉及一系列理论命题，其核心就是社会主义公有制企业生产的产品是不是商品，以及如果公有制条件下存在商品交换的话，那么它与私有制条件下的商品交换又有什么区别。换言之，在理论上表现为两个层次：第一，就生产过程而言是"产品论"还是"商品论"；第二，就流通过程而言是"产品分配论"还是"商品交换论"。对此，我们应当有清楚的认识。

第一，市场经济的前提是商品的存在，但是公有制企业产品的特殊性使之具有"商品性与非商品性的二重属性"。长期以来在人们的思想观念里，公有制企业生产的是"产品"而非"商品"。因为相比于资本主义生产是为了追求剩余价值获取利润，社会主义生产是为了满足人的需要。但是，如果只强调"产品"而不承认"商品"，那么公有制与市场经济始终无法相容。一个直观的现象是，随着改革开放引入市场机制以来，公有制企业生产的产品同样可以在市场上流通并且在市场竞争中确认价格，因此，只见"产品"不见"商品"的传统观点是有悖于我国经济社会改革事实的。公有制企业产品既可以是产品，也可以是商品，它所具有的"商品性与非商品性的二重属性"特性直接体现在国有企业的双重职能上，即国有企业既承担着增加国民财富的经济职能，又肩负着提供公共产品的社会职能。这是公有制与市场经济的矛盾根源，也是社会主义市场经济区别于资本主义市场经济的地方。此外，从劳动者角度来考察的话同样会发现这种矛盾。准确地说，它又具体

①　卫兴华：《改革开放以来中国特色社会主义经济理论发展的几个问题——纪念改革开放三十周年》，《学术月刊》2008 年第 9 期。

表现公有制企业内部结构中劳动者究竟是"主人翁"还是"劳动力商品",这同样是"商品性与非商品性二重属性"的一种矛盾形式。这些矛盾表明,即使在社会主义条件下商品经济同样存在,这是无法否认或取消的。

第二,市场经济采取等价交换原则的商品交换,而公有制企业之间的交换同样具有商品交换的性质,体现了商品交换的多层次性。根据马克思主义经典作家的设想,共产主义社会中生产资料归社会共同所有,不存在特定的或个别的所有者,实行等量劳动交换的原则以及计划经济,因此也就不存在商品交换。按照这一逻辑的演绎,社会主义经济是公有制基础上的产品经济。但是实践证明,超越生产力发展阶段的产品经济不可行。然而,商品交换的实质是不同所有权的交换,以往的商品交换都是不同所有者之间的交换,那么,同一所有者是否存在交换以及如何进行交换?斯大林在《苏联社会主义经济问题》中提出社会主义同样存在商品交换,他认为,国有经济和集体经济虽都属公有制但因所有者的范围不同,所以也存在所有权的交易。斯大林的这一提法对于那种认为社会主义条件下不存在商品和商品交换的传统观点而言可以说是一种突破,但是事实上他仍然把商品交换的作用范围狭隘化了。

薛暮桥在此基础上做了进一步分析,他指出,国有企业之间的交换同样具有商品交换的性质。"抽象地来说,国营企业的生产资料和劳动产品都属于国家,可以在全国范围内统一核算。但事实上,这是行不通的。实践证明,我们既要有全国性的统一核算,又要有分级核算,使基层企业成为一个独立的核算单位。它们是相对的统一,又是相对的独立",各国有企业"必须承认对方的经济利益","实行等价交换",因而"同样具有商品交换的性质"[1]。也就是说,在公有制企业内部,为提高资源配置效率,国家或社会不能无偿占

---

[1]　薛暮桥:《中国社会主义经济问题研究》,人民出版社 2012 年版,第 95 页。

有或调拨企业的产品，企业之间也必须实行等价交换。① 这一点突破了对传统公有制条件下只存在产品分配不存在商品交换的认识。

总的来看，公有制条件下的商品和商品交换具有特殊性，"这主要是由于社会主义是以生产资料的社会主义公有制为基础，劳动产品的绝大部分已经不是个人私有，而是国家或集体公有"。② 这些矛盾在传统的公有制经济中得不到解决，因而只能得出"公有制与市场经济不相容"的结论，但是，通过结构改革和体制创新后的国有企业能够有效解决这些问题。1984 年，党的十二届三中全会突破计划经济与商品经济相对立的原则，强调运用价值规律，提出社会主义经济是"在公有制基础上有计划的商品经济"③，从制度层面突破了公有制与商品经济的不兼容论，邓小平高度评价并认为"写出了一个政治经济学的初稿"④。

二　社会主义条件下价值规律的作用范围

公有制与市场经济"对立统一"的第二个根源是社会主义条件下价值规律的适用范围问题，这是经济运行机制层面的根本问题。承认了社会主义条件下存在商品经济，这是前提；而商品经济的一般规律就是价值规律，因而价值规律的作用范围问题关乎商品经济的发达程度，也就反映出公有制与市场经济的融合程度问题，这是关键。价值规律作为商品经济的基本规律，它是否适用于社会主义一直是一个争议问题。

一般而言，价值规律通过价格机制、供求机制、竞争机制这三大机制对生产交换活动起到有效的调节作用，因而以价值规律为基础的市场经济具有两大功能，即筛选功能和激励功能。长期以来，

---

① 简新华、余江：《市场经济只能建立在私有制基础上吗？——兼评公有制与市场经济不相容论》，《经济研究》2016 年第 12 期。

② 薛暮桥：《中国社会主义经济问题研究》，人民出版社 2012 年版，第 96 页。

③ 《十二大以来重要文献选编》（中），人民出版社 1986 年版，第 568 页。

④ 《邓小平文选》第 3 卷，人民出版社 1993 年版，第 83 页。

社会主义在实践中取消商品货币关系实行计划经济，"国家利用价值规律（通过价格政策）调节各类产品的产销关系，调节的主体是国家，是国家计划。所以我们说，在社会主义经济中，国家计划是主要的调节者"①。这也就间接限制了商品经济的基本规律即价值规律，取而代之的是，社会主义的经济规律被认为是有计划按比例发展的规律。但是，社会主义社会要发展就必须"积累"，要有"积累"就必须有"利润"，有"利润"就表明价值规律的客观存在，这是不以人的意志为转移的规律，孙冶方先生在他的《社会主义经济论稿》中关于这一点也作了相关阐述。也就是说，社会主义生产既要满足需要，又要兼顾利润。因此，价值规律对于社会主义同样具有适用性，它与市场经济是一体两面的关系。尽管传统公有制条件下资源配置方式是计划经济，但是无论公有制还是私有制，只要存在商品经济，就适用价值规律。正如于祖尧1979年在《试论社会主义市场经济》一文中所说，只要实行商品制度，"社会主义经济在本质上就依然是市场经济"②。接下来，我们尝试从两个方面来进一步考察价值规律的作用范围问题。

　　一方面，价值规律或市场机制是仅限于消费品还是也包括生产资料，这是一个重大问题。在苏联斯大林的理论体系中，商品的"外壳"仅限于个人消费品，商品交换仅存在于消费品市场，生产资料因其公有制属性而非商品化，但是这一点直接导致了经济资源无法得到有效配置。为什么这么说呢？在这里，我们对"社会主义与市场经济的结合"这个一般性命题进行了推演。第一，在非公有制经济与市场经济已经实现结合的基础上，从一般性命题到具体性命题可以表述为"公有制与市场经济的结合"；第二，在消费品市场已经适用价值规律的前提下，"公有制与市场经济的结合"转化成一个深层次命题，即公有制与生产要素市场的结合；第三，在国有企业

---

①　薛暮桥：《中国社会主义经济问题研究》，人民出版社2012年版，第113页。
②　《于祖尧文集》，上海辞书出版社2005年版，第15页。

作为公有制的主要实现形式的基础上,"公有制与市场经济的结合"转化为"国有企业与生产要素市场的结合"。因为如果将价值规律排除在生产要素配置之外,国有企业仍然依靠国家计划调拨资源,那么始终无法真正成为市场主体,只能是"半个市场经济"。我们需要认识到,以价值规律为基础的市场经济是一种有效的资源配置方式,解决的是经济行为动力问题及资源配置效率问题。20世纪80年代改革主线之一的"价格改革中心论"实质上指向的就是要素市场化,党的十九大报告也提出要实现"要素自由流动""价格反映灵活"[1]。因此,公有制与市场经济的有机结合,突破价值规律仅限于消费品市场,进一步推动要素市场化配置,才是解决问题的关键。

另一方面,关于社会主义条件下价值规律会不会受到限制或者要不要受到限制的讨论,实际上正是现代意义上政府(计划)与市场关系的理论雏形。改革开放以来,我国政府与市场关系经历了"政府放开市场"—"政府调控市场"—"市场约束政府"—"市场决定作用政府更好作用"的阶段变迁,反映的也正是社会主义条件下价值规律作用范围的演变问题。计划与市场作为资源配置的两种手段成为20世纪80年代经济体制改革的核心议题。如果从历次党代会重要决议的角度来考察的话,两者关系又具体表现在从"主辅论""调节论"到"结合论"的演变过程:从"计划经济为主,市场调节为辅"到"有计划的商品经济",从建立"计划与市场内在统一的体制"、实现"国家调节市场,市场引导企业"再到"计划经济与市场调节相结合"。到了明确社会主义市场经济框架以后,又经历了从"使市场在社会主义国家宏观调控下对资源配置起基础性作用"[2]到"使市场在资源配置中起决定性作用和更好发挥政府

---

① 习近平:《决胜全面建成小康社会 夺取新时代中国特色社会主义伟大胜利——在中国共产党第十九次全国代表大会上的报告》,人民出版社2017年版,第21页。

② 《改革开放三十年重要文献选编》(上),中央文献出版社2008年版,第659页。

作用"① 的变迁。在这一过程中，价值规律被不断承认和肯定，更深层次的认识论意义在于：一是突破二元对立论的传统思维，转向了政府与市场关系的"共生论"和"辩证法"；二是否定了政府决定、市场辅助的错误观念，遵循了市场经济发展的一般规律和现代市场经济的共同规律。这为"公有制与市场经济的有机结合"奠定了坚实的制度基础。

第三节　关键在于国有企业改革

客观来看，公有制与市场经济的有机结合不仅仅是一个理论命题，更是一个实践问题。前文已经从理论上初步探讨了公有制的效率难题，并重申"宏观效率论"以廓清"国企低效论"背后的意识形态迷雾，挖掘出公有制与市场经济"对立统一"的两大根源，即公有制条件下商品交换的特殊性和社会主义条件下价值规律的适用性问题，以此揭示出两者有机结合的突破口，但是这些还远远不够。实践中，国有企业改革是关乎我国社会主义制度和经济体制改革成败，以及公有制与市场经济有机结合的核心议题。回顾1978年以来我国国有企业改革历程，从中不难发现公有制与市场经济有机结合的一条清晰的脉络线索，从而确证了两者的有机结合。

一　从"放权让利"到"两权分离"的经营机制改革探索

第一阶段（1978—1991年），公有制与市场经济有机结合的政策调整准备阶段。在计划经济体制框架下，以小岗村"包产到户"为起点，国有企业在"经营机制"方面做文章，具体包括"放权让利""两权分离"等。

---

① 《中共中央关于全面深化改革若干重大问题的决定》，《人民日报》2013年11月16日第1版。

1978 年是中国改革的"元年"。安徽凤阳小岗村的 18 户农民签订了"包产到户"的协议，于是，所有制改革就在"摸着石头过河"中迈出了第一步。小岗村实践对于所有制改革的启示意义在于：在不改变生产资料集体所有的情况下，实现了所有权和经营权的分离，这一点打破了以往人们观念中仅仅将所有制等同于归属关系的狭隘理解，也为后面的产权制度改革奠定了一定基础。在这一背景下，国有企业在 20 世纪 80 年代又经历了从"放权让利"到所有权和经营权的"两权分离"的改革思路转换。

其一，"放权让利"。20 世纪 80 年代初，国有企业改革的第一条思路即在于通过扩大企业经营管理自主权和对企业实行利润留成制度实现"放权让利"[1]，减少政府对企业经济活动的直接干预。这一改革思路在 1979 年 7 月《关于扩大国营企业经营管理自主权的若干规定》中被正式提出。在计划经济体制下，国有企业作为政府的"附属物"，被统得过多、过死，因此，采取包括扩大企业生产经营自主权在内的"放权让利"一定程度上"搞活"了企业，但是计划经济体制框架导致国家和企业的利益分配关系处于很不规范的状态。因此，1983 年开始实行"利改税"，即将原先的企业上缴利润改为上缴所得税（暂定 55%），建立利润留成制度，使企业经营与自身绩效挂钩。这一做法一定程度上将国家与企业之间的分配关系纳入了法制的框架，但是，从"以利代税"走向了"以税代利"另一个极端，加之企业税负不公平等问题导致国家与企业之间的关系仍未被有效理顺。此外，在固定资产和流动资金的使用方面，实行"拨改贷"，即改变以往由上级拨款的形式，采用有偿占用的办法向银行贷款或定期交付资金利息。这一做法有效强化了国有企业的预算约束，使得国有企业对自身利益和风险问题更加关切。总的来说，"放权让利"一定程度上激发了企业生产的积极性，但是国家与企业的权利边界问题即"放多大的权""得多大的利"始终得不到解决。

---

[1]　顾钰民：《社会主义市场经济论》，复旦大学出版社 2012 年版，第 58 页。

其二，"两权分离"。随着农村实行"包产到户"后，粮食产量大幅提高。因此，人们尝试在城市的全民所有制改革中借鉴这一经验，"所有权和经营权分离"被认为是所有制改革的重要突破口。1984 年《中共中央关于经济体制改革的决定》提出，"根据马克思主义的理论和社会主义的实践，所有权和经营权是可以适当分开的"①。1987 年党的十三大又重申了这一原则，并提出实行承包、租赁等多种形式的经营责任制，搞活全民所有制企业。② 由此表明当时的改革思路在于使国有企业的生产经营活动面向市场，而非只受单一的指令型计划的指导，从而成为真正的市场主体。值得一提的是，在这一阶段，承包制被认为是实现所有权和经营权有效分离的经营形式，并在 1987 年后被推广运用到全国大中型国有企业。可以说，承包制使得国家和企业成为两个相对独立的经济主体，实现了比较好的权、责、利的结合，是一种有效的经济激励机制，一定程度上理顺了两者之间的利益分配关系。但是承包制可能会带来企业的短期行为，"不能解决企业只负盈不负亏的问题"③。因此，在承包制探索的基础上继续探索国有企业的有效实现形式成为新的命题。

总的来看，20 世纪 80 年代的国有企业改革集中在计划经济框架下的政策调整阶段，并不是现代意义上的"公有制与市场经济的有机结合"。但是"公有制基础上有计划的商品经济"已经突破了"公有制与商品经济不相容论"，与此同时，"自主经营、自负盈亏"已经成为国有企业改革的基本共识，而这正是"公有制与市场经济有机结合"的关键所在。限于当时市场体系并不完善、市场机制作用范围受到严格限制的时代背景，国有企业改革只是迈出了一小步，却为 90 年代的国有企业制度创新起到了铺垫作用。

---

① 《改革开放三十年重要文献选编》（上），中央文献出版社 2008 年版，第347—348 页。

② 《改革开放三十年重要文献选编》（上），中央文献出版社 2008 年版，第484—485 页。

③ 顾钰民：《社会主义市场经济论》，复旦大学出版社 2012 年版，第 69 页。

二 "建立现代企业制度"是公有制与市场经济有机结合的重要途径

第二阶段（1992—2001 年），公有制与市场经济有机结合的制度创新阶段。"社会主义市场经济"框架下，国有企业朝着"现代企业制度"方向改革，涉及"股份制""公司制""抓大放小""战略性重组"等。

1993 年党的十四届三中全会提出，国有企业要建立"产权清晰、权责明确、政企分开、管理科学的现代企业制度"①。此时，国企改革已经不再停留在扩大经营自主权和改变经营方式的层面上，而是转向制度创新的这一根本问题，这是"公有制与市场经济有机结合"的实质性一步，即寻求有效的制度载体以兼容公有制与市场经济。

从现代企业制度本身来看，它不仅包括企业产权制度，还包括企业管理制度和企业组织制度②。而建立现代企业制度是通过组织形式上的公司制和产权安排上的股份制来实现的，公司制是载体，股份制是内核。因此，现代企业制度何以作为公有制与市场经济有机结合的重要途径这一问题，也就转化为公司制、股份制何以实现公有制与市场经济的有机结合。从公司制角度来看，公司制能够实现"资本所有权高度分散、经营权高度集中"，从而使企业的产权结构和经营制度都能够更好地适应社会化生产力发展和市场经济运行的客观要求③。明晰产权是国有企业公司化改造的关键，即既要保证国家作为出资人依法享有所有权和控制权，同时又要确保企业法人对企业享有支配权并对企业的生产经营盈亏状况负责。从股份制角度

---

① 《改革开放三十年重要文献选编》（上），中央文献出版社 2008 年版，第733—735 页。

② 洪银兴：《关于建立现代企业制度的几个问题》，《经济纵横》1995 年第10 期。

③ 顾钰民：《发展混合所有制经济的理论思考》，《中国高校社会科学》2015 年第 4 期。

来看，股份制是产权明晰的有效形式。严格意义上说，股份制并不是在 1992 年后才出现的，而是在 20 世纪 80 年代即在全国开始试点。但是就其对应的体制基础而言，与"现代企业制度"更为贴切，股份制有两点最根本的作用，即有利于所有权和经营权分离以实现政企分开、明晰产权关系以实现权责明确。综上所述，在理论上，"建立现代企业制度"能够在企业微观领域实现国有企业与市场经济的有机结合。在实践中，1993 年《中华人民共和国公司法》的出台实施，真正推动了现代企业制度的试点改革。

同时，制度创新过程也意味着经济社会的急剧转型，"抓大放小""国有经济布局调整"和"战略性重组"被提上日程。20 世纪 90 年代国有企业经济效益表现不佳，出现了大面积债务亏损，加之亚洲金融危机和特大洪涝灾害的影响，1997 年国企亏损面达 45%，当年净亏损额为 403 亿元①，尤其集中在纺织、煤炭、军工等行业领域。1998 年开始实施"国企三年脱困"政策，具体措施包括：行业结构调整和改组政策、企业联合重组、兼并和破产政策、债转股政策、减员增效政策等②。上述脱困政策在 1999 年底便初现成效，到 2000 年时，31 个省份的国有及国有控股工业行业企业都实现了整体扭亏或盈利增加，国家重点监测的 14 个工业行业中有 12 个行业实现整体扭亏或继续增盈③。从政策面的角度来考察的话，"抓大放小"和"坚持有所为有所不为"是提出"建立现代企业制度"后的最关键调整。这些都在 1999 年党的十五届四中全会针对国有企业改革被提出。于是，通过"抓大放小"而开展的国有经济布局调整和战略性重组在全国范围内展开，这是遵循市场经济规律、收缩国有

①　常修泽等：《所有制改革与创新：中国所有制结构改革 40 年》，广东经济出版社 2018 年版，第 160 页。

②　黄群慧：《国有企业三年脱困和脱困后的国有企业改革》，《福建论坛》（经济社会版）2000 年第 12 期。

③　常修泽等：《所有制改革与创新：中国所有制结构改革 40 年》，广东经济出版社 2018 年版，第 160 页。

企业战线的有效举措，是"九五计划"期间着眼于优化国有资产分布结构的重要安排，"三年脱困"的成效也证明了这一调整是及时且正确的。

在这一阶段，公有制与市场经济的有机结合已经探索到了合适的制度路径，我国的市场经济正逐渐走向成熟，但是制度创新只是第一步，归根结底还是要看改制前后的生产效率。在 20 世纪 90 年代国有企业市场化改革的初期，国有资产流失问题已经成为一个重大的社会问题，换言之，国有企业建立现代企业制度之路仍然有待于体制机制的进一步完善。

三　"微观主体重构"："深化国有资产管理体制改革"和"发展混合所有制经济"

第三阶段（2002 年至今），公有制与市场经济有机结合的主体重构阶段。在国有资产管理体制建立和完善的背景下，以党的十六大提出"深化国有资产管理体制改革"和"发展混合所有制经济"为标志，国有企业围绕"微观主体重构"深化改革，涉及"国资委""混合所有制"等。

2001 年 12 月，我国成功加入世界贸易组织（WTO），这是改革开放进程中的一件大事。随着加入 WTO 后对外开放纵深发展，以及社会主义市场经济自我发展完善，都对公有制与市场经济的有机结合提出了新的更高要求。因此，在建立现代企业制度的改革方向上，培育和重构社会主义市场经济的微观主体成为新的阶段性目标，而这又是通过一系列路径来实现的。

第一，成立国有资产监督管理委员会，履行出资人职责，"解决了国有资产所有者缺位的重大问题"①。针对国有企业股份制改革过程中出现的"内部人控制、国有资产流失、国有企业转制过程不透

---

① 胡迟：《国企改革：四十年回顾与未来展望》，《经济纵横》2018 年第 9 期。

明、对企业员工补偿不到位等问题"①，为了确保国有资产保值增值，实现对国有资产的监督和管理，2003 年中央专门成立了国有资产监督管理委员会，地方各级国有资产监督管理委员会也相继成立。国资委的角色定位由原先的"账房先生"转向了更接近"东家"，实现"管资产和管人、管事相结合"②，依法履行出资人职责，改革国有资产授权制度，明晰所有者权利和企业法人权利，并对企业法人形成约束机制。与此同时，国有经济布局调整仍然在进行。2006年，国资委提出国有经济应对七大重要行业和关键领域保持绝对控制力，而这些领域关乎国家安全和国民经济命脉。

第二，重启国有企业混合所有制改革，做强做优做大国有企业和国有资本。2012 年以来，我国进入全面深化改革阶段，2013 年党的十八届三中全会明确提出，国有企业经过多年改革在总体上已经同市场经济相融合。在此基础上，重启混合所有制改革成为新时代公有制与市场经济有机结合的重要路径③。党的十八大至今已经围绕分类推进国有企业改革、完善现代企业制度、发展混合所有制经济等问题形成了"1 + N"的国企改革政策体系，其核心命题就是一个，即公有制与市场经济的有机结合。而就混合所有制经济改革的内容而言，主要有三个方面：一是支持引入非国有资本参与国有企业，二是积极鼓励国有资本入股非国有企业，三是探索实行混合所有制企业员工持股。国有企业在经历混合所有制改革后，将更好地成为兼有经济职能和社会职能多重目标约束的多元产权微观主体，而这正是通过发展混合所有制经济在制度创新基础上重构微观主体的要义所在。我们也将在第五章对其中涉及的问题作进一步分析。

---

① 杨瑞龙等:《国有企业分类改革的逻辑、路径与实施》，中国社会科学出版社 2017 年版，第 3—4 页。

② 项安波:《重启新一轮实质性、有力度的国企改革》，《管理世界》2018 年第 10 期。

③ 《中共中央关于全面深化改革若干重大问题的决定》，《人民日报》2013 年 11 月 16 日第 1 版。

　　第三，建立中国特色现代企业制度。自 20 世纪 90 年代提出"现代企业制度"以来，国有企业市场化进程不断加快，然而，作为中国特色社会主义的最本质特征的"中国共产党领导"如何与现代企业制度相融合呢？这在深层次涉及国有企业公司治理架构问题。2016 年，习近平总书记在"产权清晰、权责明确、政企分开、管理科学的现代企业制度"的基础上加上了"党的领导"，由此构成中国特色现代企业制度。党的领导作为上层建筑，在政治经济学意义上意味着社会主义生产关系，是对长期以来过度强调的"党政分离""政企分开"的二元对立论的纠偏，中国特色现代企业制度进一步明确了国有企业的社会主义方向，明确公有制与市场经济的有机结合应在社会主义的框架下。正如同以习近平同志为核心的党中央在处理政府与市场关系时明确提出，要坚持"两点论"和"辩证法"，即"使市场在资源配置中起决定性作用，更好发挥政府作用"①。

　　党的十九届六中全会审议通过的《中共中央关于党的百年奋斗重大成就和历史经验的决议》在"开创中国特色社会主义新时代"一节指出了"经济建设"方面特别是公有制经济所具有的"新时代"特征，即"支持国有资本和国有企业做强做优做大，建立中国特色现代企业制度，增强国有经济竞争力、创新力、控制力、影响力、抗风险能力"②，这是对新时代公有制与市场经济有机结合具体实践创新的最新概括和提炼。而这一系列实践创新是有历史情境和理论基础的，尤其是基于马克思主义政治经济学中国化时代化的历程，正如习近平总书记在"七一讲话"中强调，"坚持把马克思主义基本原理同中国具体实际相结合、同中华优秀传统文化相结

---

　　① 《中共中央关于党的百年奋斗重大成就和历史经验的决议》，人民出版社 2021 年版，第 25 页。
　　② 《中共中央关于党的百年奋斗重大成就和历史经验的决议》，人民出版社 2021 年版，第 35 页。

合"①，在公有制与市场经济辩证关系的探索过程中，中国共产党基于本国实践经验，不仅在理论上突破了"公有制与市场经济不相容论"，而且在实践中做强做优做大国有资本和国有企业，使之更好地服务于新时代中国特色社会主义。

总体而言，公有制与市场经济的有机结合贯穿了改革开放以来我国经济体制改革的全过程，是"中国对社会主义经济形态发展的最重大贡献"②，是中国特色社会主义政治经济学的厚重一笔。它从理论上有力地驳斥了"公有制与市场经济不相容论"，在实践中证明了，国有企业转变经营机制和管理体制，根据市场信号自发调节生产经营活动，能够成为社会主义市场经济微观主体，为新时代经济高质量发展奠定了坚实的所有制基础。

---

① 习近平：《在庆祝中国共产党成立 100 周年大会上的讲话》，《求是》2021 年第 14 期。

② 杨春学：《社会主义政治经济学的"中国特色"问题》，《经济研究》2016 年第 8 期。

第 四 章

社会主义市场经济条件下
非公有制经济的认识论问题

　　非公有制经济是我国所有制结构中的另一大主体，自 1978 年以来从无到有、不断壮大，它在社会主义市场经济中的发展演进同样呈现出一条清晰的线索。与此同时，非公有制经济面临的最大问题即认识论问题，这是我国所有制理论研究避不开的话题。这里所说的"认识论"，既包括了对非公有制经济的性质、地位、作用的认识，又涉及非公有制经济与公有制经济的关系（往往通过所谓"国""民"关系的形式展开）的理论表现、内在原因和共生路径的认识。此外，针对当前我国舆论场中关于"国""民"关系的最新理论表现即"所有制中性论"，我们有必要进一步澄清和阐明。

第一节　对非公有制经济的地位
和作用的再认识

　　在马克思那里，从 1843 年《黑格尔法哲学批判》开始到 1867年《资本论》第一卷出版，马克思对私有制批判从最初法权意义走上了经济意义的研究。在《共产党宣言》中提出的"消灭私有制"

的著名论断反映了经典作家的基本观点，即消灭了私有制，也就消灭了剥削以及实现剥削得以进行的条件，消灭了阶级以及阶级对立之间的条件。[①] 这一基本观点深刻影响了社会主义国家对非公有制经济的制度安排，在我国，这一点直接反映在1978年以前对于非公有制的认识定位上。改革开放以后，总体而言，非公有制经济经历了从"补充论"到"重要组成部分论"的制度话语转向，在缴纳税收、技术创新、提供就业等方面发挥着不可替代的作用，它的重要性无须任何数据证明就已经为人们所熟知和认可。然而，在非公有制经济创造巨大财富的同时，贫富差距、劳资关系、环境恶化等诸多社会问题也与之相关，社会上关于非公有制经济出现了种种非议，以及舆论场中不时泛起的"消灭论""离场论"等，可见非公有制经济的地位和作用仍然是一个重大的理论命题。因此，运用马克思主义所有制理论基本原理客观分析当前我国经济事实和特征，对非公有制经济的地位和作用进行客观评价，是马克思主义所有制理论中国化研究的必要一环。

一　中国共产党对非公有制经济的政策演变及其原因

在我国，个体经济、私营经济和外资经济都属于非公有制经济，它们在改革开放新时期中逐渐发展起来，其发展空间与中国共产党的政策方针密切相关。因此，首先通过政策话语变迁史来考察非公有制的地位和作用。通过梳理新中国70多年历史，不难发现，非公有制经济在我国经济结构中的地位至少经历三个阶段的演进过程。

第一阶段（1949—1977年），非公有制经济处于被限制、改造和取消的状态，实行单一公有制。本书第一章第三节在探讨新中国成立初期基本经济制度时对这一阶段已有论述，此处不再赘述。

第二阶段（1978—1996年），非公有制经济是公有制经济的必

---

① 张雷声：《马克思关于私有制批判思想的逻辑发展》，《教学与研究》2020年第8期。

要的、有益的补充。20 世纪 80 年代，为解决当时比较突出的城镇青年就业问题，"合作经济"和"个体经济"逐渐得到了社会的认可，党的十二大将其界定为"公有制经济的必要的、有益的补充"①。1984 年党的十二届三中全会进一步把"外资"也扩充进"补充"部分。② 1987 年党的十三大则将"私营经济"也纳入其中，"私营经济一定程度的发展，有利于促进生产，活跃市场，扩大就业，更好地满足人民多方面的生活需求，是公有制经济必要的和有益的补充"③。

在这一过程中，非公有制经济重新萌芽发展，但仍然处于"体制外"，其作用主要在于缓解就业和发展经济。究其原因，这与人们头脑观念里关于"私有制＝资本主义"的固有认知密切相关。例如，在 20 世纪 80 年代初，如何认识个体经济及其带来的"雇工问题"，一直是一个焦点问题。总的来说，对于这一问题的解决主要是从功能论的角度来评判的。1983 年 1 月 9 日《人民日报》发表社论《适当发展个体经济是社会经济生活的需要》，该文指出：个体经济是生产资料的个人占有与个体劳动相结合，不具有资本主义性质，应当促进个体经济适当发展。这是"文化大革命"后中国共产党党报对个体经济的公开肯定。随着生产经营范围的扩大，经营效益好的个体经济在突破了"七上八下"的划分界限后逐渐发展成私营经济，而后者不断壮大已然成为中国经济的一个客观事实。在那个剧烈变化的 80 年代，"柳市八大王事件""芜湖傻子瓜子事件"都成为时代缩影，而在 80 年代末，随着通货膨胀和"抢购风潮"的出现，加之双轨制催生的权力寻租、官员腐败，以及"资产阶级自由化思潮"

---

① 《改革开放三十年重要文献选编》（上），中央文献出版社 2008 年版，第 270 页。

② 《改革开放三十年重要文献选编》（上），中央文献出版社 2008 年版，第 358 页。

③ 《改革开放三十年重要文献选编》（上），中央文献出版社 2008 年版，第 487 页。

等问题，我们党在"治理整顿"时期对非公有制经济的态度进入到了一个"收缩"时期，由此也反映出我们党对非公有制经济的政策也遵循着"摸着石头过河"的渐进式探索。

第三阶段（1997年至今），非公有制经济是社会主义市场经济的重要组成部分。党的十五大正式提出这一说法，[①] 在此基础上，2002年党的十六大提出了"两个毫不动摇"。2005年国务院颁布了包括放宽非公有制经济市场准入等七个方面政策促进非公有制经济发展的"非公36条"。2018年，习近平总书记在民营企业座谈会上谈到了三个"没有变"，即非公经济的地位和作用、"两个毫不动摇"、对非公经济的方针政策都没有变。[②] 2019年年底中共中央、国务院又出台了相关政策文件，从完善市场环境等方面支持新时代民营企业发展。这些政策的出台都从侧面反映出非公有制经济日益得到制度性和政策性保障。

在这一阶段，伴随着"社会主义市场经济"突破了"公有制＝计划经济"的传统框架，非公有制经济在经济结构中的地位也从"必要的、有益的补充"转变为"重要组成部分"。非公有制经济在20世纪80年代经历了政策和舆论的不确定性，而在后来的发展中，非公有制经济在社会主义市场经济中明确了自身定位，通过在增加就业、提供服务等方面的优势得到了社会的广泛认可，这也才有了"两个毫不动摇"的现实依据。习近平总书记在民营企业座谈会上提出，民营经济是我国基本经济制度的"内在要素"，在理论上，"内在要素论"可以视为新时代对"重要组成部分论"的进一步发展，可以加以深入挖掘。

---

① 《改革开放三十年重要文献选编》（下），中央文献出版社2008年版，第901页。

② 习近平：《在民营企业座谈会上的讲话》，《人民日报》2018年11月2日第2版。

二　从社会财富和社会基础来把握非公有制经济的地位和作用

我们党对于非公有制经济的政策取向之所以呈现出阶段性变化，根源在于所有制实践的现实语境与经典理论之间的间距性。一方面，我国遵循唯物史观基本原理，坚持将生产资料所有制作为一种社会形态或国家性质的基本判断标准，因而出现了姓"资"姓"社"的争论；另一方面，中国特色社会主义联系中国实际强调生产力决定生产关系，坚持生产资料所有制作为生产关系的基础一定要与特定阶段的生产力相适应，因而允许多种所有制经济共同发展。这两对矛盾共同构成了当代中国所有制问题极富争议的话题。

对于非公有制经济而言，它的第一个认识论命题就在于如何来调和"消灭私有制"与"毫不动摇地鼓励、支持和引导非公有制经济"这两种话语。人们思想观念里对于非公有制经济的负面评价仍然根深蒂固，以至于舆论场中不时出现对私营经济的质疑和"声讨"。因此，在"重要组成部分"的基础上，对非公有制经济的地位和作用还需作出进一步客观真实的理论分析和功能评价。

第一，从客观事实来看，依据马克思主义政治经济学基本原理，在非公有制经济中，私营经济是以雇佣劳动关系为基础的资本主义经济成分，存在剩余价值剥削问题。改革开放以来，我国逐渐引入市场机制打破原有的计划经济垄断局面，在所有制领域则表现为一种结构性变化，即从完全公有制的"单一结构"转向所有制的"二元化"，换言之，公有制经济与非公有制经济的"二元并存"成为当前我国所有制结构的客观事实。这一所有制的二元化特点，直接对应着两种生产关系及其经济规律，一种是社会主义生产关系及其经济规律，另一种是资本主义生产关系及其经济规律。当前我国出现的分配不公、贫富差距、阶层分化等问题都与这一所有制结构变化密切相关。我国在坚持公有制主体地位的前提下，承认并允许发展私营经济，这意味着允许资本主义生产关系出现在社会主义市场经济中。客观来讲，资本主义生产关系符合了一定阶段生产力发展的需要，但又带来了"剥削问题"，这是当代中国不容否认的经济事实。承认"剥削"并不可怕，问题在于如何更好地坚持和发展中国特色社会主义，即如何驾驭资本逻辑发展中国特色社会主义。这也从侧面反映出，并不是马克思主义所有制理论过时了，而是"没有坚持历史唯物主义与时俱进地分析我国改革开放的生产关系的重大变化和基本特点"①。

　　在这里，我们需要厘清一个基本问题，卫兴华教授也曾强调过这个问题但并未引起充分重视，即"社会主义基本经济制度"与"社会主义初级阶段基本经济制度"存在差别，后者只是前者的一个阶段表现，并不贯穿社会主义的全部发展阶段。有些人故意只谈"基本经济制度"而不讲"社会主义初级阶段"以试图"偷梁换柱"，这一点需要引起足够的重视。那么，有人会问，发展非公有制经济是不是权宜之计呢？我想，正如吴宣恭教授所说，"消灭私有制"既不是目的也不是手段，而是自然而然实现的，这也是两个"决不会"②的关键所在。

　　第二，国有经济创造了宝贵的财富，民营经济同样是社会财富的重要来源。

　　当前，我国所有制结构多元化带来了生产关系的多元并存，但这些都统一到一个共同的时代主题中，即坚持和发展中国特色社会主义。1980年邓小平接见外宾时曾说："社会主义经济政策对不对，归根到底要看生产力是否发展，人民收入是否增加。这是压倒一切的标准。空讲社会主义不行，人民不相信。"③这些讲话表明所有政策和研究都要立足于中国实际，不能脱离生产力发展的客观状况。回顾新中国成立70多年的历史，我国经济建设取得了巨大成就，根

---

　　①　吴宣恭：《重视所有制研究，学好用好政治经济学》，《政治经济学评论》2015年第1期。

　　②　《马克思恩格斯选集》第2卷，人民出版社2012年版，第3页。

　　③　《改革开放三十年重要文献选编》（上），中央文献出版社2008年版，第139页。

据国家统计局的数据，从国内生产总值 GDP 指标来看，从 1952 年的 679 亿元发展到 2018 年的 900309 亿元，其间平均增速为 8.1%。[①] 国有经济和民营经济对此都作出了重要贡献，都创造了巨大的社会财富，共同创造了"中国奇迹"。

承认民营经济是社会财富的重要来源，进一步明确了民营经济在我国经济中具有不可替代的地位和作用。这也就是习近平总书记所说的，"民营经济是我国经济制度的内在要素，民营企业和民营企业家是我们自己人"[②]。这里，我们需要区分"非公有制经济""私营经济"和"民营经济"这几个基本概念，因为在许多场合中容易被混淆或"偷换概念"。"私营经济"是一种以生产资料私有和雇佣关系为基础的资本主义经济成分，是"非公有制经济"的一种主要类型；"民营经济"则是指"民间资本、民间人士、民间方式办的经济"[③]，它所对应的是"国有经济"，因此它的范围比非公有制经济还要大，要在"非公有制经济"的基础上加上"集体经济"。如果从中国民营经济的源头来看，我们会对这组概念的区别联系更加明确，一种是华西村这类从"社队工业"到"乡镇企业"的集体经济组织形式，也就是我们所熟知的"苏南模式"；另一种则是"八大王式"的自主创业型企业，以及从家庭作坊中发展出来的中小企业，后来被称为"温州模式"。如果说，没有"苏南模式"和"温州模式"，今天的"中国奇迹"是难以想象的。

当然，创造财富是一方面，需要正视的是人们对于民营企业经营者财富评价问题。当前，民营企业经营者财富积累和使用面临着一系列问题，包括但不限于贫富分化、劳资紧张、环境破坏、假冒

[①] 国家统计局：《经济社会发展统计图表：新中国 70 年辉煌成就》（综合篇），《求是》2019 年第 19 期。

[②] 习近平：《在民营企业座谈会上的讲话》，《人民日报》2018 年 11 月 2 日第 2 版。

[③] 晓亮：《改革就是探索公有制的多种实现形式》，《马克思主义与现实》1997 年第 6 期。

伪劣、钱权交易等问题。① 创造财富作出贡献是一方面，但是如何使这种财富促进全社会共同发展才更加关键，"劫富济贫式"的做法显然不可取，这一问题的解决在很大程度上有赖于全面深化改革和培育企业家精神。

第三，从执政基础的角度来看，民营经济是党和政府执政的社会基础。理论界曾围绕"哪种经济成分是党和国家的执政基础"展开争论，笔者认为，国有经济和民营经济都是党和政府的执政基础，并不排斥，尤其应当从执政的社会基础角度来理解民营经济。

国有经济是党和政府的执政基础，这一点已经被制度、历史和理论所证明和检验。从制度来看，我国宪法规定，生产资料的社会主义公有制是社会主义经济制度的基础，这一本质规定贯穿了我国经济体制改革的全过程。从历史来看，新中国成立 70 多年经济建设成就从正面说明了这个问题，苏东社会主义国家解体后走私有化道路从反面说明了这个问题；从理论来看，以共同富裕为目标的社会主义需要坚实的经济制度基础，而只有公有制才能够消灭剥削、消除两极分化，因而"公有制是共产党的执政基础"②。

此外，民营经济作为社会财富的重要来源，通过利税、就业等渠道服务于中国特色社会主义经济建设，同样是党和政府的执政基础，更准确地说，是党和政府执政的社会基础。经济成分有性质之分，但是不同经济成分作为国家发展的社会基础并没有性质之分。可以说，不同所有制经济在生产力标准面前是平等的，都可以是党和政府的执政基础。相较而言，公有制经济能够更好地直接服务于国家重大发展战略，起到调整经济结构、引导产业发展、提供公共产品的作用，并在经济不景气的条件下发生逆经济周期的行为；非公有制经济则在就业、税收、技术创新、满足市场需求等领域发挥

① 常修泽等：《所有制改革与创新：中国所有制结构改革 40 年》，广东经济出版社 2018 年版，第 224—229 页。
② 卫兴华：《为什么说公有制是共产党执政的基础》，《红旗文稿》2012 年第 15 期。

不可替代的作用，是社会财富的坚实基础。在新中国成立初期，我国通过工农业的"剪刀差"来补贴国有企业，在较短时间内初步建立了国家工业体系，但是为此付出的代价是巨大的。在改革开放新时期，国家重大发展战略、国家基础设施建设亟须投资发展，但又大都属于投资周期长、投资回报率低的领域和行业，如果只有国有企业的"举国体制"而没有民营经济创造社会财富作为"支撑体制"的话，那么国民经济的良序运行是难以想象的。因此，从另外一个角度来看，民营经济是党执政的社会基础，是统一于中国特色社会主义这一改革开放以来党的全部理论与实践主题之下的。

当前，非公有制经济"重要组成部分论"、民营经济"内在要素论"已经成为中国特色社会主义制度的基本事实。党的十九届四中全会再次重申了"全面推进依法治国"，而对于包括非公有制经济在内的民营经济的价值判断也应当依据相关法律法规尤其是公司法、企业法，而非传统意义上的"公"或"私"的判断标准。因此，提高国家依法驾驭资本的能力，这是国家治理体系和治理能力现代化的重要表现。

第二节　公有制经济与非公有制经济的关系问题

从问题域来看，"关于非公有制经济的认识论问题不仅仅在于非公有制经济本身，更在于它与公有制经济的关系问题"①。在我国舆论场中，公有制经济与非公有制经济的关系往往表现得微妙而敏感。在前文中我们已经对"非公有制经济""私营经济"和"民营经济"这三个概念作了界定，也不难发现这三者之间的区别联系，在这里，

---

① 包炜杰、周文：《新中国 70 年来我国所有制理论发展演进与进一步研究的几个问题》，《人文杂志》2019 年第 9 期。

我们选取公有制经济的主要形式即"国有经济"以及非公有制经济的广义指称"民营经济"来做讨论分析，即公有制经济与非公有制经济的关系问题具体表现为所谓"国"与"民"的关系。当然我们对此也保持审慎态度，在现实中，有人故意偷换概念人为制造思想上的混乱和矛盾。

一　"国""民"对立关系的理论表现与命题局限

总体而言，"国""民"关系主要有三种类型，即"国进民退论""国退民进论"与"国民共进论"，其中，前两种讲的是替代关系，第三种则指共生关系。20 世纪 90 年代以来，随着我国非公有制经济入宪和国有企业改革展开，关于"国退民进"还是"国进民退"的争论就此起彼伏。直到 2009 年前后，关于"国""民"对立关系的争论在理论界引发了轩然大波，使之成为一个学术研究的热点议题。

"国进民退论"，顾名思义，就是国有企业进入市场、民营经济退出市场，隐含了国有经济挤占民营经济的意思。持这一论点的研究者强调以下事实，从行业来看，2003 年以来，国有企业的收购、兼并重组集中在钢铁、煤炭和房地产等领域，并在 2009 年时达到一个小高潮。从案例来看，国有企业开展兼并或控股民营企业，如山东钢铁集团兼并日照钢铁公司、中粮集团控股蒙牛乳业集团等，这些似乎坐实了"国进民退"并构成了主要依据。"国进民退论"一经传播，便引发了各方讨论。一方面，反对和批判"国进民退"现象，此类观点包括但不限于："国进民退"背离改革方向，要求对民营经济开放包括金融服务在内的所有经济领域；① 政府在"宏观调控"下对企业微观活动的"过度干预"导致了新"国进民退"的风

---

① 许小年：《"国进民退"背离改革方向》，《商界（评论）》2009 年第 11 期。

险;① "国进民退"将会对中国外向型经济转型、就业增长、居民收入增加、产业结构调整和民主法治进程产生严重后果②等。另一方面,也有学者质疑"国进民退"这一现象的真实性。有研究者通过数据研究发现,2002—2012 年,规模以上工业中私营企业的数量增长了 2.84 倍,年平均增长率为 14.4%,尽管有大量私企破产或退出市场,但总体来说"出生率"高于"死亡率"③。因此,研究者提出,无论从国家宏观政策还是微观市场操作层面,"国进民退"都没有依据不能成立。④ 此外,在 2018 年改革开放 40 周年之际,我国舆论场还一度出现了一种主张"国进民退"的极端化倾向,其理论表现就是认为民营经济已经完成历史使命而应退场,即"民营经济离场论"。

　　与之相对应的,主张"国退民进论"者认为,国有企业依赖政府行政力量垄断资源,规模过大、发展过快、干预过多,导致市场竞争不公平,因此主张国有企业应当退出竞争性或盈利性领域,专门从事私有企业不愿或无法经营的公共产品,避免"与民争利"⑤。该观点主要有以下几点依据:第一,改革开放以来中国经济发展成就有目共睹,与之相伴随的经济结构变化正是民营经济的发展壮大以及国有经济的比重下降,因而有人将改革开放史归结为"国退民进"史;第二,民营企业在生产经营中面临着一些现实困境,比如在部分行业准入方面受到限制、要素获取方面存在困难等;第三,

---

　　① 吴敬琏:《中国改革的风险:"国进民退"和新"左派"》,《中国与世界观察》2009 年第 3、4 期合刊。

　　② 陈志武:《"国进民退"的五大后果》,《中国民营科技与经济》2013 年第 Z3 期。

　　③ 胡鞍钢:《"国进民退"是个伪命题》,《人民日报》(海外版) 2013 年 11 月 5 日第 1 版。

　　④ 卫兴华、张福军:《当前"国进民退"之说不能成立——兼评"国进民退"之争》,《马克思主义研究》2010 年第 3 期。

　　⑤ 周文、包炜杰:《再论中国特色社会主义市场经济体制》,《经济学家》2019 年第 3 期。

有研究者认为，国有企业生产力之所以能够快速增长，关键在于金融的相对低成本支持，而银行金融则是由国有企业垄断的。[①]

从命题局限来看，所谓"国退民进"和"国进民退"都是错误的，对于所有制问题的认识都存在着极端化倾向，具体而言，"国""民"对立关系的理论表现存在以下几点问题。

第一，忽略了我国社会主义市场经济建设面临的国内外环境的变化。一方面，我国经济面临结构调整和产业升级的现实压力，煤炭业、钢铁业等传统行业的"整合潮"促成了资本向国有企业的集中和转移；另一方面，2008 年由美国的次贷危机引发的国际金融危机，一时间各国政府纷纷出台"救市"政策。中国政府出台了包括 4 万亿元投资计划和十大产业振兴规划在内的经济刺激和宏观调控政策，在投资和放贷方面向国有企业倾斜，西方国家则实施国有化政策，也是如此。与此同时，改革开放以前的历史证明，盲目追求"一大二公三纯"的公有制经济的体量和数量，既不符合我国现阶段生产力发展要求，又不符合社会主义建设规律。因此，刻意渲染"国进民退"或将"国进民退"极端化都不符合我国实际。

第二，"国退民进论"忽视了以下几点事实：什么是竞争性、营利性领域？所谓"市场经济"，正是通过供求机制、价格机制和竞争机制等作用实现资源配置的经济体制，如果离开竞争性领域，国有企业如何真正成为市场主体？国有企业只有在竞争性领域占据一席之地，才能更好地发挥对国民经济的主导作用，否则将与我国社会主义制度相背离。反观之，离开市场竞争的有效激励和约束，国有企业传统经营管理体制将得不到有效治理，无法成为现代企业。当然，应当看到，民营企业在市场准入等方面确实还存在一些困难，但是片面强调民营经济一家独大而否定公有制经济的主体地位和作用，这种"国退民进"不可取，其实质就是私有化。

---

① 刘小玄：《反垄断关键在遏制公权力》，《中国民营科技与经济》2012 年第 Z2 期。

二 "国""民"对立关系的主要原因

尽管不少研究者从数据和政策面有力论证了"国进民退论"是一个伪命题，但是不可否认的是，现实中政府治理和市场体系都有待完善，并且在不少人的头脑中仍然将这一过程的"国""民"关系对立化。从根源上来看，这是计划经济时代的"公""私"对立的思维产物，而在社会主义市场经济框架下，表面上"国""民"对立关系只是国有经济与民营经济的利益格局之争，其实质是"政府主导型市场经济"与"自由竞争型市场经济"的争论。① 换言之，中国社会经济结构的调整和转型，究竟是政府主导型市场经济还是市场主导型改革，这直接反映在两大经济主体的相互关系上。因此，我们仍然有必要探究一下其中原因。

第一，社会主义市场经济同样存在竞争关系，这种竞争关系一定程度上通过"进""退"方式表现出来。国有经济和民营经济都是社会主义市场经济的重要组成部分，两者都具有盈利的目标和动机。客观来讲，市场经济既有竞争又有合作，因而这种竞争关系通过企业规模、生产效率、经济占比等形式的"进""退"表现出来。而这种"进""退"关系与我国国有企业改革的阶段性又有密切关联。1992 年以来，我国国有企业以建立现代企业制度为改革方向，对国有经济布局进行战略性调整，"抓大放小""有所为有所不为"，在这一过程中出现了国有企业的改组、兼并甚至破产。2003 年，随着国资委的成立和国资委职责的明确，国有企业经营绩效和公司治理发生了明显变化，这意味着"国退民进"基本结束，国有企业在优化公司内部治理、提升资产质量后，"扩大经营范围或经营规模就不可避免"②。在这个过程中，国有经济的战略性调整"并不否认社

---

① 郭忠华：《前进还是后退——从"国进民退"争论透视中国改革》，《探索与争鸣》2011 年第 4 期。

② 杨春学、杨新铭：《关于"国进民退"的思考》，《经济纵横》2015 年第 10 期。

会主义市场经济条件下由市场平等竞争导致的相互存在和有进有退的正常现象"①。

第二，国有经济、民营经济在社会主义市场经济中的"越位""缺位"与"错位"问题。既然我们承认并强调市场竞争的公平性，那么为什么仍然有许多批评者指责"国进民退"呢？如果从反面来思考这个问题的话，不难发现，"国进民退"的问题不在于进和退，市场经济本身就是有进有退，这是市场规律决定的，关键在于是否存在垄断和歧视导致非公平竞争。②当然，我们应当区分自然垄断和行政垄断、政策歧视与隐形歧视，但是不容否认的是，国有经济过多介入某些领域，非但没有起到国民经济的主导作用，反而带来了一系列问题。此外，对我国经济社会转型过程中出现的若干问题一直存在两种理解路径：一种归结于"市场化不足"，另一种则认为"市场化过度"。而从社会主义市场经济的内生角度来考察的话，前者看到了该市场化的领域发生了国有经济过度参与从而扭曲了市场机制，后者则强调国有经济应该发挥作用的领域却过度市场化了，无法有效满足社会的基本需求。这两种观点都指向这样一个事实，即国有经济和民营经济在各自应当发挥作用的领域产生了"错位"，以及随之而来的"越位"和"缺位"。

第三，西方新自由主义原教旨主义及其代言人"零和博弈"思维，刻意制造"国""民"矛盾对立。对"国进民退"持批评意见的学者中既有出于搞好改革和发展的初衷，又有一些"借'国进民退'反对国有经济的壮大和发展，主张全盘私有化"③。毋庸置疑，改革开放以来取得的成就是建立在市场化改革的基础上的，但是市场化不等于私有化。新自由主义论者主张"市场化""私有化"和"自由化"，刻意将国企改革、宏观调控与"国进民退"画上等号，

---

① 汪海波：《对"国进民退"问题之我见》，《经济学动态》2011 年第 1 期。

② 高尚全：《"国进民退"的问题不在进退》，《人民论坛》2010 年第 1 期。

③ 卫兴华、张福军：《当前"国进民退"之说不能成立——兼评"国进民退"之争》，《马克思主义研究》2010 年第 3 期。

这是站不住脚的。他们之所以对"国进民退"争论不休，因为在新自由主义者看来，只有一种经济成分才是市场经济中占据主流的微观主体，即私营经济。近年来西方国家不断指责中国的所有制问题，特别是美国借此指责中国存在大量国企等而导致"不公平贸易"，进而掀起对华贸易摩擦。而国内极少数人也借机炒作，"消灭私有制""私营经济离场"等论调更是再次把所有制问题推上风口浪尖。我们需要对此保持清醒认识，既应对"国退民进论"坚守底线，又要对"国进民退论"保持审慎。

三　坚持"两个毫不动摇"是"国民共进"的基本对策

从长远来看，"国退民进"只是特定历史阶段的产物，而"国进民退"也只是局部现象而非客观趋势，只有"国民共进"即国有资产保值增值、民营经济发展壮大，才能充分调动市场主体创造财富的积极性，真正促进社会主义市场经济的繁荣发展。因此，有必要探讨和分析"国民共进"的主要对策。

从制度面来看，坚持"两个毫不动摇"是"国民共进"的基本对策。无论是"国进民退论"还是"国退民进论"都主张一元论，陷入一种非此即彼的零和博弈思维，而"国民共进论"强调动态共生，反对将"国""民"关系极端化。自党的十六大提出坚持"两个毫不动摇"这一命题以来，至少从国家制度的层面上明确了我们党对非公有制经济的基本态度。党的十九大再次重申"两个毫不动摇"。其中，核心问题在于处理好"公"与"私"、"国"与"民"的关系问题。2018 年，习近平总书记在民营企业座谈会上对"民营经济离场论""新公私合营论"等错误言论予以坚决驳斥，[①] 这为新时代不同所有制经济公平竞争、共同发展奠定了总基调。

从政策面来看，分类推进国有企业混合所有制改革是新时代坚

---

① 习近平：《在民营企业座谈会上的讲话》，《人民日报》2018 年 11 月 2 日第 2 版。

持"两个毫不动摇"、实现"国民共进"的有力举措。① 在现实中，国有经济与民营经济的盈利目标作用领域存在部分重合，这也就不可避免地出现竞争。那么，如何在竞争中实现"国民共进"呢？从目前的实践来看，一个是分类改革，另一个是发展混合所有制。分类改革就是区分不同所有制经济的功能领域，而以混合所有制为资本组织形式的现代公司制度能够在微观领域兼容国有资本和民营资本等不同产权结构，解决"共进"的组织形式难题。在新一轮深化国有企业混合所有制改革过程中，民营资本投资主体可以通过投资入股、收购股权、股权置换等方式积极参与到国企改革中，实现合作共赢、互利共生。当然，部分民营企业对入股国有企业还存在疑虑，担心自身权益受损，这需要相关法律法规、配套机制的完善，切实保护混合所有制企业各类出资人主体的产权权益。

从操作面来看，改善政府治理、优化营商环境是落实"两个毫不动摇"的关键。一段时间，民营企业反映在融资贷款、业务审批过程中遇到的"三山""三门"问题十分突出，因此，"优化营商环境"也成为近年来历次政府工作报告中的关键词组。对于今天中国的市场经济而言，优化营商环境的核心就是"反垄断"，尤其要破除行政垄断，也就是我们通常所说的"政府行政管理体制改革"②。当然，理解我国市场经济条件下竞争公平性问题不能简单对标西方私有化企业占主流的客观环境，只有使公有制经济更好适应市场经济的发展要求，进一步支持民营企业发展，才能真正激发各类市场主体活力。

---

① 顾钰民：《新时代仍然需要坚持"两个毫不动摇"》，《上海经济研究》2019 年第 10 期。
② 常修泽：《防止扩大投资过程中的"国进民退"》，《人民论坛》2009 年第 8 期。

第三节　对当前"所有制中性论"的评析与澄清①

近年来，舆论场中刮起了一波"所有制中性论"。首先，它以"不平等竞争"来形塑国有企业与民营企业之间的对立关系，主张"摘下企业头上的所有制帽子""取消国企、民企、外企的所有制分类"（高尚全，2019）。但是，不能简单化地理解为是当前我国经济领域客观存在的所有制歧视现象的理论反映和诉求。事实上，"所有制中性论"试图以抽象的价值中立混淆企业的所有制属性，是一个违背马克思主义政治经济学基本原理的伪命题。其次，公平竞争与企业的所有制类型并无直接必然联系，它过分夸大了所有制在企业经营管理层面的作用，忽视了民营经济在社会主义市场经济中的地位作用及其演进逻辑。最后，它从根本上试图淡化国有企业的所有制属性，变相主张"国退民进""国企私有化"。这是当前所有制理论研究中需要回应的新的重大时代课题。

一　"所有制中性论"的基本观点、主要依据与根本问题

"所有制中性论"，顾名思义，即主张所有制不具有特定性质。而所有制的性质问题及其带来的分类问题，从根本来看源于所有制自身。因此，对于"所有制中性论"的考察首先要回到"所有制"的内涵和外延。简言之，生产资料所有制是指生产资料归谁所有、劳动者与生产资料结合形式的制度反映，决定着人们在社会生产中的相互关系和产品分配的形式。然而，如果仅从概念内涵来考察，那么所有制问题无疑非常抽象。客观来看，从来不存在抽象的所有

---

① 本节主体内容曾以《"所有制中性论"辨析：争议与问题》为题发表于《马克思主义与现实》2019 年第 4 期。

制，而一定是通过具体的实现形式来使之具象化，这里就涉及了所有制的外延。就所有制的类型而言，最常见的是将其分为三大类，即公有制、私有制和混合所有制。因为不存在抽象的所有制形式，所以从这个意义上说，微观主体层面的国有企业就成了公有制的现实指称，民营企业、外资企业就成为非公有制的具体化存在。因此，就现实表现而言，主张"所有制中性论"就是"取消国企、民企、外企的所有制分类"①。

更进一步来看，"所有制中性论"发端于"所有制中立论"。但是，"所有制中立论"这一概念具有两种不同的含义：一是在民间层面，主要指取消企业的所有制分类，与"所有制中性论"基本同义；二是在官方层面，即反对某些西方国家对我国部分国有企业因所有制不同而设置特殊的规则，反对在国际规则制定过程中对国有企业施行歧视性待遇，这与"所有制中性论"的主张是截然相反的。而从"所有制中立论"到"所有制中性论"的理论嬗变过程中，对应的时代背景正是逆全球化的兴起带来世界经济形势发生重大变化，我国经济正处于由高速度发展阶段转向高质量发展阶段的关键时期，以及"民营经济离场论"甚嚣尘上。因此，"所有制中性论"认为，只有所有制不具有特定性质、取消所有制分类，才能真正实现市场经济、推动新时代的改革开放。

当前，学界关于"所有制中性论"是否合理、能否成立已有一些讨论。比如，有学者指出，所有制不可能是"中性"的，"所有制中性论"否定所有制的内涵和特征、违背马克思主义政治经济学基本原理、违反《中华人民共和国宪法》。② 客观地看，"所有制中性论"内含不同所有制能不能中立、可不可以中立的争议，从学术研究的角度来审视这一论点，就要具体考察它的论据。概括起来，

---

① 简新华：《"所有制中性"是市场经济规律还是谬论?》，《上海经济研究》2019 年第 5 期。

② 简新华：《"所有制中性"是市场经济规律还是谬论?》，《上海经济研究》2019 年第 5 期。

"所有制中性论"的主要依据有四点：第一，从资源配置角度来看，资源有效配置、帕累托最优是通过完全市场均衡实现的，而政府干预则造成供给、需求波动，导致市场偏离均衡点。因此，"所有制中性论"者认为所有制非中性必然导致市场畸形、价格扭曲，并由此引申出第二条论据"竞争中性"。第二，从"竞争中性"角度来看，针对"民营经济离场论"的错误言论，官方提出了"考虑以竞争中性原则对待国有企业"，一时间经过媒体宣传报道成为"热词"。"所有制中性论"者借此将竞争平等与企业的所有制类型联系起来，从"竞争中性"推导出"所有制中性"。第三，从所有制歧视角度来看，"所有制中性论"者认为非公有制经济在市场准入、市场竞争等环节面临着"出生歧视""地位歧视""安全歧视"等。因此，从"反歧视"的角度推导出"所有制中性论"。第四，从经济转型角度来看，我国经济正从高速度增长阶段转向高质量发展阶段，面临经济下行压力、经济增速放缓的客观事实，有人借此归咎于政府作用过大、国有企业效率低、市场竞争主体活力不足等，试图从中推导出"所有制中性论"。

对此，我们必须充分认识到，不能把"所有制中性论"简单化地理解为对当前我国经济领域客观存在的所有制歧视现象的一次理论反映和诉求。事实上，"所有制中性论"的论据不能完全成立，尤其是从"竞争中性"推导出"所有制中性"存在明显错误，既不符合实践逻辑，也违背历史逻辑，更存在理论逻辑的漏洞。对于"所有制中性论"这样一个违背马克思主义政治经济学基本原理的伪命题，我们必然要加以否定和批判。

首先，"马克思主义所有制理论是政治经济学分析的基础"①，所有制非中性则是马克思主义政治经济学的基本原理之一。这一原理贯穿在马克思毕生研究得出的"两大发现"中，即剩余价值学说

----

① 吴宣恭：《马克思主义所有制理论是政治经济学分析的基础》，《马克思主义研究》2013 年第 7 期。

和唯物史观。以唯物史观为例，马克思恩格斯在《德意志意识形态》中考察了所有制形式与分工发达程度的关系，第一次比较系统地阐释了唯物史观。他们论述了"物质生产在人类社会中的决定作用"，而具有劳动能力的人必须与生产资料相结合才能实现物质生产，"谁控制了生产资料，谁就控制了包括生产、分配、交换以至消费等社会经济的各个环节，并由此成为这个社会政治上的统治者和意识形态上的主导者"①。因此，从政治经济学角度来看生产资料所有制必然是非中性的。其次，在马克思那里，不是仅仅就所有制而讨论所有制，而是至少涉及两个层次的含义。一是"所有"层面，即以谁拥有生产资料这一经济特征来判断社会属性，这是所有制问题的一般范畴；二是"占有"层面，即从产品剩余分配环节来考察制度正义，这是所有制问题的核心议题。比如，马克思在《资本论》中考察了资本形态演变过程，深刻指出了生产资料私人占有带来剩余价值的无偿占有，从而揭示资本主义生产方式的基本矛盾。因此，如果所有制都可以中性，那么它必然偏离了从"所有"到"占有"的内在属性。最后，马克思揭示了在一种社会形态中不同所有制主从关系的客观存在。马克思在《〈政治经济学批判〉导言》中指出，研究资本主义经济范畴时"应当时刻把握住""现代资产阶级社会"这个"既定的"主体，并强调，在生产中具有决定性作用的"一种普照的光"②。在我国现阶段，公有制为主体就是"一种普照的光"，必然深刻影响着非公有制经济的发展，前者决定了我国的社会主义制度属性，因此不存在所谓的"所有制中立"或"所有制中性"。

二　"所有制中性"与公平竞争不存在必然联系

"所有制中性论"者将"竞争中性"作为一条重要依据。他们

---

①　张宇：《中国特色社会主义政治经济学》，中国人民大学出版社 2016 年版，第 86 页。

②　《马克思恩格斯选集》第 2 卷，人民出版社 2012 年版，第 706—707 页。

认为，不同企业因为所有制分类而导致竞争不公平。因此，"所有制中性论"企图糅合"所有制中立"和"竞争中性"这两个概念，以竞争公平为由推导出"所有制中性论"的成立。有人认为，推动"竞争中性"的第一步是要把企业的属性和所有者的属性适当分开，也就是说，取消企业的所有制分类。但是，无论"竞争中性"的概念本身，还是中国改革开放的实践经验，都证明了所有制与公平竞争是两条平行线，"竞争中性"与"所有制中性"没有必然联系。"所有制中性论"暗指，公有制经济天然歧视私有制经济，公有制经济与私有经济不可能有机融合，更不可能互荣共融。据此，我们需要澄清三点。

第一，承认"竞争中性"原则是为了不同所有制企业公平竞争、共同发展，而非抽离企业的所有制属性。"竞争中性"（Competitive Neutrality）也被称为"竞争中立"，它强调国有企业和民营企业的平等市场竞争地位，通过公平的市场竞争机制增强所有市场参与者的竞争力。20世纪90年代，澳大利亚曾引入竞争中性框架进行改革，清除国有企业的优惠政策。在2018年中美经贸摩擦和国内所有制争论不休之际，"竞争中性"作为一个新概念进入了公众视野。2018年10月，中国人民银行行长易纲首提考虑以"竞争中性"原则对待国有企业。2019年，李克强总理在政府工作报告中谈到"优化民营企业经济发展环境"时指出，应当按照"竞争中性"原则平等对待各类所有制。这些讲话都强调了要解决不同所有制类型企业公平竞争的问题，为不同所有制创造平等竞争的营商环境。从这个角度来看，"竞争中性"既是国际经贸规则的一个共识，又对当前我国经济体制改革具有积极意义。但是，需要明确的是，"竞争中性"不是取消企业的所有制分类。公平竞争与所有制分类是两个不同的概念，两者没有必然关系。"竞争中性"通过构建一整套外部约束机制实现国企、外企、民企等经济主体的竞争平等性，这与我国长期提倡的对待不同所有制经济应当"一视同仁"是一致的。同时，它客观上承认"各类所有制"的存在。但是，"所有制中性论"却在"偷换概念",否认所有制分类,试图以所谓抽象中立的价值取向混淆社会主义市场经济条件下不同所有制经济的辩证关系。而从我国经济运行体制层面来把握我国所有制领域的基本事实,至少可以得出两点:一方面,社会主义制度决定了不同所有制在经济结构中的主从关系,即表现在公有制的主体地位;另一方面,市场经济规定了不同所有制主体在市场竞争中的平等地位,即表现在"国民共进"。

第二,当前我国部分民营企业出现经营困难,有人将其归咎为"竞争不公平",归咎为国有企业对民营企业的"挤占"。但是客观地看,民营企业发展遇到的困难和问题既有外部原因又有自身因素。对民营企业而言,外部面临着国际经济下行压力以及国内经济从高速增长阶段转向高质量发展阶段,这对企业的经营管理能力提出了新的更高要求,同时,"去杠杆""营改增"等多项政策在执行过程中不到位加剧了民营企业的经营压力。再者,由于民营企业大量集中在技术含量不高、进入门槛较低的产业,创新积淀不深、创新能力不足等内生因素也影响其长远发展。如果说民营企业受国有企业"挤占"、竞争不公平,那么如何解释新经济新业态中的民企如华为、腾讯能够成功并且不断发展壮大走向世界。相反,正是由于市场平等竞争才会"大浪淘沙",优秀的民营企业才会"脱颖而出"。有学者研究指出,"非平等竞争"主要包括"税费负担不均等""融资条件不均等""享受的公共服务不均等""一些部门和地区存在政策歧视或执行中的区别对待"等,① 应该说这些问题在一定程度上客观存在。但是,民营企业经营困难,问题是多方面的,我们既要清醒地看到营商环境方面存在的融资难、融资贵、审批效率不高、减税降费政策落实还不到位、企业运营成本高、项目落地难等问题,又要关注到近年来政府层面正在积极改善营商环境,比如努力降低企

---

① 刘志彪:《平等竞争:中国民营企业营商环境优化之本》,《社会科学战线》2019 年第 4 期。

业用地、物流、用能成本，全面落实"三公"原则，确保公开、公平、公正，着力营造规范有序的监管环境、平等发展的政策环境等。党的十八大以来，各级政府积极推进落实公平竞争审查制度，持续不断清理废除妨碍统一市场和公平竞争政策文件。因此，不能将民营企业遇到的生产经营困难简单化地归结为"竞争不公平"，竞争能力、竞争优势与企业的所有制类型并无直接必然联系，外部环境对企业成长而言只是一个方面，企业竞争能力、竞争优势与企业经营方式、创新能力等内生因素有关。一个企业，如果自身缺乏内在动力和创新机制，无论借助什么所有制给予优惠和扶持，也难以成长。相反，只要具备竞争优势，任何企业都得以不断成长和发展。那种认为公有制经济与民营经济"竞争不平等"，从而人为制造"国""民"对立的做法和言论是仍然停留在二元对立、零和博弈的思维，表面上在为民营企业"发声"，实则强化了公有经济与私有经济的对立，忽视了我国正处于社会主义初级阶段这一最大国情以及陷入了对"市场原教旨主义"的盲目崇拜。

　　第三，我国改革开放的成功经验即在于通过体制改革不断激活不同经济主体的活力，实现了不同经济主体在市场竞争中的平等性。那种认为"竞争不平等"的论调显然忽视了民营经济在社会主义市场经济中的地位作用及其演进逻辑。1978年以来，我国民营企业不断发展壮大，如果像"所有制中性论"所说的，缺乏公平竞争的环境的话，那么就不会有民营经济今天的发展成绩。因此，我们不应该把民企发展中的问题简单化地归结为所谓国企、民企"竞争不平等"，对于那种提出"所有制中性"的论调，必须保持更加审慎严谨的态度。现在，毫不动摇鼓励、支持和引导非公有制经济发展已经在我国达成共识，如果仅仅把部分存在的所有制歧视现象全然等同于"竞争不平等"，进而提出淡化所有制分类，这显然是有失偏颇。改革开放40多年来，我国在经济体制改革进程中不断推进解决不同所有制经济在公平竞争上的体制机制问题。从一定意义上说，中国改革开放的成功就是在公平竞争机制的改革与完善上不断取得突破，从而实现多种所有制经济并存以及相互促进、共同发展。因此，深化经济体制改革不在于改变所有制，而在于不断完善社会主义所有制的实现形式，使之更有活力、更有效率、更加公平、更好地实现共同富裕、消灭贫富差距。

三 "所有制中性"的实质是主张"国企私有化"

前文的分析已经指出，"所有制中性论"试图以抽象的价值中立混淆企业的所有制属性，试图以"不平等竞争"来形塑一种国有企业与民营企业之间的"紧张对立"关系，这是一种危险的信号。从本质来看，"所有制中性论"不仅仅是抽象的概念，而是具有非常现实的指向。"所有制中性论"表面上看似不偏不倚、客观公正，实则剑指国企，试图淡化国有企业的所有制属性，变相主张"国退民进""国企私有化"。因此，在所有制问题判断上，既要克服社会主义市场经济建立和完善过程中出现的"所有制歧视论"，更要对"所有制中性论"保持清醒认识并进行深刻批判。

"所有制中性论"试图淡化国有企业性质，变相主张"私有化"，而国有企业在社会主义市场经济中的特殊角色不容或缺。1978年以来，"以企业为中心"的所有制改革和"以价格为中心"的经济运行机制改革构成了我国经济改革的两条主线，[①] 在这一过程中，国有企业改革成为经济体制改革的重要内容。而关于"要不要国有企业"，一直是理论界长期争论的重要话题，诸如"国企垄断论""国企低效论""国企与民争利说"等观点都直接导向"国退民进论"。从新中国成立 70 多年历史的角度来看，国有企业是我国进行社会主义现代化进程的关键力量，尤其是在新中国成立初期，依靠国有企业"逐步建立了独立的比较完整的工业体系和国民经济体系"，"国防工业从无到有地逐步建设起来"，"维护了国家的安全和

---

① 张卓元：《中国经济改革的两条主线》，《中国社会科学》2018 年第 11 期。

独立"①。1978 年以来，国有企业围绕经营机制、企业制度等方面不断深化改革，进一步推动了公有制与市场经济的有机结合，在事关国家发展战略、重大科技攻关等方面发挥了不可替代的作用。然而，美国凭借其世界霸主地位在全世界范围兜售"华盛顿共识"，以"私有化、市场化、自由化"为主要内容的新自由主义思潮在全球范围内进一步扩张，在新自由主义的语境中国有企业始终处于市场经济的对立面。从这一点来说，"所有制中性论"试图淡化国有企业的公有制性质，为私有化提供所谓依据，是新自由主义在我国所有制领域问题上的"当代反映"。但是，国有企业是兼具经济功能和社会功能的多目标微观主体，决定其不能仅仅以市场经济效益为唯一衡量标准。因此，2018 年 9 月 27 日习近平总书记在东北调研时强调，"不要国有企业"和"搞小国有企业"的说法都是错误的。②

如果"所有制中性论"能够成立，那么势必混淆我国的社会性质，从这个意义上说，"所有制中性论"与"国家资本主义"暗合，是一种经济意识形态。因为生产资料所有制是政治经济学分析的基础，是不同社会性质的基本判断标准，没有界定或者弱化所有制界定自然就会有社会属性问题上的混乱。唯物史观深刻揭示了生产资料所有制变革带来的社会形态更替这一客观规律，这一点是不容否定的。之所以当前社会上对于中国特色社会主义存在种种非议，归根结底，是因为社会主义市场经济与人们头脑中对于社会主义的传统理解即公有制、计划经济、按劳分配存在着一定差异，是因为公有制在市场化改革的基础上与市场经济的有机结合、非公有制在创造个人财富的基础上与共同富裕原则的相互兼容还有一定距离，但是包括坚持中国共产党领导、坚持公有制主体地位等体现科学社会主义基本原则的内容不能丢，"如果丢掉了这些，那就不成其为社会

---

① 《关于若干历史问题的决议 关于建国以来党的若干历史问题的决议》，中共党史出版社 2010 年版，第 64 页。

② 《习近平总书记调研东北三省并主持召开深入推进振兴东北座谈会纪实》，《人民日报》2018 年 9 月 30 日第 1 版。

主义了"①。如果说"所有制中性论"成立，那么公有制主体原则、共同富裕原则都可能不再成立，因为社会主义公有制在我国经济结构中的主体地位深刻影响了我国的社会制度属性。2018 年中美经贸摩擦中，部分西方国家指责我国存在大量国有企业，其实质是经济霸权主义。在这样一个政治意识形态蔓延至经济意识形态的新外部形势下，"所有制中性论"暗合西方国家对我国社会主义制度的攻击，非但无益于解决我国所有制领域的系列争议，而且会更加混淆人们对于国家性质的认识。

今天，关于所有制问题的研究重点在于，从理论上分析论证不同所有制的兼容共生和在实践上解决不同所有制的高质量发展问题。但是，"所有制中性论"表面上抽象中立，实则仍然没有走出"国""民"二元对立论的传统思维，既不利于国企做强做优做大，也不利于鼓励、支持和引导民企发展。因此，在社会主义市场经济建设中，既要摆脱"所有制决定论"，又要克服"所有制歧视论"，更要批判"所有制中性论"。应当看到，新时代所有制进一步改革的方向是坚持"两个毫不动摇""激发各类市场主体活力"，而不是"所有制中性论"。我们需要充分认识到，"'国民共进'的关键是让国有经济与民营经济在各自适合发展的领域发挥作用"②。国有经济是国民经济的主导力量，是社会主义市场经济的支柱，对国家建设起着战略引导作用。民营经济是社会财富的基础，是我们党执政的社会基础，推动着社会主义现代化的发展。对于国有经济和民营经济，应当用"三个有利于"的标准来衡量，并将其都统一到中国特色社会主义的总体框架卜。

---

①　习近平：《关于坚持和发展中国特色社会主义的几个问题》，《求是》2019 年第 7 期。

②　杨瑞龙等：《国有企业分类改革的逻辑、路径与实施》，中国社会科学出版社 2017 年版，第 18 页。

第 五 章

新时代国有企业深化改革对马克思主义所有制理论的创新发展①

　　国有企业改革是我国经济体制改革的中心环节。1978 年以来，国有企业先后经历了"放权让利""两权分离""建立现代企业制度""抓大放小""国资委监管""发展混合所有制"等一系列改革，在生产效率、社会效益等方面取得了富有成效的改革成果。2013 年党的十八届三中全会提出，"经过多年改革，国有企业总体上已经同市场经济相融合"②。改革开放只有进行时没有完成时。对于新时代国有企业而言，在与市场经济基本融合的基础上，中央更加注重加强顶层设计，先后出台了《关于深化国有企业改革的指导意见》《关于国有企业功能界定与分类的指导意见》《关于国有企业发展混合所有制经济的意见》等在内的一系列配套文件，从而形成了"1 + N"的政策体系。党的十九届五中全会审议通过的《中共中央关于制定国民经济和社会发展第十四个五年规划和二〇三五年远景目标的建议》又从国有经济布局、国有资产监管体制等方面对新时代国有企业深化改革作出了全面部署。透过上述政策体系和决议文件，

<hr />

　　① 本章主体部分以《新时代国有企业深化改革的三个基本问题——兼论对马克思主义所有制理论的创新发展》为题发表在《马克思主义研究》2021 年第 4 期。
　　② 《十八大以来重要文献选编》（上），中央文献出版社 2014 年版，第 501 页。

在总结新时代国有企业深化改革基本经验的基础上，本章聚焦其中亟须重视和解决的三大基本理论问题，尝试廓清关于新时代国有企业改革的一些理论迷雾，从而更好地挖掘出当代中国所有制改革实践对马克思主义所有制理论的原创性贡献。

第一节　新时代国有企业改革的最大亮点：从单一改制到分类改革

2013 年党的十八届三中全会重启混合所有制改革，然而，关于"为何混""混什么""怎么混"以及国有企业改革是否"一混就灵"的疑问接踵而来。尽管从理论上来看混合所有制能够实现微观领域的不同产权主体的有机结合，但是在近几十年国有企业改制过程中出现的国有资产流失和国有企业改革评价两极分化的背景下，单一改制的路径是否适用于所有的国有企业改革，以及由此涉及的国有企业改革次序问题成为一个引人深思的理论命题。这也从侧面反映出，一段时间以来，人们将注意力过多地放在混合所有制上，而往往忽视了一个前提性命题，即在混合所有制改革以前，应当依据国有企业的功能对其进行合理分类，而这恰恰是新时代国有企业改革区别于以往的一个亮点，即国有企业由单一改制向分类改革的转变。

一　"分类"的基本概念：目标、依据与内涵

1978 年以来，我国国有企业改革先后经历了放权让利阶段（1978—1984 年）—两权分离阶段（1985—1992 年）—现代企业制度与市场经济构建阶段（1993—2002 年）—国资委监管下的深化改革和制度完善阶段（2003—2013 年）—分类改革深化阶段（2014 年

至今），① 我们在第三章对分类改革以前的国有企业改革历程做了详细的分析和论述，在这里，我们着重讨论当前国有企业分类改革涉及的系列问题：为何分类？怎么分类？分哪些类？这些问题分别对应的是"分类"的目标、依据与内涵。

从分类目标来看，国有企业改革的目标、方式与步骤是因国有企业的性质、地位、功能而定的。国有企业是具有经济功能和社会功能多重目标的微观主体，其经济功能表现在追求国有资产保值增值，其社会功能体现在"稳增长""稳税收""稳就业"等方面。在全面深化改革阶段，通过分类明确了国有企业的功能定位，推动国有企业与市场经济的深入融合，同时，可以推动部分产业领域和部门的开放，推进混合所有制改革，有助于进一步完善市场结构。

从分类依据来看，主要有两点：一是国有企业功能作用的差异性，二是国有资本的战略定位和发展目标。而从我国具体的实施过程来看，分类改革主要依据产业功能定位，即依据国有企业所从事的产业领域和行业是否以营利为目的、是否可充分竞争。比如，上海将市属国有企业分为竞争类、功能类和公共服务类这三大类。当然，也需要注意到，不同国家和地区通行的国有企业分类依据和标准不尽相同。在国际上，法国和新加坡的国有企业主要按照企业竞争程度分类，分为竞争性和垄断性国有企业两类，也有一些其他的分类标准，如芬兰、瑞典、新西兰等国按利益属性和赋予目标分类，英美国家按法律地位及持股比重分类。

从分类内涵来看，所谓"分类"，就是通过界定功能、划分类别，在此基础上进行对应的改革、监管、定责与考核等。我国的"分类"主要是指将国有企业分为"商业类"和"公益类"。商业类国有企业主要追求营利性目标和战略性、功能性等经济目标，公益类国有企业则追求提供社会性公共服务。商业类国有企业进一步分

---

① 杨瑞龙等：《国有企业分类改革的逻辑、路径与实施》，中国社会科学出版社2017 年版，第 1—4 页。

为主业处于充分竞争行业和领域的国有企业（以下简称"商业一类"），也就是人们常说的竞争性国有企业；主业处于关系国家安全、经济命脉的重要行业和关键领域的国有企业（以下简称"商业二类"），包括重要基础设施、重要自然资源行业、重要传输网络行业、重要技术、数据和战略物资行业以及国防军工等特殊行业，例如输电、管道燃气、自来水、铁路运输、水利基础设施等。公益类国有企业则集中在水电气热、公共交通等提供公共产品和服务的行业领域。在上述分类的基础上推出不同类型国有企业的混合所有制改革方案。

当然，通过政策文件的解读，将国有企业分为"商业类"与"公益类"只是狭义上的"分类"，更进一步来看，广义上的"分类"至少还包括：第一，区分"已经混合"和"适宜混合"的国有企业。这意味着并不是所有的国有企业都必须进行混合所有制改革，"适宜独资的就独资，适宜控股的就控股，适宜参股的就参股，方式和进度要服从于效果，服务于发展"①。这一点首先突破了以往只从单一改制角度进行国企改革的局限性。第二，区分"独资""控股"和"参股"的国有企业。在现实中，人们对于国有企业类型的认识往往比较模糊，以至于分类改革中通过调整国有资本与非公有资本比重进行混合所有制改革仍然让许多人备感困惑。事实上，我国的国有企业是一个比较宽泛的概念，既包括国有独资企业，又包括国有控股企业和国有参股企业，这是依据国有资本比重进行划分的。根据我国《公司法》规定，绝对控制权需持有67%股份，相对控制权对应51%，安全控制权（一票否决权）对应34%，上市公司要约收购线为30%等。学界一般认为，国有股权比例达50%以上为国有绝对控股，国有股权比例达34%以上为国有相对控股，国有股权达10%为国有参股，这也是近年来国有企业改革中之所以强调"一票

---

① 国家发展改革委体改司编：《国企混改面对面——发展混合所有制经济政策解读》，人民出版社2015年版，第7页。

否决权"的主要原因。对于上述概念的澄清同样也是一种对国有企业的有效分类,以帮助人们更好地认识国有企业的差异性。

二 "分类"基础上还有"分层"和"分区"

上文已经就"分类"的基本概念问题作了阐释,但是"分类"问题远比概念要复杂,"分类"思想的核心就是兼顾差异性,从这个意义上讲,国有企业不仅有横向的不同类别,更有纵向的不同层级,还受到东中西区域差异的影响。因此,在"分类"基础上还有"分层"和"分区"。

所谓"分层",是指国有企业层级可以区分为中央企业集团公司、子公司和地方国有企业等不同层级。"分层"与我国的政府行政体制密切相关,在计划经济时代不同经济职能部门就已形成"条块分割",这种多级委托代理关系间接造成了国有资产流失,再加上不同层级企业经营业务的差异性,因此,推进国有企业改革既要"分类"也要"分层"。其中,中央企业集团公司主要是指国务院国资委监管的中央一级企业以及中央其他部门监管的一级企业。目前,这一层面的混合所有制改革寥寥无几,实际上这类中央企业并不开展实际的经营业务,更类似于企业投资总部和管理总部,适合往国有资本投资运营公司的方向改革。此外,由于集团层面牵涉面大,所以在"分类"原则的指导下应区分出特定领域和其他领域。特定领域主要是指商业类国有企业中的第二类,即关乎国家安全的重要行业和关键领域等,该领域集团公司应慎重推行混合所有制改革,其他领域的集团公司即竞争性国有企业可稳步开展混合所有制改革并推进整体上市。

在子公司层面,国有企业集团公司二级及以下企业主要是指由中央企业集团公司履行出资人职责并全资、控股或参股的集团公司成员企业,且大多是主营业务明确、业务相对单一。因此,这类企业的改革方向与集团公司不同,应以发展实体经济为重心,专注研发创新、生产服务等,可以通过引入非国有资本,加快技术、管理、产品、商业模式等各方面创新活动。竞争性国有子公司适宜通过混合所有制改革，实现股权多元化，打破国有股一股独大的局面，真正实现各种所有制资本各取所长、相互促进、共同发展，从而推动产业结构升级。此外，地方国有企业则主要是计划经济时代的产物，由地方政府出资或中央划归地方管理的国有企业，目前主要是省属国有企业和地市所属国有企业，这类国有企业也应当依据产业功能界定和市场定位有步骤地推进改革。

此外，还应当考虑到区域发展水平差异导致不同地区对于国有经济的依赖度不同。以东北地区为例，国有企业改革是"全面振兴东北"的关键，东北老工业区共计有7000多家地方国企和央企所属子（孙）公司，但东北地区国有企业呈现出"市场化程度低、国有经济比重过高"① 的特点。我国的西北地区如甘肃等也存在相类似的情况，地方国有企业扮演着当地经济社会"稳定器"的角色，加之营商环境不佳、人口净流出等因素，一旦国企改革失当必然影响当地社会稳定。这也是长期以来东北地区和西北地区改革发展滞后的一个主要原因。因此，"分类""分层"基础上还应进一步考虑到"分区"问题，而这些切中点正是国有企业改革的次序问题，国有企业改革不是一蹴而就的而是循序渐进的。

三　"分类"的根本指向是以功能评价国企效率和"国民共进"

在现实中，某些理应由国有经济发挥主导作用的领域却出现了国有企业一退再退的现象，某些领域理应放开垄断实现充分竞争却存在民营企业进入门槛过高、国有企业介入过多的局面。此外，在国有企业同社会主义市场经济融合的转型时期，某些国有企业过度追求经济目标而在一定程度上忽视了社会环境目标。这些现象都导致了一个共同问题，即国有企业评价的两极分化问题。在理论上论

---

① 常修泽等：《所有制改革与创新：中国所有制结构改革40年》，广东经济出版社2018年版，第377页。

证了国有企业的必要性还远远不够，必须让国有企业按其功能发挥作用才能有说服力。因此，关于国有企业的性质、地位和功能的界定是一个亟须澄清和认识的重大命题，而"分类"恰恰对这一重大问题作出了有效回应。

总的来看，国有企业作为一种特殊企业，面临着至少两个不同层次的绩效评价，第一层次是经济方面即"市场评价和企业效率或竞争力评价"，第二层次是政治社会方面即"所有者利益（国家和人民意志）评价"[①]。因此，只有明确不同国有企业的功能定位，才能更好地进行改革、监管和考核，才能够有针对性地进行结构调整和国资监管。目前的国有企业三种分类分别对应了三类评价标准：第一类，商业一类国有企业主要考察"经营业绩指标"等市场经济指标；第二类，商业二类在经济指标基础上侧重"服务国家战略""发展前瞻性战略性产业"以及国家安全保障等方面；第三类，对于公益类国有企业，主要考核"产品服务质量"和"营运效率和保障能力"。上述不同的评价标准反映出了国有企业兼有经济职能和社会职能的特点。

从评价主体来看，普通居民在日常生活中更多关注的是公益类国有企业提供的公共服务的质量和收费问题，民营企业则会计算自身从事充分竞争行业或领域的成本—收益率问题。以高铁为例，普通居民关注的重点在于票价高低以及乘坐舒适和便捷程度，民营企业更多地关注自身从事运营工作的上座率与盈利情况，国有企业则在考虑上述情况的基础上还要兼顾铁路线路设计是否便民、高铁技术成本能否压缩等，因此，依据功能定位分类评价十分必要。2013年党的十八届三中全会对此作出回应，强调了两点：一是"国有资本加大对公益性企业的投入"，二是"网运分开"、推动公共资源市场化配置。[②] 总的来说，在功能界定的基础上，推进分类改革、进行

---

① 金碚：《论国有企业改革再定位》，《中国工业经济》2010 年第 4 期。
② 《十八大以来重要文献选编》（上），中央文献出版社 2014 年版，第 516 页。

分类考核，才是一种客观且有效的做法。

"分类改革是四十年国有企业改革探索最重要的成果。"① "分类"既能够在宏观领域强化以功能评价国企，又能够在微观领域促进"国民共进"。尽管混合所有制已经在一般层面提供了"国民共进"的路径，但是在哪些领域"共进"、如何"共进"仍然留白。换言之，只讲混合所有制改革还远远不够，新时代社会主义市场经济所内在要求的"国民共进"无法自动达成，在混合所有制改革之前强化"分类"才是优先选项。20 世纪 90 年代的"抓大放小"也是一种"分类"。当时的国有企业分类依据企业规模，抓住"关键少数"，"坚持有进有退，有所为有所不为"，实现了"三年脱困"。而在本轮分类改革过程中提出的"网运分开""主辅分离"，则强化了国有企业在社会主义市场经济中提供的基础性功能，又进一步剥离了竞争性产业，有利于引入非国有资本等多元主体，真正推动"国民共进"的开放型市场的建设。

综上所述，"分类改革"的重要性值得被进一步强调，其能够在宏观领域强化以功能评价国有企业效率，又能够在微观领域促进"国民共进"。正是从这个意义上说，"分类改革"不仅破除了西方经济学关于国有企业改革必须实行私有化的迷思，也破除了传统政治经济学对于民营经济发展将威胁到公有制主体地位的逻辑判断，从而构建了与社会主义市场经济相适应的"国民共进"的微观基础。

第二节　国有企业与国有资本"做强做优做大"的辩证统一

近年来，国有企业深化改革中涉及的国有资本问题日益进入人们的视野中。2015 年《关于深化国有企业改革的指导意见》中明确

---

① 胡迟：《国企改革：四十年回顾与未来展望》，《经济纵横》2018 年第 9 期。

提出"坚定不移做强做优做大国有企业",同年《关于改革和完善国有资产管理体制的若干意见》提出国有资产监管机构职能转变为"以管资本为主",2017 年党的十九大报告提出"推动国有资本做强做优做大"。于是,有人抓住其中所谓的"变化",将中央的改革意愿解读为只要"国有资本"而不要"国有企业",即只要"做强做优做大国有资本"而不要"做强做优做大国有企业"。这是对新时代国有企业深化改革的重大误读,对此需要予以澄清和阐明,即厘清国有资产管理体制从"以管企业为主"转向"以管资本为主"的内在逻辑,从而讲清楚国有企业改革与国有资产管理体制改革是不同层面的问题这一基本事实。在此基础上,探讨新时代国有企业与国有资本"做强做优做大"的理论逻辑,以真正实现两者辩证统一。

一 国有企业改革与国有资产管理体制改革是不同层面的问题

长期实践证明,国有企业改革一直是一个系统性工程,涉及多方面问题,单单《关于深化国有企业改革的指导意见》这一文件中就提到了"分类推进国有企业改革""完善国有资产管理体制""发展混合所有制经济"等一系列问题。由此可见,国有资产管理体制改革只是国有企业改革的一个方面,国有企业改革问题与国有资产管理体制改革问题是不同层面的问题,不能混为一谈。[①] 当然这是广义上的国有企业改革,相对而言,狭义上的国有企业改革主要针对组织对象层面,包括但不限于企业法人治理结构、经理层任期和薪资管理、骨干员工持股制度等,以此从组织层面激发国有企业发展活力和内生动力;国有资产管理体制改革则是资产价值管理形态方面的改革,其核心是要解决"保证国有资产安全与提高国有资产使用效率的关系"[②],因此,"管企业""管人事""管资产""管资本"

---

① 张晖明、张陶:《国有企业改革再出发:从"分类"到"分层"》,《学术月刊》2019 年第 1 期。

② 金碚:《论国有资产管理体制改革》,《中国工业经济》2000 年第 3 期。

都可以作为其管理手段。

在此基础上，我们需要重点厘清国有资产管理体制从"以管企业为主"转向"以管资本为主"的内在逻辑，以此回应那种认为只要国有资本不要国有企业的错误观点。国有资产管理改革内嵌于国有企业改革的全过程，同样是一个渐进的过程。1978 年以来，我国国有资产管理体制先后经历了计划经济体制和社会主义市场经济体制。2003 年，国资委的成立解决了"所有者缺位"的问题，由国资委代表政府行使出资人职责，明晰所有者权利和企业法人权利，并对企业形成监管约束。长期以来，国资委在国资国企监管方面坚持"三结合"原则，即管资产与管人、管事相结合。究其原因，在这一阶段，国有企业股份制改革不彻底、公司治理结构不完善等因素使得国有资产监管只能是"以管企业为主"，并在企业层面表现为"以管资产为主"①。在这一过程中，国资委监管取得了有目共睹的成绩，一定程度上优化了国有经济布局。但是，随着社会主义市场经济的逐渐完善，以"管企业为主"的国有资产管理体制呈现出三类主要问题：一是"国有资产监管存在越位、缺位、错位现象"；二是"国有资产监管还不健全，国有资产流失比较突出"；三是"国有资本配置效率不高"②。这些现实问题都倒逼国有资产监管机构改革，即从企业日常经营活动中退出，将重心转移到国有资本的保值增值中。这也就是我国国有资产管理体制的重心经历了由"以管企业、管资产为主"到"以管资本为主"的转变的内在逻辑。

事实上，国有经济是国有企业和国有资本的"合二为一"，国有企业是物质载体，是实现国有经济功能的重要支撑；国有资本是国有经济的价值形态，是实现国有经济功能的关键实质，两者缺一不可。"管企业"与"管资本"都是手段，它们的根本目的分别是

---

① 王绛：《别曲解国资监管改革的手段与方向》，《现代国有企业》2014 年第 5 期。

② 《国务院关于改革和完善国有资产管理体制的若干意见》，人民出版社 2015 年版，第 1 页。

"国有企业做强做优做大"和"国有资本做强做优做大",而国有资本突破了国有企业的物理限制,具有高于国有企业个体的全局性和战略性意义。① 由"以管企业为主"转向"以管资本为主",其核心仍然是处理好政企关系、政资关系。由于国资委属于行政序列,归各级政府管理,而政府出于保持 GDP 增长速度和维持社会稳定等目的,要求国有企业完成指标、出资出力时,就会直接要求国资委超越"管资产"的权限过度介入企业安全生产、工资总额控制等具体经营决策性事务中。因此,进一步落实"政资分开",科学界定国资委监管边界,避免与政府公共管理职能相重复势在必行。"管企业"是以企业组织及其经营使用的资产为管理对象,"管资本"则以"价值型管理"为管理重点,从"管企业""管资产"到"管资本"的转变不是说只要"管资本"不要"管企业"了,而是说当前的重点是以管资本为主辅以管企业、管资产,是为了从根本上解决政府在社会主义市场经济中的"越位""缺位"和"错位"问题。只有从根本上理解了这一点,就不会得出新时代只要做强做优做大国有资本而不要做强做优做大国有企业的错误观点。

二　做强做优做大国有企业的理论逻辑

在区分了国有企业改革与国有资产管理体制改革的基础上,我们需要进一步回答为什么新时代要做强做优做大国有企业,即做强做优做大国有企业的理论逻辑是什么。对此,笔者结合前人的研究尝试总结出三条主要依据。

第一,"物质载体论"。"国有经济离不开国有企业这一基本载体"②,巩固我国的基本经济制度,必须牢牢抓住企业这一载体,因为只有控股企业才有支配权,才有做强做优做大国有企业、发挥社

---

① 宋方敏:《论"国有企业做强做优做大"与"国有资本做强做优做大"的一致性》,《政治经济学评论》2018 年第 2 期。

② 宋方敏:《坚持"国有企业做强做优做大"和"国有资本做强做优做大"的统一》,《红旗文稿》2018 年第 2 期。

会主义公有制的优越性的可能。新中国成立以来，国有企业在我国国民经济运行过程中扮演着关键的角色。一方面是政府依靠国家权力集中资源进行有效的资本积累，极大地缩短了初步工业化的准备周期，在实践中依靠国有企业"逐步建立了独立的比较完整的工业体系和国民经济体系"，使得"国防工业从无到有地逐步建设起来"，"维护了国家的安全和独立"①；另一方面国有企业经过40多年的市场化改革，已经与市场经济基本融合，但是还要深度融合，尤其是分类改革后的竞争性国有企业真正成为独立市场主体。从物质载体本身来看，国有企业不在于数量多少，而在于是否"强"和"优"。当前，国有经济布局优化和结构调整是国有企业改革的一个重要方向，截至2019年11月，中央企业已完成21组39家企业的重组，央企数量从117家减少到95家，② 这种战略性重组将更加有利于国有企业做大做强做优从而培育出具有全球竞争力的一流企业。

第二，"政治基础论"。国有企业是国民经济和中国共产党执政的经济基础中的支柱，③ 同时一大批工人阶级在国有企业中发展，奠定了中国特色社会主义的政治基础。习近平总书记在全国国有企业党的建设工作会议上指出，国有企业"拥有四千多万在岗职工、近八十万个党组织、一千多万名党员，这是工人阶级队伍的骨干力量。把国有企业建设好，把工人阶级作用发挥好，对巩固党的执政地位、巩固我国社会主义制度具有十分重大的意义"④。此外，他指出，这是一个政治问题而不是一个纯粹的经济问题。⑤ 国有企业能否真正做强做优做大，直接检验着中国共产党的执政能力，并关系到其执政

---

① 《关于若干历史问题的决议 关于建国以来党的若干历史问题的决议》，中共党史出版社2010年版，第64页。

② 黄群慧：《国有经济布局优化和结构调整的三个原则》，《经济研究》2020年第1期。

③ 程恩富：《新时代为什么要做强做优做大国有企业》，《世界社会主义研究》2018年第3期。

④ 《十八大以来重要文献选编》（下），中央文献出版社2018年版，第393页。

⑤ 《十八大以来重要文献选编》（下），中央文献出版社2018年版，第391页。

目标能否实现。① 因此，一方面，需要旗帜鲜明地反对"私有化"和"去国企化"，不能借改革开放和以国际平等对话名义而给公有制经济贴上低效、垄断的标签推行私有化，任由私人资本进行切块、分割、占有和混合。另一方面，经过分类后的竞争性国有企业只有在市场竞争中变得更"优"、更"强"、更"大"，才能证明自身价值。

第三，"国家利益论"。当前国际经济形势风云激荡，经济全球化遭遇了美英等国掀起的逆全球化浪潮，国有企业在国家发展和国际竞争中肩负着特殊使命。2018 年以来，美国指责中国存在大量国有企业导致市场竞争不公平，并对我国出口商品加征关税、发动经贸摩擦，对此，我国予以坚决回击。这是国家利益之争。经济全球化过程中国家利益的实现离不开国家和国有企业。从客观事实来看，在全球化进程中出现了富国更富、穷国更穷的"马太效应"，基于这样的情况，我们不得不反思，后发国家要在经济全球化进程中实现赶超，仅仅依靠比较优势理论还不够。② 显然，国家以及国有企业在外部性内部化的过程中扮演了至关重要的角色。尤其是在没有工业体系、成熟市场、优秀企业家的环境下，对于国外优势资本和先进技术的消化吸收，无疑需要国有企业的出场。此外，激烈的市场竞争、跨国公司扩张、资本兼并重组等都会影响所有制结构，因此要有意识地进行调控。做强做优做大国有企业在经济全球化和社会主义市场经济中的意义至少有三个层次：一是有效应对诸如外部性、信息不对称、公共物品供给等市场失灵的状态；二是有效落实国家战略以国家现代化进程实现后发国家目标；三是在国际竞争环境下集中资源以在某一领域有效培育国家竞争优势。我们还需要注意到，国有经济具有逆经济周期的功能，尤其是在经济下行压力下起到"稳增长""稳就业"和"稳税收"的"调节器"的作用。

---

① 程恩富、侯为民：《做大做强做优国有企业与共产党执政》，《政治经济学评论》2015 年第 6 期。

② 周文、包炜杰：《经济全球化辨析与中国道路的世界意义》，《复旦学报》（社会科学版）2019 年第 3 期。

　　国有企业是全民共同的财富，更对我国经济社会发展表现出一种"托底功能"。新时代国有企业深化改革的目的不仅仅在于从一系列经济指标考评体系中使它更好地成为市场经济中的微观主体，更重要的在于坚持以人民为中心的发展思想，真正促进全体人民共同富裕，从而使得"市场经济"的前置定语"社会主义"真正落地。

三　关键在于国有资本改革推动国有企业真正做强做优做大

　　新时代国有企业与国有资本关系的重点不在于"以国有企业涵盖国有资本"或"以国有资本替代国有企业"的零和博弈，应当是以做强做优做大国有资本来推动做强做优做大国有企业，以此实现两者的辩证统一。当前，我国国有企业面临的困难和挑战主要集中在国有经济布局结构、国有企业活力效率、国有资产监管体制等方面，具体表现为战线过长、"僵尸"企业、产能过剩、高端供给不足、国有资产流失等问题。① 因此，以国有资本改革推动国有企业做强做优做大就是要解决上述现实问题。

　　在国有经济布局结构方面，优化国有资本在产业内部与企业间的分布，从而收缩战线、集中资源，提升国有企业的控制力和影响力。具体而言：一是优化国有资本在产业内部的分布，推动国有资本更多投向关系国家安全和国民经济命脉的重要行业和关键领域，尤其是集中投向特定产业链中需要重点控制或市场机制难以发挥作用的基础产业、关键技术和关键零部件等，重点解决高端供给不足问题；二是优化国有资本在企业间的分布，推动国有企业存量资产之间的合理、有序流动，避免因市场高度同质化引发的同属一个出资人的多个竞争主体恶性竞争的局面。

　　在国有企业活力效率方面，国有资产资本化的优势在于能够灵活地进行兼并、收购和出售等，使之具有良好的流动性，有利于推

---

　　① 本书编写组：《国企改革若干问题研究》，中国经济出版社 2017 年版，第176 页。

动国有企业重组整合、盘活存量。以资本运作为主调整国有经济布局，合理保证国有资本在竞争性行业与公益类领域的运作，提升国有资本的运行效率；此外，资本纽带关系的实质是股权关系，即企业股东之间通过对企业的持股形成股权关系，从而形成企业内部利益共享、风险分担的机制，真正推动包括国有资本在内的不同资本所有者主体在微观领域的融合，这也是国有企业混合所有制改革的实质，从而最终实现放大国有资本功能，发挥国有资本对其他资本的带动作用。

在国有资产监管体制方面，通过改革国有资本授权经营体制，组建若干国有资本运营公司，有利于进一步理顺政府公共管理部门、国有资产监管机构和国有企业的关系。"政企不分、产权不清晰是国有企业的传统弊端，也是国企低效率的重要原因。国企改革首先要解决政府对企业频繁的行政干预。"① 改革国有资本授权经营体制，其要义在于科学界定国有资本所有权与经营权边界，从而既明确监管机构的基本职责，即管好资本布局、规范资本运作、提高资本回报、维护资本安全，又让企业真正成为市场经营的主体，从根本上促进国有资产保值增值和有效防止国有资产流失。此外，国有资本投资运营公司作为国有资本市场化运作的专业平台，以资本为纽带、以产权为基础开展国有资本运作，将是未来考察的重要对象。

从其他角度来考察分析的话，做强做优做大国有资本还可以概括为"放活""管好""优化""放大"四个方面，亦有学者提出做强做优做大国有资本的四大指标（即"国有资产监管指标""国有资本规模效益指标""国有资本结构质量指标""国有资本功能放大指标"），以此来衡量新时代国有企业深化改革的实效性。这些都是国资国企改革辩证统一的有力佐证，并得出一个总的结论：国有资本改革有助于实现国有企业经济效益与社会效益的统一。对此，党

---

① 杨瑞龙等：《国有企业分类改革的逻辑、路径与实施》，中国社会科学出版社2017年版，第77页。

的十九届五中全会审议通过的《中共中央关于制定国民经济和社会发展第十四个五年规划和二〇三五年远景目标的建议》提出，"深化国资国企改革，做强做优做大国有资本和国有企业"①。总体而言，新时代对于国有企业的认识已经在传统的"物质载体论""政治基础论""国家建构论"基础上，顺应现代经济发展规律，以做强做优做大国有资本推动国有企业做强做优做大。

第三节　建立和完善中国特色现代国有企业制度

1993 年党的十四届三中全会提出，国有企业要建立"产权清晰、权责明确、政企分开、管理科学的现代企业制度"②。2016 年习近平总书记提出了"中国特色现代国有企业制度"，即在原有的十六字基础上加上了"党的领导"。从"现代企业制度"到"中国特色现代国有企业制度"，这对于新时代国有企业改革方向再定位具有重要意义。在这里，我们重点讨论中国特色社会主义国有企业的两大理论问题，一是国有企业中"党的领导"问题，二是"中国特色社会主义员工持股制度"问题。

一　"党的领导"与现代企业制度的有机结合

包括国有企业改革在内的经济体制改革都是在党的领导下进行的，从这一点出发就不难理解"党的领导"这一中国特色社会主义的本质特征。但是，即使认同这一本质特征，对于国有企业中的"党的领导"仍然会追问：第一，新时代国有企业改革为什么要强调

---

① 《中共中央关于制定国民经济和社会发展第十四个五年规划和二〇三五年远景目标的建议》，人民出版社 2020 年版，第 18 页。

② 《改革开放三十年重要文献选编》（上），中央文献出版社 2008 年版，第 733—735 页。

"党的领导"？第二，"党的领导"与"政企分开"的既定原则即原有的现代企业制度是否存在一定矛盾？第三，国有企业中"党的领导"如何真正嵌入"公司治理"中？其中，最核心的就是"党的领导"与"政企分开"的关系问题。

第一，新时代深化国企改革中加强"党的领导"是为了保证国有企业的社会主义方向，并将这种政治优势转化为企业竞争力。曾有人认为，建立现代企业制度后的国有企业将与非国有企业不存在区别，但是，"国有企业的改革目标并不是将国有企业变为非国有企业"①。当前，社会上一些人对于国有企业的认同度不高，其中既有体制内又有体制外的因素，但是归根结底，国有企业的社会主义优越性还没有充分发挥，例如部分竞争性国有企业在国际上的竞争力还不够，部分公益类国有企业在产品质量和服务水平上还有一定差距。与此同时，如果国有企业只有依靠行政资源搞行政垄断抢占市场份额，那么只会产生垄断利益集团而没有从根本上回应人民对于美好生活的诉求。一段时间以来，在"以经济建设为中心"的现代化过程中某些领域和行业出现了"唯 GDP 论"的倾向，以及与之对应的过度市场化问题，这样的情况在部分国有企业中同样存在。如果国有企业只有经济目标而没有社会目标，则必然造成人民群众缺失"获得感"，从而出现负面评价。重申"党的领导"，是因为"党的领导"不仅仅具有政治上的象征意义，更重要的是意味着社会主义生产关系以及与之对应的社会主义生产目的。再如，新时代国有资本的投资方向是一个关键，尤其是在推动国有资本向战略性产业和领域转移并以此推动我国实体经济转型升级方面，"党的领导"恰恰是在这一关键时间节点上起到了把握发展方向、驾驭资本逻辑的作用。

党的十九大重申"党是领导一切的"这一基本原则，就是为了克服一段时间以来片面曲解和过分强调"政企分开"的取向，而要

---

① 金碚：《论国有企业改革再定位》，《中国工业经济》2010 年第 4 期。

保证中国经济行稳致远，更应当在尊重市场经济一般规律的基础上加强党对经济工作的集中统一领导。社会主义经济理论与实践都已证明，"党的领导是社会主义市场经济的重要特征"[1]，强调"党的领导"是为了克服市场经济的固有缺陷，对市场经济进行监管和调控，与此同时，充分发挥宏观战略规划功能，尤其是保障国民经济平稳运行。在20世纪90年代以来围绕建立现代企业制度的国有企业改革探索中，无论是企业承包制还是股份制，都由于信息不对称出现了"内部人控制"现象，从而导致经营者与国家利益取向不一致的情况，[2] 造成国有资产的大量流失，于是防止国有资产流失、保证社会主义方向成为国有企业改革必须要考虑的问题。新时代国有企业混合所有制改革中，加强和完善党的领导就是为了从制度上确保国有企业的社会主义方向，并且通过党自身的组织建设防止国有资产流失。总的来说，"党的领导"顺应了国有企业在改革攻坚期的组织需求，是因应国有企业改革过程中暴露出来的问题而作出的新的国有企业定位，中国特色国有企业制度探索能否走出一条突破西方新制度经济学企业组织理论的道路，这在很大程度上要依赖"党的领导"的成功实践。

第二，以"政企分开"为特点的现代企业制度与以"党的领导"为前提的中国特色现代企业制度不存在根本矛盾。在计划经济体制下，国有企业作为行政附属品，无法根据市场信号调节生产经营活动，而导致激励不足效率缺失，董辅礽先生所讲的"以政代企"指的就是这种情况。因此，在社会主义市场经济体制下，尊重市场经济的一般规律、强调"政企分开"是国有企业改革的正确方向。这一原则同样贯穿在我国国有资产管理体制中，长期以来，国有资产管理体制中实现"三分开"原则，即政企分开、政资分开、所有

---

[1]　谢富胜、王松：《论坚持加强党对经济工作的集中统一领导》，《毛泽东邓小平理论研究》2019年第4期。

[2]　林毅夫、蔡昉、李周：《现代企业制度的内涵与国有企业改革的方向》，《经济研究》1993年第3期。

权和经营权分开。于是，有人认为"党的领导"与以"政企分开"为特点的现代企业制度存在矛盾，认为重申"党的领导"将违背国有企业的市场功能。事实上，在明确建立现代企业制度的改革方向后，国有企业党组织一直存在被弱化和虚化的问题，没有很好地发挥其功能。客观来看，"党的领导"与"政企分开"不存在矛盾，因为两者的功能领域不同，习近平总书记指出，"党对国有企业的领导是政治领导、思想领导、组织领导的有机统一。……归结到一点，就是把方向、管大局、保落实"①。这一论述表明了加强党的领导并不意味着党包办一切、干预一切。

　　具体而言，现代企业制度规范企业的市场经营问题，尤其是理顺企业权利、责任、义务关系问题和市场经营效率等问题。党的领导重点解决的是企业发展方向、执行党和国家方针政策、重大部署问题、实现国有资产保值增值、强化企业基层党组织的作用。② "党的领导"与"政企分开"的这种各有侧重、辩证统一的关系在组织架构上也有所表现。当然，"党的领导"与"政企分开"的最优边界是个难题，这是一个实践问题，需要在国有企业运行中加以调整和完善。此外，与经济领域"政企分开"密切相关的还有政治体制领域改革中的"党政分开"，这一点同样需要得以澄清，改革开放初期"党政分开"是针对党政不分、以党代政以及党和政府职能相混淆的情况提出来的，而在今天基本厘清政府行政职责与党的领导的功能边界后，加强和改进国有企业中党的领导在理论上成为可能。

二　关键在于"党的领导"嵌入公司治理中

　　建立现代企业制度是第一步，其内核是公司治理问题，中国特色现代企业制度的关键在于将"党的领导"嵌入公司治理中。一段

---

① 习近平：《坚持党对国有企业的领导不动摇》，《人民日报》2016 年 10 月 12 日第 1 版。

② 顾钰民：《习近平做强做优做大国有企业的理论逻辑》，《思想理论教育导刊》2018 年第 1 期。

时间以来，"党的领导"被排斥在公司治理体系之外，但是"党的领导"作为国有出资人意志的象征必须在公司治理结构中有所反映。为此，中央特地出台了《关于在深化国有企业改革中坚持党的领导加强党的建设的若干意见》并作出部署，其中包括"党组织的政治核心作用""坚持党管干部原则"等一系列制度安排。这些举措都指向一个共同问题，即只有在公司治理中落实"党的领导"，中国特色现代国有企业制度才算完整，换言之，国有企业党组织"嵌入式治理"的关键在于党的领导与企业业务工作紧密结合，对公司治理过程中的用人、规划、决策、执行、监督等各环节产生影响，从而真正发挥领导核心和政治核心作用。① 具体而言，在新时代语境下，党对国有企业的领导至少从组织、制度与人员三方面积极探索与公司治理的有机融合。

组织架构健全、组织功能完备是"党的领导"融入公司治理的首要前提。在组织方面，同步建立国有企业党的组织机构与公司治理的组织架构，按照组织上分立设置、人员上交叉任职、职责上明确边界的基本原则，以避免将企业的政治建设与经营活动完全割裂开来，从而在组织基础上确保党组织在公司法人治理结构中的法定地位。在制度方面，通过决策流程前置与决策内容侧重两条路径实现党对国有企业领导的"有机嵌入"。在决策流程上，但凡涉及企业"三重一大"事项（即"重大事项决策、重要干部任免、重大项目投资决策、大额资金使用"）必须先由党委集体讨论，这就从程序上确保了党对国有企业发展方向的政治把关。在决策内容上，党委主要把方向、管大局，涉及技术层面等实际操作问题仍按照企业既有架构中的经理层来进行公司治理，各有侧重、区分边界。在人员方面，"双向进入、交叉任职"是新时代国有企业领导体制的一个创举。允许符合条件的党组织领导班子成员通过法定程序进入董事会、

---

① 宋方敏：《把中国特色现代国有企业制度的"根"和"魂"落到实处》，《红旗文稿》2016 年第 22 期。

监事会、经理层，董事会、监事会、经理层成员中符合条件的党员可以依照有关规定和程序进入党组织领导班子。经理层成员和党组织领导成员适度交叉任职，董事长、总经理原则上分设，党组织书记、董事长一般由一人担任。这一人事安排既确保国有企业董事长（党组织书记）作为第一责任人对原则性、方向性、战略性问题的决策把握，又兼容了公司制决策层（董事长）与执行层（经理层）相分开的治理模式。此外，"坚持党管干部原则"，强化党组织在企业领导人员选拔任用、培养教育、管理监督中的责任，支持董事会依法选择经营管理者、经营管理者依法行使用人权。综上所述，新时代国有企业深化改革在实践中积极探索了"党的领导"与公司治理的有机融合，并且在理论上回答了以"党的领导"重构中国特色社会主义国有企业制度何以可能。

三　中国特色社会主义企业员工持股制度

从狭义上来看，"中国特色现代企业制度"特指十六字现代企业制度加上"党的领导"，但是从广义上的企业制度层面来考察，如果说"党的领导"能够体现"中国特色社会主义"的话，那么另一具有中国特色的企业制度即在于中国特色社会主义企业员工持股制度。新时代深化国有企业改革的重点是重启混合所有制改革，混合所有制改革不是为了混合而混合，而是为了从根本上做强做优做大国有企业和国有资本，对国有企业员工的中长期激励则是国有企业推行混合所有制改革的重要环节之一。党的十八届三中全会提出，"允许混合所有制经济实行企业员工持股，形成资本所有者和劳动者利益共同体"[1]。由此可见，中国特色社会主义员工持股制度同样是新时代国有企业改革探索对马克思主义所有制理论的进一步发展，因此有必要加以研究。

混合所有制条件下的员工持股制度是一种新型的资本与劳动的

---

[1] 《十八大以来重要文献选编》（上），中央文献出版社 2014 年版，第 515 页。

关系，是所有制理论的一种创新。从根本上说，员工持股制度作为混合所有制改革的重要一环，具有激励和治理双重效应，是为了激发员工积极性并完善国有企业公司治理结构。与西方国家员工持股制度相比较，我国员工持股制度的特殊性表现为：我国国有企业是全民所有制经济，劳动者同时是生产资料的所有者，而员工持股制度则通过持股的方式进一步明确了劳动者的主体地位。可以说，实行员工持股制度在一定程度上是"所有者和劳动者在企业中对立关系的扬弃"，这种情况在"传统马克思主义理论中并没有进行分析"[①]。从理论基础来看，既有西方经济学理论如二元经济理论（即凯尔索等人提出的财富由资本和劳动两种要素共同创造）、利润分享理论、民主公司理论、第三条道路理论以及人力资本理论等，又有国内相关理论即"经济民主论"、"职工主体论"、劳动力产权论、企业制度创新论、"劳者有其股"理论以及控制"内部人控制"理论等。[②] 在理论上，员工持股制度是建立激励约束长效机制的重要举措，是激活国有企业内生活力的有效手段。持股员工既与企业共享企业发展收益，又共同承担市场风险，这样也就间接促使员工比以往更加关心企业的成长发展。从本质来看，员工持股计划大都起到了"改善员工福利、形成股权激励和改变产权结构"的作用，是一种兼具"激励与治理双效应"的制度安排。[③] 这里谈到的是我国员工持股制度的特殊性和功能性，以及与之对应的理论基础，但是在中国特色现代企业制度中探索员工持股制度，更重要的是要考察它的实效性和可操作性，因此，接下来将重点考察这两个问题。

　　第一，员工持股制度的实效性。从历史上来看，随着改革开放

[①]　顾钰民：《发展混合所有制经济的理论思考》，《中国高校社会科学》2015 年第 4 期。

[②]　罗智渊：《中国员工持股制度研究》，博士学位论文，首都经济贸易大学，2011 年。

[③]　黄群慧、余菁、王欣、邵婧婷：《新时期中国员工持股制度研究》，《中国工业经济》2014 年第 7 期。

之初国有企业股份制改革的探索，员工持股作为扩大融资渠道的一种方式就在摸索中进行。但是，20 世纪 90 年代国有企业职工内部发行股票时出现了大量的"关系股""权力股"现象，反映出严重的监管缺位、利益输送问题，曾被国务院 1993 年发文紧急叫停。2014 年《关于上市公司实施员工持股计划试点的指导意见》对实施程序、管理模式、认购资金来源、授予员工的股票来源、锁定期、持股数量上限和内幕交易防控等都进行了明确的规定，标志着中国员工持股进入到制度化阶段，这次可视为我国继 2006 年股权分置改革以后的"第三次国企股权结构改革契机"[①]。2016 年出台的《关于国有控股混合所有制企业开展员工持股试点的意见》，进一步从政策层面加以完善。从效果来看，尽管员工持股计划被寄予厚望，但是上述过程暴露出来许多问题，诸如"监督管理体系尚不完善""持股机制不健全""短期筹款和福利发放的定位削弱了长期激励的效果""持股利益没有保障"[②] 等。如果放到当前国有企业混改背景下来考察的话，则会发现另一些不规范的员工持股计划行为问题，比如某些公司特意安排员工持股为公司高管和大股东的减持接盘，严重破坏股东、管理人员和员工的信任关系；再比如，部分公司通过金融杠杆放大员工购股资金，为员工持股计划"爆仓"埋下隐患，这些问题直接导致员工持股亏损，也更加挫伤员工参与公司事务的积极性。就其原因而言，如果按照交易成本理论分析的话，员工持股制度在实施过程中存在着包括制度成本、信息收集成本等一系列交易成本，因此需要考虑到员工持股的适用范围、适用对象、管理机构和流转等问题。[③] 事实证明，员工持股计划正是在上述环节最有可能出现问题。

---

① 沈红波、华凌昊、许基集：《国有企业实施员工持股计划的经营绩效：激励相容还是激励不足》，《管理世界》2018 年第 11 期。

② 宋岚：《混改视野下国企员工持股研究》，《现代国企研究》2019 年第 9 期。

③ 廖红伟、杨良平：《国有企业改革中的员工持股制度分析——基于交易成本理论的视角》，《江汉论坛》2017 年第 9 期。

　　第二，新时代员工持股制度的可操作性。在重启混合所有制改革的背景下推进员工持股计划的初衷，即在于改善公司内部的激励机制，从而完善市场化经营机制。[①] 那么，如何推进这一计划呢？中央相关文件指出，"员工持股主要采取增资扩股、出资新设等方式"[②]。换言之，通过实行员工持股建立激励约束长效机制，主要采取增资扩股和出资新设等方式实现。就这一具体举措的出发点而言，是为了既扩大企业资本规模又防止国有资产流失。就具体的可操作性问题，又应当关注以下几点。其一，分类问题。在国有企业分类的基础上推进员工持股计划，具体而言，公益类国有企业因无法清晰界定员工对企业经营绩效的影响而不适合推行员工持股，与之相对应的，竞争性国有企业因其市场化程度高，员工贡献度与企业绩效改进呈显著相关，因此适宜推行员工持股计划。其二，功能定位问题，即员工持股计划究竟是福利型、融资型还是激励型。在实践过程中，这三种情况是同时存在的，当然员工持股计划的终极目标是以激励促治理，因此，在总结之前实施员工持股计划的经验基础上，应当坚持"激励相容、增量分享、长期导向"[③] 的基本原则。其三，有效的内部控制有助于推动员工持股计划并深刻影响员工持股计划的实施效果。[④] 员工持股计划一直为人诟病的地方在于存在利益输送、内部人控制与国有资产流失等严重问题，而只有通过有效的内部控制来推动实施员工持股计划，从而建立经济民主和广泛参与的组织基础，才能真正提高劳动者收益和企业竞争力。在现实中，员工持股计划并不限于国有企业，民营科技创新公司在创业期同样

　　① 呼建光、毛志宏：《国有企业深化改革中的公司治理——规制与激励》，《社会科学》2016 年第 7 期。

　　② 《中共中央国务院关于深化国有企业改革的指导意见》，人民出版社 2015 年版，第 18 页。

　　③ 黄群慧、余菁、王欣、邵婧婷：《新时期中国员工持股制度研究》，《中国工业经济》2014 年第 7 期。

　　④ 陈汉文、欧娟、黄轩昊：《内部控制能够改善员工激励吗？——基于员工持股计划视角》，《北京工商大学学报》（社会科学版）2019 年第 6 期。

大力推行员工持股计划，主要是为了满足融资需求，合理分散财务风险并实现对人才的有效激励，例如华为公司采用"虚拟股"的奖励机制，其99%的股票为华为员工持有。这对于当前国有企业员工持股制度的改革也有一定的借鉴性。

第四节　新时代国有企业深化改革对马克思主义所有制理论的创新发展

至此，我们对于新时代国有企业深化改革应有新认识。具体而言，新时代国有企业改革不仅明确了"分类改革"这一突出亮点，而且原创性地提出了做强做优做大国有企业和国有资本的辩证统一，更重要的是，通过"建立中国特色现代国有企业制度"实现国有企业改革再定位。更进一步来看，新时代国有企业深化改革正从实践层面进一步丰富和发展了马克思主义所有制理论。当然，新时代国有企业深化改革究竟在多大程度上推动了马克思主义所有制理论的创新发展，这是一个开放式、值得探讨的命题，亦有人提出了不同的观点。基于理论原则分析和学术命题探讨，笔者审慎地提出了新时代国有企业深化改革对马克思主义所有制理论中一些命题的发展的可能性，以期抛砖引玉引起进一步讨论。

新时代国有企业深化改革通过分类改革、混合所有制、国有资产监管体制、国有资本运营、员工持股制度、党的领导等具体改革内容，进一步丰富和发展了马克思主义所有制经典论断和学界相关研究。结合本书研究内容，新时代语境下马克思主义所有制理论的"中国化"和"时代化"至少表现在以下三个方面。

第一，"分类改革"既在一定程度上调和了"消灭私有制"这一经典话语与"多种所有制经济共同发展"的现实话语之间的矛盾性，为当代中国马克思主义所有制理论兼容不同所有制经济奠定基础，又在重申国有企业必要性基础上进一步回应了社会主义公有制理论中关涉的"国家所有制"难题。长期以来，作为马克思主义所有制理论中的经典论断，《共产党宣言》中关于"消灭私有制"的论述引起了学界和社会的广泛讨论，其中既有肯定的声音，又有否定的声音。这既是一个理论问题，也是一个实践问题。尽管在理论上基于社会主义初级阶段的生产力实际而推导出所有制结构多元化的合理性，但是，在现实中仍然需要重申马克思主义所有制批判思想的价值性和实践性，同时调和"消灭"与"共同发展"之间的矛盾张力，而这种矛盾首先在理论上表现为"国民对立论"。因此，对国有企业进行"商业类"和"公益类"的分类，明确界定了国有企业功能作用领域，既重申了国有经济对国民经济的主导作用，又契合了社会主义市场经济条件下不同所有制经济共同发展的内在要求，从而在资本主义向共产主义过渡时期的社会主义初级阶段，有助于实现马克思主义所有制理论话语从"对立性"到"兼容性"的转变。

从更深层角度来考察的话，"分类改革"拓展了马克思主义所有制理论的时代性，并对其中关涉的"国家所有制"问题作出了有效回应。在马克思、恩格斯所处的机器大工业时代，他们所考察的生产组织形式更多的是工厂而非企业，这也正是在他们的经典论述中可见"国有化"而不见"国有企业"的原因所在。例如，1848年马克思恩格斯在《共产党宣言》中阐明无产阶级的政治主张时指出，"无产阶级将利用自己的政治统治，一步一步地夺取资产阶级的全部资本，把一切生产工具集中在国家即组织成为统治阶级的无产阶级手里，并且尽可能快地增加生产力的总量"①。他们从基本原则的角度初步讨论了所有制实现的目标、形式与过程，但是并没有对国有企业的生产经营方式作出具体分析。而随着社会主义从理论到实践的展开，斯大林提出了社会主义公有制的两种形式，分别是以国有企业为代表的全民所有制和以集体农庄为代表的集体所有制。这是

---

① 《马克思恩格斯选集》第 1 卷，人民出版社 2012 年版，第 421 页。

斯大林模式对马克思主义所有制理论的进一步发展。但是在实践中，这一计划经济体制下的国有企业却最终滑向了"国家所有制"①，并在后来的"休克疗法"中走向"私有化"。因此，破解"国家所有制"中"国家"与"企业"的关系难题成为马克思主义所有制理论时代化的一个关键命题。而"分类改革"不同于以往的改革路径，它明确了国有企业之于社会主义国家的必要性这一大前提，并且通过区分不同类型国有企业的功能定位明确"国家所有制"的边界与效能，主辅分离、有进有退，使之成为理顺政企关系的前置命题，从而真正重塑社会主义市场经济的微观主体。

第二，做强做优做大国有资本是新时代社会主义公有制的有效实现形式，既进一步发展了马克思《资本论》中的"股份经济"理论，又为社会主义市场经济提高驾驭资本逻辑能力提供了基本遵循。马克思在《资本论》中揭示了资本主义积累过程中所有制变革的历史趋势，他指出，伴随着资本主义生产方式的进一步发展，"生产资料的集中和劳动的社会化，达到了同它们的资本主义外壳不能相容的地步。这个外壳就要炸毁了。资本主义私有制的丧钟就要响了。剥夺者就要被剥夺了"②，从而提出了"重建个人所有制"和"社会所有制"的著名论断。而在现实中，经济文化相对落后的东方国家要真正实现社会变革，不仅仅要从理论上应对"跨越卡夫丁峡谷"之问，更要从马克思主义基本原理中汲取真理性力量，在实践中探索符合本国国情的现代化富强之路。因此，"做强做优做大国有资本"之于马克思主义所有制理论具有特殊意义。

马克思在《资本论》中论述信用在资本主义生产中的作用时指出，随着股份制度的出现，"那种本身建立在社会生产方式的基础上并以生产资料和劳动力的社会集中为前提的资本，在这里直接取得了社会资本（即那些直接联合起来的个人的资本）的形式，而与私

---

① 董辅礽：《关于我国社会主义所有制形式问题》，《经济研究》1979 年第 1 期。
② ［德］马克思：《资本论》第 1 卷，人民出版社 2004 年版，第 874 页。

人资本相对立，并且它的企业也表现为社会企业，而与私人企业相对立。这是作为私人财产的资本在资本主义生产方式本身范围的扬弃"①。在这里，马克思强调了"社会资本"形式对"私人资本"的积极扬弃意义，肯定了股份制具有集中"社会资本"、建立"社会企业"的资本组织功能，但是限于时代因素并没有对国有企业股份制改革等命题作出讨论。而在中国改革开放的实践探索中，首先证明了一条基本原则：股份制不等于私有化，其关键取决于谁控股，谁控股就为谁服务，就放大谁的资本功能。在这一认识前提下，股份制先后经历了"先增量股份化，后存量股份化"以及"股权分置改革"，被证明可以是公有制的有效实现形式，而新时代国有企业则在股份制改革基础上进一步明确混合所有制改革的大方向，通过做强做优做大国有资本进一步放大国有资本在社会总资本中的主导功能和优势，从而在现代经济运行中真正做强做优做大国有企业。与此同时，做强做优做大国有资本为社会主义市场经济提高驾驭资本逻辑能力明确了方向，坚持马克思主义所有制理论的基本原则。马克思在《资本论》中以唯物史观为根本的方法论依据，对资本主义进行了深入的"病理学"分析，深刻揭示了资本的生产过程、流通过程与分配过程以及资本主义的基本矛盾，既为客观认识资本主义生产方式的"文明面"和局限性提供理论基础，又为辩证分析市场效率和资本逻辑提供历史镜鉴。做强做优做大国有资本意味着驾驭资本逻辑以做大"蛋糕"、强化反垄断和防止资本无序扩张是中国特色社会主义市场经济的应有之意。

第三，中国特色现代国有企业制度原创性地将"党的领导"内嵌于现代企业制度，填补了"党的领导"在马克思主义所有制经典理论中的"空白"，从而进一步拓展了马克思主义所有制的理论边界。在经典理论的框架下，"党的领导"经常被置于政治学的学科视野中加以考察，以列宁为代表的马克思主义经典作家主要论证了无

---

① ［德］马克思：《资本论》第 3 卷，人民出版社 2004 年版，第 494—495 页。

产阶级政党的先锋性和革命性，但是"党的领导"的经济功能以及在国有企业中如何体现并没有现成的文本依据和参照，这就间接地造成了"党的领导"在马克思主义所有制经典理论中的"缺场"。然而，"党的领导"具有深刻的政治经济学意义，是中国特色社会主义政治经济学的首要特征问题。党的十八大以来，"坚持党对经济工作的集中统一领导"是以习近平同志为核心的党中央在经济领域深化改革过程中探索出来的一条基本原则。而从理论来考察的话，孙冶方曾明确指出，社会主义生产关系"只有在无产阶级夺取政权之后才能建立。无产阶级革命的任务，就是夺取政权，改变生产关系，发展生产力"①。这一论述点出了"党的领导"与"社会主义生产关系"的必然联系，明确了"党的领导"与"所有制"之间的内在联系。在改革开放以来的实践中，"在社会主义市场经济中，党的意识形态还是指导国家战略性宏观经济管理的终极依据"②。中国特色社会主义实践最大的特点在于"坚持共产党对整个国家的领导并通过国家来发展多种所有制经济、市场经济和社会生产力"③。

中国特色现代企业制度是"党的领导"在社会主义市场经济微观主体即企业层面的直接反映，从制度实践层面进一步确证了"党的领导"与"社会主义生产关系""社会主义生产目的""马克思主义所有制"的必然联系。反观之，如果按照新制度经济学的产权理论势必推导出"去国有化"、推行"私有化"的实践逻辑，而新时代国有企业深化改革则通过重申国有企业中"党的领导"的地位和功能，从组织、制度和人员等多方面实现"党的领导"与"现代企业制度"的有机结合，建立和完善中国特色现代国有企业制度，从根本上突破了西方新制度经济学企业组织理论，也为国有企业改革

---

① 孙冶方：《社会主义经济论稿》，商务印书馆2015年版，第105页。

② 孟捷：《中国共产党与当代中国经济制度的变迁》，《东方学刊》2020年第1期。

③ 邱海平：《论中国特色社会主义政治经济学的研究对象和理论特性——兼评张宇的〈中国特色社会主义政治经济学〉》，《教学与研究》2017年第3期。

的社会主义方向奠定了基础。

综上所述，新时代国有企业深化改革不仅仅是一个丰富的政策体系，而且蕴含了一系列深刻的理论命题，极大地推动了马克思主义所有制理论的中国化、时代化，从而丰富和发展了中国特色社会主义政治经济学。

第 六 章

创新驱动发展战略下不同所有制经济的高质量发展

新时代所有制议题研究的终极命题是什么？这是许多人在思考的问题。从现实层面来看，它的重点不仅仅在于从当代中国所有制改革实践总结出对经典理论的原创性贡献，更重要的是回应中国特色社会主义进入新时代而自动生成的命题，即"建设现代化经济体系"和"高质量发展"问题。在"强起来"的新时代，我国经济正由高速增长阶段转向高质量发展阶段，而创新驱动发展战略正是高质量发展的关键。当前，百年未有之大变局进入加速演变期，这是我国进入新发展阶段面对的最大外部环境特征。然而，何为"百年未有之大变局"？从根本上来看，以5G技术、人工智能、量子科学等为代表的新科技革命正在撬动"大变局"，从而深刻改变人类生产方式和社会组织形式，而新科技革命的本质就是"创新"。加之，近年来我国先后遭遇了"中兴事件"（2018年）和"华为事件"（2019年），深刻暴露出我国当前科技发展所面临的"卡脖子"问题。对此，党的十九届五中全会审议通过的《中共中央关于制定国民经济和社会发展第十四个五年规划和二〇三五年远景目标的建议》（以下简称《建议》）提出，"坚持创新在我国现代化建设全局中的核心地位，把科技自立自强作为国家发展的战略支撑"①，将"创新"提到"核心"位置，在五年规划的历史上尚属首次。从"加快建设创新型国家""健全国家创新体系""深入实施创新驱动发展战略"等一系列政策话语也不难窥见"创新"对我国的重要性。因此，新时代所有制议题研究的一个落脚点，就是回应如何在创新驱动发展战略下奠定经济高质量发展的所有制基础。基于上述思考，本章拟在厘清新时代创新驱动发展战略基本框架的前提下，从国有企业和民营企业的创新发展两条线索同时切入，尝试讨论创新语境下的所有制问题。

第一节　研究框架：创新驱动发展的基本问题

什么是"创新"？西方经济学家熊彼特在《经济发展理论》中给出了一个经典解释："创新"就是将生产要素和生产条件的"新组合"引入生产体系，而创新的类型又至少可以分为五类，分别是"采用一种新的产品""采用一种新的生产方法""开辟一个新的市场""掠取或控制一种新的供应来源"和"实现一种新的组织"。②熊彼特的创新理论揭开了现代经济增长的本质，也为我们深刻认识创新驱动发展战略提供了理论基础。而在中国现实语境下，人们关于创新和创新驱动发展战略仍然存在一些理论上的困惑，只有先把这几个问题讲清楚，才能深入不同所有制经济的创新发展问题的研究。

---

① 《中共中央关于制定国民经济和社会发展第十四个五年规划和二〇三五年远景目标的建议》，人民出版社 2020 年版，第 9—10 页。

② ［美］约瑟夫·熊彼特：《经济发展理论》，何畏等译，商务印书馆 1990 年版，第 76 页。

一 创新的定位问题：从高速度增长到高质量发展

首先需要明确，置于国家战略的宏观语境之下，创新不仅仅是个别或局部行为，更重要的是整体表现。事实上，我国关于创新重要性的普及从 20 世纪末已经开始，但是从接受理解到应用转化还有一个过程，尤其在创新的评价标准也就是创新的定位问题上曾存在着重大分歧，具体表现为国家行为尤其是经济行为究竟是追求速度还是注重质量。尽管现代经济增长的本质是创新，但是还有很多推动经济增长的因素与创新共同发生作用，从而构成广义上的"创新"。对于一个国家行为体而言，它因历史条件、制度环境、社会传统而处于不同的发展水平和发展阶段，因此广义上的"创新"往往会呈现出不同层次和不同阶段。对于我国而言，广义上的创新目标定位经历了从高速度增长到高质量发展的转变。

"新时代"意味着创新的目标定位也发生了新的变化，"新时代"则提出了新的"时代之问"。从新时期"人民日益增长的物质文化需要同落后的社会生产之间的矛盾"转变为新时代"人民日益增长的美好生活需要同不平衡不充分的发展之间的矛盾"，与之相对应的是两种发展策略，解决主要矛盾的重心分别放在了"提高生产力"和"满足美好生活需要"上面，前者是工具理性下的速度和数量计算从而追求 GDP 指标，后者则表现为质量和需要的满足，侧重于通过供给侧结构性改革以满足人民的需要。将这两种发展策略都置于改革开放以来中国特色社会主义的创新实践中：一方面，在公有制条件下突破计划经济引入市场经济是一种制度创新，摆脱贫困、追求增速是后发国家的第一要义，这是广义上的创新；另一方面，在社会主义市场经济基本确立的框架下强调技术进步、产业升级、经济转型则切中了创新的本真之意。党的十九大对"新时代"经济建设方面作出了"贯彻新发展理念，建设现代化经济体系"的战略部署，其中，"高质量发展"作为一个全新阶段进入了人们的视线。于是，创新在我国的阶段性定位得以如下表述：创新不仅仅是速度问题更是质量问题，创新的目标应在高速度增长的基础上适时转向高质量发展。

　　当前对于创新驱动发展战略的破题关键在于理解"高质量发展"。对于经济增长速度的评价并不缺少数据指标，比如1978年以来我国年均GDP增长率保持在近10%。但是在很长一段时间内，我国经济发展模式呈现出粗放式、资源依赖型特征，这也引起了人们对"经济可持续发展"这一议题的广泛讨论。可以说，"高质量发展"提供了一个新的理论视角。从经济学来看，"所谓质量，是指产品能够满足实际需要的使用价值特性"[1]。许多学者都谈到，高质量发展在宏观层面、产业层面和企业层面都有相应的标准，而总的来看，高质量发展应在"继续保持经济发展总体规模优势的同时，不断推动经济发展质量变革、效率变革、动力变革"[2]，这里的"动力变革"指的就是由之前的资本要素、劳动力要素投入拉动转向创新驱动。从这个意义上说，当前我国语境下的"创新"与"高质量发展"是一体两面的关系。如果将"高质量发展"置于马克思主义理论体系中加以考察的话，不难发现，一方面，唯物史观揭示了社会形态从低级到高级的发展过程，生产力起到基础性和决定性作用，因此，高质量发展作为效率与质量相统一的高级发展阶段是必然结果；另一方面，马克思阐明了创新对于缩短社会必要劳动时间、获取超额利润、推动内涵式资本主义扩大再生产的重要意义，为创新驱动高质量发展提供了重要的理论借鉴。[3]

　　更进一步来看，新时代创新是为了实现高质量发展。如果从创新本身来理解高质量发展的话，那么我们将关注到下述事实：经济发展方式将从原先的单一要素驱动转向依靠知识、技术更新带来的

---

[1]　金碚：《关于"高质量发展"的经济学研究》，《中国工业经济》2018年第4期。

[2]　史丹、赵剑波、邓洲：《从三个层面理解高质量发展的内涵》，《经济日报》2019年9月9日第14版。

[3]　彭五堂、余斌：《经济高质量发展的三级追问》，《理论探索》2019年第3期。

创新驱动，科技创新成果应用也将更加广泛。① 此外，高质量发展在兼具效率和质量的基础上，应以满足人们美好生活需要为目标，即坚持和落实以人民为中心的发展思想，这是新时代创新的题中之意。当然，对于创新发展来说，它不是单线的、单一层次的，而是一种复合的结构性，这与我们所理解的包括理论创新、制度创新和文化创新在内的广义上的创新具有异曲同工之效。一方面，它是服务于整个经济创新的问题；另一方面，也涵盖了整个社会创新的问题。今天，人们对于高质量发展的讨论也早已突破了经济层次，包括哲学社会科学在内的创新发展都可以称为高质量发展，这一点再次证明了两者的高度同义性。上述对于创新定位问题的厘清，至少明确了高质量发展作为新时代创新的方向，在此基础上，创新驱动发展战略下国有企业和民营企业的高质量发展才得以可能。

二　创新的主体问题：究竟是政府还是市场

新时代创新的目标是高质量发展，但是追问并未就此终结，关键是谁来创新即创新的主体问题。2018 年中美经贸摩擦爆发之初的"中兴事件"，再次暴露出了我国在自主创新能力方面的短板，加之美国指责我国存在大量国有企业"扭曲市场价格"而导致"不公平的贸易"，"举国体制"一时间在网络上成为众矢之的。此外，2017年年初经济学界关于产业政策兴废的"林张之争"，这些现实问题的背后都共同指向这样一个命题，即创新的主体究竟是政府还是市场，或者说究竟是"举国体制"还是"市场主导"。如果对这个问题缺少清醒的认识，那么势必无法理解我国的国家发展战略以及国有企业和民营企业的创新发展。对此，我们主要有以下观点。

第一，创新的主体既可以是政府也可以是市场，在这一问题上中西方既有共性特征又有差异分野。尽管在西方话语体系中创新往往表现为市场经济中微观企业的个体行为，然而不容否认的是，无

---

① 洪银兴：《论创新驱动经济发展战略》，《经济学家》2013 年第 1 期。

论以德国为代表的"社会市场经济模式"还是以日本为代表的"政府主导型经济模式"，抑或是以美国为代表的"自由市场经济模式"，政府及其产业政策都深深"嵌入"经济活动中，市场经济模式没有定于一尊，同理，创新主体同样没有限定于政府或市场一方。相关研究表明，政府推动创新的方式至少可以归纳为"五大支柱"，即"知识产权、研究补贴、公共教育、研究型大学和贸易政策"①，而市场作为创新主体则早已为大多数人所接受。如果将这两种创新主体放置于微观层面的不同所有制企业的话，与政府关系密切的国有企业和市场中的民营企业都可以成为创新的主体。而就中西方创新主体的差异性而言，从古至今，中国鲜有以个人命名某项重要发明或和重大发现，反观西方，诸如"毕达哥拉斯定理""牛顿定律""瓦特改良蒸汽机"等，这一事例从侧面反映出不同的社会文化传统，至少指向了集体主义与个人主义的分野，而这正是"举国体制"与"市场主导"的差异根源。

第二，政府主导创新或市场主导创新的有效性依赖于各自的实现条件，不存在完美政府或完美市场，因此从这个意义上说创新驱动发展战略下的政府（国有企业）和市场（民营企业）是一组典型的互补关系。总的来看，有效的约束和激励机制是实现创新的关键所在，民营企业因其直接在市场竞争中得到约束和激励，而在创新动力方面具有优势，但是经过体制机制改革后的国有企业同样可以做到这一点。就当前政府以及国有企业层面面临的问题而言，过度依赖外部技术引进而忽视自主创新能力建设是最大问题，而我国民营企业由于大多处于中小微规模，使得其受制于资本投入、产品研发而显得创新产出不高，同样面临着创新发展转型问题。因此，政府与市场可以发挥各自优势，在适合自身发挥作用、具有优势的领域有效推动创新，比如，政府拥有强大的资源动员能力和中长期发

①　［美］马克·扎卡里·泰勒：《为什么有的国家创新力强?》，任俊红译，新华出版社 2018 年版，第 23 页。

展规划能力，可以在前瞻性基础研究、颠覆性技术创新方面发挥创新优势；市场因对需求侧反映敏感能够动态调整生产经营活动，并且能够持续向新的经济增长点扩大投资，倒逼自身进行产品创新和服务创新。这两种创新模式不应是相互排斥的，而是相互补充的，归根结底都是为了解放和发展生产力。

第三，当前我国建设创新型国家的主要方向是"构建社会主义市场经济条件下关键核心技术攻关新型举国体制"①。党的十九届四中全会就"完善科技创新体制机制"提出了这一命题。"新型举国体制"一经提出，再次为政府和市场都可以作为创新的主体作了注解，在笔者看来，也预示着一种"国家创新型市场经济"的可能。从历史上来看，由现代科学技术革命引爆的创新活动离不开国家政策的推动，现代科学技术革命的本质是创新的体制化，而推进现代科学技术革命要求建立健全国家创新体系，它在结构层次上表现为大学、研究机构、政府和企业等为创新而合作的"科学共同体"，在运行机制上表现为基础研究、技术创新、产业扩散和社会传播的互动流程，② 这正是"新型举国体制"的关键所在，既有政府（国有企业）又有市场（民营企业）共同参与创新。

三　创新的路径问题：制造业与供给侧结构性改革

接下来我们将进一步考察"创新什么"以及"怎么创新"，这是创新的终极追问。对于国有企业和民营企业而言，就是讨论它们应当侧重从事什么产业以及如何推动产业发展。一般来说，"创新"首先出现在经济领域尤其是制造业领域。制造业是技术创新实现的主要领域，是培育创新的主要产业载体，这也是"国家繁荣离不开制造业"的根本逻辑，实则是国家繁荣离不开创新，在现实中的反

---

① 《中共中央关于坚持和完善中国特色社会主义制度 推进国家治理体系和治理能力现代化若干重大问题的决定》，《人民日报》2019 年 11 月 6 日第 1 版。
② 安维复：《从国家创新体系看现代科学技术革命》，《中国社会科学》2000 年第 5 期。

映就是发达国家的再工业化战略和后发国家的工业化赶超战略。从这一角度来看，创新驱动发展的根本路径在于发展制造业。对此，我们仍有必要继续深究。

其一，制造业何以实现创新？根本原因在于，"制造业是创新的最主要来源"。创新是经济增长最恒久的动力，而非资本或劳动力等生产要素，这是一个达成基本共识的观点。然而，创新从哪里来？毋庸置疑，制造业是现代化社会技术创新的第一来源和主要载体，而技术的不断创新则是一个国家经济持续增长的基础。[①] 制造业的创新功能除了表现在自身不断的"更新换代"之外，还体现在现代农业、运输业、通信业等非工业的转型过程中，包括合成氨工艺、喷气式飞机、微处理器等，都对人类社会的现代化转型产生了巨大作用。与此同时，现代社会的物质需求涉及各种制造业，制造业创造大量就业机会。以美国为例，在它从一个依赖欧洲进口的经济体转变为超级大国的历史中，制造业发挥了巨大作用，尤其在南北战争（1861—1865 年）结束之后，美国迅速开启了工业化进程。而真正促成美国在 1865 年之后实现飞跃的主要动力在于制造业领域的技术进步，具体体现在汽车制造行业的"福特模式"、爱迪生的电力照明系统、钢铁行业、通信行业、飞机制造等方面。正是得益于制造业强国的发展战略，美国顺利渡过了包括"大萧条"、第二次世界大战、冷战在内的诸多困难时期，成为当今世界上仅存的超级大国。然而，"一个大众消费时代"的到来促成了美国的产业转型，服务业取代制造业成为支柱产业，后者对美国 GDP 的贡献率则持续下降。在这一背景下，虚拟经济迅速兴起，当资本从生产性领域流向了金融领域，促成了美国经济"过度金融化导致金融危机"[②]。因此，美国经验表明，工业化是国家崛起的充分且必要条件，国家富强的基

[①] 林毅夫：《李约瑟之谜、韦伯疑问和中国的奇迹——自宋以来的长期经济发展》，《北京大学学报》（哲学社会科学版）2007 年第 4 期。

[②] 周文、包炜杰：《国家主体性、国家建构与建设现代化经济体系》，《经济社会体制比较》2018 年第 5 期。

础是发达的制造业。

其二，中国制造业能否真正强起来？尽管我们在理论上论证了制造业对于创新的重要性，但是制造业涉及的核心技术不是一个纯粹的理论问题，而是知识积累问题，并非将资本、劳动、管理、数据等要素投入生产领域就能够自动解决问题，掌握关键核心技术才是制造业实现创新的根本。在打开国门的初期，我国在制造业比较薄弱的情况下采取"用市场换技术"的发展策略，例如汽车、高铁、飞机等行业，这对于后发国家的现代工业起步、融入世界生产体系非常必要。但是其弊端也日益暴露出来，这一策略在许多领域并没有为我国带来真正的核心技术，反而是引进了一些在发达国家边缘化、即将淘汰的技术，在某些产业领域成立中外合资企业甚至造成了我国既有产业能力进一步被削弱、国有资产流失的危害。40多年来的发展经验给我们的最大启发是：创新的路径必须实现由外生到内生的转变过程，不仅要开放创新更要自主创新。这也是我国从"富起来"到"强起来"的必经过程，在粗放型经济发展方式积累了大量物质财富的基础上，通过深化供给侧结构性改革，"三去一降一补"，优化资源配置，扩大优质供给，实现供需平衡。当前，供给侧结构性改革仍然在推进中，而实体经济转型升级之路仍然任重道远。此外，创新尤其是制造业方面的创新不仅仅是一个经济问题，还涉及正向循环的生态问题，也就是说，创新环境的培育和营造问题，工匠精神与企业家精神缺一不可。

第二节　创新驱动发展战略下新时代国有企业高质量发展的基本问题

创新驱动发展战略的实施关键在于不同所有制企业都可以成为自主创新的主体，在上述分析框架基础上，如何将不同所有制企业作为微观主体嵌入其中以落实创新才是一个更具现实意义的命题。

在这里，我们首先讨论国有企业的创新问题。2015 年中共中央、国务院颁布的《关于深化国有企业改革的指导意见》中提到"不断增强国有经济活力、控制力、影响力和抗风险能力"，2019 年党的十九届四中全会在"四力"基础上又增加了一个"创新力"。由此不难发现，"创新力"作为一个新的突破口正在成为关乎国有经济高质量发展的关键。基于创新问题研究框架，本节将重点讨论国有企业在创新方面具有哪些优势和短板，以及如何通过发展战略转型实现高质量发展。

一　国有企业"创新力"的现实困境与主要原因

所谓"创新力"，就是创新能力，这是国有企业深化改革目标由"四力"向"五力"转变的增长点，国有企业增强创新力是为了从根本上解决中国经济增长的可持续性问题。当前，我国国有企业尽管在高铁、航空航天、核电站等部分领域居于世界领先地位，但是与发达国家企业的相关创新指标如研发投入、研发产出、研发机构等比较的话，我国国企的"创新力"显然还有很大提升空间。与此同时，舆论场中一直有"国有企业在创新投入、创新效率和生产效率上都缺乏竞争力"[①] 的说法。因此，我们应当对国企"创新力"问题进行审视和分析。当然，值得注意的是，首先应当在认识论上破除"所有制性质决定企业创新能力论"，事实上我国不少国有企业技术创新体系日趋完善、科研创新投入稳步增长、自主创新产生与绩效不断提高[②]，但是这并不影响我们直面深层次现实问题。

从国有企业创新力困境的直接表现来看，"僵尸企业"和"路径依赖"是突出问题。所谓"僵尸企业"，就是指那种丧失自我发展能力、只能依靠非市场因素比如政府补贴或银行贷款来维持生存

---

　　①　吴延兵：《中国哪种所有制类型企业最具创新性》，《世界经济》2012 年第 6 期。

　　②　李政、陆寅宏：《国有企业真的缺乏创新能力吗——基于上市公司所有权性质与创新绩效的实证分析与比较》，《经济理论与经济管理》2014 年第 2 期。

的企业，这样的情况曾在煤炭、钢铁等领域的国有企业中大量存在。这类"僵尸企业"因其能够解决部分就业问题因而受到一些地方政府的保护，但是由于缺少内生动力而导致创新力不足，非但没有发挥国企的优越性反而造成了资不抵债的局面。与此同时，这些僵尸企业又通过"加剧资源约束、扭曲信贷配置和损害行业公平等渠道"①，严重影响正常企业的创新能力和全要素生产率，最终成为国有企业创新力提升的最大阻碍。另外，"路径依赖"又很大程度上抑制了国有企业的创新力，使得传统老工业区尤其是资源型经济地区的国有企业转型面临困境。我国东北地区以及中西部地区的资源优势使得资源型经济得以形成，上述地区的国有企业对资源开发产生了路径依赖，经济效益与资源产品价格直接挂钩，导致当地经济结构单一，陷入了资源优势陷阱，面临着资源枯竭、环境恶化、人口净流出等一系列经济社会问题。而要激活这一类型国有企业的创新力，只有通过兼容技术和组织创新加以改革，并将创新活动转移到非资源部门②，才能真正摆脱路径依赖。

从国有企业创新力困境的根本原因来看，缺乏创新动力与国有企业的经营管理体制有很大关系。计划经济时代的国有企业作为政府行政附属品的惯性对今天仍然产生着很大影响，通过价格扭曲、获取资源计划配置、政策补贴等方式优先发展起来的传统赶超部门，"在开放竞争的市场中缺乏自生能力"③，并使之对政府的依赖性难以根除。尽管通过设立各级国资委的方式一定程度上解决了"政企不分"的情况，但是只要存在行政垄断，那么就势必影响国有企业自身的创新力。因此，不少研究者指出，政府公共管理职能与国有

①　王永钦、李蔚、戴芸：《僵尸企业如何影响了企业创新？——来自中国工业企业的证据》，《经济研究》2018 年第 11 期。

②　张复明、景普秋：《资源型经济的形成：自强机制与个案研究》，《中国社会科学》2008 年第 5 期。

③　林毅夫：《李约瑟之谜、韦伯疑问和中国的奇迹——自宋以来的长期经济发展》，《北京大学学报》（哲学社会科学版）2007 年第 4 期。

资产出资人职能必须分开，政府不能既当裁判员又当运动员，从而真正激发国有企业自主创新的内生动力。也有一些研究表明，国有企业在研发投入和创新产出方面明显高于民营企业，其创新力不足的一个重要原因在于"创新优势没有及时转化为市场优势"①，由此可见，市场竞争激励机制与企业整体创新力密切相关，尤其是"分类改革"后的商业类国有企业，只有在市场竞争中激发自生能力才能真正具有"创新力"。

从本质来看，经济创新活动要求对微观主体进行有效的激励和约束，但是置于国有企业语境下其创新力不足的原因也有其特殊性，代表性的观点有"所有者缺位"（或"所有权虚置"）和"委托—代理"困境问题。"所有者缺位"论认为，全民所有制企业实际上处于"全民所有"等于"全民所无"的状态，给人造成一种所有者"缺位"或所有权"虚置"的状态。由于全体人民不能直接管理全民所有制企业，只能由国家通过各级经济管理机关以及从中央到地方的各级政府加以管理，但是他们并不对国有财产负责，这种状态就是国有企业缺失积极性的根本原因。这一观点正是从有效激励不足的角度来讨论国有企业创新困境的。在西方经济学理论中，对"所有者缺位论"的一个延伸就是国有企业"委托—代理"困境。该观点认为，国有企业委托代理层级复杂、制度不健全，约束激励机制缺乏，尤其是在经营管理人员选拔和薪资待遇方面尚未形成市场机制②。

上述两种观点对国有企业激励不足导致创新力不足具有一定的解释力，但是仍有偏颇之处。一方面，正如蒋学模先生在 20 世纪 80 年代所指出的，"全民企业的真正的所有者就是以社会主义国家为代表的全体人民"。对于国有企业的自主经营和自负盈亏，蒋学模先生

---

① 刘和旺、郑世林、王宇锋：《所有制类型、技术创新与企业绩效》，《中国软科学》2015 年第 3 期。

② 吕政：《论公有制的实现形式》，《中国社会科学》1997 年第 6 期。

认为只能从相对意义上来把握，如果完全对标私营企业"无异是缘木求鱼"①。因此，那种把创新力与产权问题完全挂钩或者认为持有私有产权更具创新优势的观点是有失偏颇的，换言之，民营化并非解决国企效率难题的唯一路径。另一方面，尽管"国有产权降低了激励对创新的促进作用"②，但是许多研究也表明对于国企高管的薪酬激励能够明显促进企业进行创新。因此，破解国企创新力难题的另一条路径即在于通过改变高管的激励机制提高企业效率③，尤其是加快高管的聘任和薪酬制度改革，加快竞争性国企经理人市场建设④，强化国有企业的"技术创新激励"⑤。

二　国有企业创新功能再定位：从"赶超战略1.0"到"赶超战略2.0"

尽管国有企业在创新问题方面备受质疑，但是也有不少学者认为无论从投入还是产出来看，国有企业都比民营企业要从事更多的研发创新活动因而更具创新性⑥，总的来说，国有企业创新功能不容否定。而面对部分国有企业创新力不足的现实困境，既应当从国企管理体制经营机制层面进行改革，又应当从国有企业创新功能整体定位的角度来加以审视。也就是说，可以从高速度增长到高质量发展的角度来分析国有企业创新功能，以及在此基础上，尝试将时间

---

① 蒋学模：《评"所有者缺位"论——兼评全民企业股份化》，《中国社会科学》1988年第3期。

② 李春涛、宋敏：《中国制造业企业的创新活动：所有制和CEO激励的作用》，《经济研究》2010年第5期。

③ 余明桂、钟慧洁、范蕊：《业绩考核制度可以促进央企创新吗?》，《经济研究》2016年第12期。

④ 温军、冯根福：《异质机构、企业性质与自主创新》，《经济研究》2012年第3期。

⑤ 吴延兵：《不同所有制企业技术创新能力考察》，《产业经济研究》2014年第2期。

⑥ 李春涛、宋敏：《中国制造业企业的创新活动：所有制和CEO激励的作用》，《经济研究》2010年第5期。

轴线置于新中国成立 70 多年以来的国有企业创新框架下。总体而言，在经历新中国成立初期"赶超战略 1.0 版本"后，国有企业创新功能定位应尽快升级至"赶超战略 2.0 版本"，以适应新时代创新驱动发展战略。

从一般意义上来考察的话，所有国家的国有企业在不同时期的创新功能定位都发生着变化，是一种动态、平衡与发展的过程。对于后发国家的早期工业化进程而言，在市场体系还不完备的情况下，国有企业扮演着"企业家"的角色，发挥资源组织动员能力，进行产业筛选、培育和保护，推动资本投入、技术进步和效率提高，可以说是后发国家经济起步的"发动机"。而对于一个国家工业化的中后期阶段，在市场体制逐渐完善、生产要素日益丰富的条件下，国有企业进行战略性结构调整十分必要，引导国民经济良性有序发展成为国有企业的新任务，也正是从这一角度来说，国有企业不是"永动机"而是"助推器"。这是从一般原理的角度来讨论国有企业创新功能定位，其中最核心的就是深刻认识国有企业创新功能从"企业家"到"助推器"转变的必然性。

（一）"赶超战略 1.0 版本"：新中国成立以来国有企业创新功能的基本定位

所谓"赶超战略 1.0 版本"，是指我国在一穷二白的条件下通过计划经济体制、国有化经营管理机制集中动员资源进行资本投入、技术模仿、产业革命的发展路径，通过若干个五年计划初步建立工业体系、实现快速工业化的发展战略，"赶英超美"等词汇就深刻反映了那个时代的特征，国有企业作为该发展战略的实施主体，赶超战略在事实上构成国有企业创新功能定位的第一阶段全部内容。

新中国成立以后，中国面对的首要经济问题在于如何在资本稀缺性和西方对华经济封锁条件下实现经济自主。因此，在国际竞争、外部制约、工业化积累方式等多重内外部约束下，中国最终选择了以实现"重工业优先增长目标"作为经济发展的"逻辑起点"，并在此背景下，推行包括低利率、低汇率、低工资等在内的赶超战略的一系列宏观政策环境①。1956 年党的八大提出，"我们国内的主要矛盾，已经是人民对于建立先进的工业国的要求同落后的农业国的现实之间的矛盾，已经是人民对于经济文化迅速发展的需要同当前经济文化不能满足人民需要的状况之间的矛盾"②。在赶超战略的宏观背景下，国家通过对国营企业下达一系列指令性指标，实行直接计划管理，由此，国有企业成为实施赶超战略的必不可少的关键载体。

据统计，1956 年社会主义国营工业的产值占工业总产值的67.5%，公私合营工业产值占 32.5%，私人工业几乎全部消失③。在这一大背景下，国有企业在这一时期的定位目标就是充当"技术模仿、技术移植、技术赶超和技术扩散"的中心④，而这个过程中的经济活动由于具有比较明确的产业筛选和规模发展方向，所以国有企业创新通过举国体制得以可能，最终在国有经济的主导之下，"逐步建立了独立的比较完整的工业体系和国民经济体系"，使得"国防工业从无到有地逐步建设起来""维护了国家的安全和独立"⑤。这是国有企业在"赶超战略 1.0 版本"下创新功能得到充分发挥的证明，有力驳斥了那些妄图否定国有企业地位和功能的错误观点。1978 年以来，我国逐渐突破计划经济体制、引入市场机制，打破原先"一大二公三纯"的传统经济结构，充分发挥了我国的资源禀赋优势，而作为我国经济体制改革中心环节的国有企业改革，自 1978 年以来先后经历了"放权让利""两权分离""建立现代企

---

① 林毅夫、蔡昉、李周：《中国的奇迹》，格致出版社、上海人民出版社 2013 年版，第 23—32 页。

② 《中共中央文件选集（一九四九年十月——一九六六年五月）》，人民出版社 2013 年版，第 248 页。

③ 薛暮桥：《中国社会主义经济问题研究》，人民出版社 1979 年版，第 38 页。

④ 刘元春：《国有企业宏观效率论——理论及其验证》，《中国社会科学》2001 年第 5 期。

⑤ 《改革开放三十年重要文献选编》（上），人民出版社 2008 年版，第 186 页。

业制度""抓大放小""国资委监管""发展混合所有制"等一系列改革，在生产效率、社会效益等方面取得了富有成效的改革成果。当前，我国国有企业在高铁、航空航天、核电站等部分领域已经居于世界领先地位，但是与发达国家企业的相关创新指标如研发投入、研发产出、研发机构等相比，我国国有企业创新发展还有很大的提升空间。但由于国有企业在国家工业化进程中扮演的特殊角色，以及我国社会主义市场经济处于发展完善过程中，长期以来，对于国有企业创新功能的总体定位仍然停留在"赶超战略 1.0 版本"的惯性思维。

（二）"赶超战略 2.0 版本"：新发展阶段国有企业创新功能的新定位

所谓"赶超战略 2.0 版本"，是因应百年未有之大变局进入加速演变期、新时代社会主义市场经济不断完善等总体背景，对我国经济社会运行方式的深刻影响而作出的国有企业发展战略更新。尽管经过改革开放 40 多年的发展，我国已经在综合国力方面取得了举世瞩目的成就，但是要实现从"追赶时代"到"引领时代"的转变，不仅需要保持国有企业竞争优势，更需要在此基础上推动新发展阶段国有企业创新功能再升级。

就宏观背景而言，当前，百年未有之大变局进入加速演变期，这是我国进入新发展阶段面对的最大外部环境特征。然而，何以"百年未有之大变局"？从根本上来看，以 5G 技术、人工智能、量子科学等为代表的新科技革命正在撬动"大变局"，从而深刻改变人类生产方式和社会组织形式，而新科技革命的本质就是"创新"。加之，近年来我国先后遭遇了"中兴事件"（2018）和"华为事件"（2019），深刻暴露出我国当前科技发展所面临的"卡脖子"问题。在这些经验教训的背后，我们不仅仅要坚定不移做强做优做大国有企业，更应充分激发国有企业创新能力使之更具竞争力。事实上，随着进入后工业时代或者说是信息时代，高新科技对于市场信息、激励机制、风险分散机制的依赖度更强，技术、市场和竞争环境的不确定性进一步增强，而传统举国体制在这一方面的微观效率缺陷则日益暴露，所以应当适时调整为市场机制作用下知识积累和创新驱动的发展路径，即"赶超战略2.0版本"。值得一提的是，美国学者马克·扎卡里·泰勒在《为什么有的国家创新力强?》一书中提出，制度和政策仅仅是国家用来提高科技能力的工具，只能解释如何创新无法回答国家为何创新。因此，他基于"分配政治"与"安全政治"两大内核提出了"创新不安全感"概念，并认为一个国家要想打破"卡德韦尔定律"走在科技的前列就必须处于"创新不安全感"状态①。笔者认为，"赶超战略2.0版本"就是基于新发展阶段这一特殊时期"创新不安全感"的直接体现，有利于从根本上激活国有企业创新能力。

就新发展阶段国有企业创新功能定位"赶超战略2.0版本"的更深层次原因而言，自20世纪七八十年代以来，创新方向的一个重大转变就是由技术创新转向科技创新，科技创新对于知识积累提出了更高要求，知识更新迭代的周期不断缩短，突变型创新不断涌现并冲击着既有的科技体系和知识体系。在这一过程中，由于人类视野和预测工具的局限性，以有限的信息尝试掌握科技创新的突破方向，始终处于一种非对称状态。从这一意义上说，国有企业由于目标选择过程中存在的信息不确定性和不完备性，可能无法全部有效筛选出那些真正关乎国计民生、国家利益、发展战略的目标对象，此时，充分发挥市场机制和宏观战略相互配合的创新功能就显得尤为重要。

当然，应当充分认识到国有企业创新功能的优势和弱势。新发展阶段国有企业既承担着新中国成立以来作为后发国家的中国实现技术赶超的战略任务，从而承继了原先国家计划体系下资源动员能

① ［美］马克·扎卡里·泰勒：《为什么有的国家创新力强?》，任俊红译，新华出版社2018年版，第13—16页。

力的传统，又在与转变经济增长方式同义的高质量发展的背景下要求转变经营体制机制，在进行功能界定和分类改革的基础上，将竞争性国有企业真正塑造成市场竞争主体。当前，尽管互联网时代意味着科学知识和技术信息比以往任何时候都要更加便捷地在全球范围内传播和获取，但是关键知识与核心技术依然受到国界限制并被主要发达国家所垄断，甚至在某种程度上加剧了"中心—外围"的依附体系。今天国有企业面临着全球创新方向的大转变，即由原先的企业基于工人经验或研发投入形成的技术创新逐渐转向科技创新，而后者主要是由知识创新转化为新技术带来的，国有企业只有在利用既有优势的基础上并适时采取"赶超战略 2.0"才能因应这种变化。

三　"新型举国体制"下国有企业创新平台的有效构建

新时代国有企业究竟应当怎样创新和创新什么？上文已经提到，当今时代创新方向的一个重大转变就是由技术创新转向科技创新，在面对新一轮科技革命和产业革命的背景下，国有企业的"自我革命"即重塑创新力非常关键。国有企业是肩负着赶超任务的关键制度安排，而新时代国有企业高质量发展需要在发挥其创新功能优势的基础上补齐短板，"关键核心技术攻关新型举国体制"（以下简称"新型举国体制"）就是新时代国有企业创新的突破口。

党的十九届五中全会审议通过的《中共中央关于制定国民经济和社会发展第十四个五年规划和二〇三五年远景目标的建议》在"坚持创新驱动发展，全面塑造发展新优势"板块论及"强化国家战略科技力量"时强调，"健全社会主义市场经济条件下新型举国体制，打好关键核心技术攻坚战，提高创新链整体效能"①。"新型举国体制"命题由此在学界引发热议，"新型举国体制"是"举国体

---

① 《中共中央关于制定国民经济和社会发展第十四个五年规划和二〇三五愿景目标的建议》，人民出版社 2020 年版，第 10 页。

制"的当代形态。所谓"举国体制",就是举全国之力攻克某一领域的世界级难题,这与社会主义制度坚持全国一盘棋、集中力量办大事的显著优势是相对应的。但是,传统举国体制正面临着深刻危机,这一危机形态有两种表现:一是以"芯片断供"为代表的"创新危机",二是以"去举国体制化"为代表的"道路危机"。"卡脖子"之痛引发国人对于我国科技发展体制的反思,由此举国体制这一体制特征成为争论焦点,无论是美国对我国国有企业的指责还是国内学界关于产业政策兴废问题的"林张之争",都在根本上触及了深层次的中国体制和道路问题。当前社会上对于举国体制存在若干种误读,比如"两弹一星模式不适用芯片业论""体育竞技举国体制过时论""科研举国体制行政化论"等,这一现实危机倒逼"新型举国体制"的出场。应当注意到,举国体制契合"家国一体"的中华传统、"集中力量办大事"的社会主义制度优势以及"国家赶超型"的道德义务因而具有内在合理性,又应当明确传统举国体制因科技创新目标选择过程中的信息不确定性和不完备性而需要"升级"。"新型举国体制"之所以突出"新型",更重要的就是因应创新由技术创新转向科技创新、由高速度增长转向高质量发展的需要,这一点与新发展阶段实现高质量发展高度契合。"新型举国体制"的核心是"科学统筹"和"优化机制"[1],具有"整体协同优势""关键集中优势""有效动员优势",而国有企业正是"新型举国体制"的实施载体,"新型举国体制"是新发展阶段国有企业创新的重要导向。从这一角度出发,针对国有企业从"赶超战略 1.0 版本"转向"赶超战略 2.0 版本"的创新功能定位之变,国有企业亟须在"新型举国体制"导向下完成创新平台的有效构建。

（一）发挥整体协同优势,突破传统路径依赖

面对长期以来形成的"僵尸企业"和路径依赖问题,培育内生

---

① 何虎生:《内涵、优势、意义:论新型举国体制的三个维度》,《人民论坛》2019 年第 32 期。

动力才是根本的解决之策，而内生动力无法通过外部机制来实现，应当将其纳入创新生态系统中来实现。在"新型举国体制"下，国有企业将致力于搭建完善创新链和提升创新链整体效能，充分发挥整体协同优势，从而有效突破传统路径依赖。"整体"的要义在于社会主义市场经济条件下坚持全国一盘棋，在顶层设计上进行科学统筹规划，"协同"则要求跨部门合作和跨专业合作，最终实现专业分工基础上带来的效率提升和系统优化。创新过程一般经历基础性创新、改良性创新和营销创新，并且一旦基础性创新形成突破后就会开始新一轮的技术和市场创新，而不同类型国有企业可以根据自身特点选择不同类型的创新活动，重点加强产业链上下游协同联系，由此形成创新功能内生能力再造。此外，国有企业的"整体协同"不仅仅局限在国有企业内部，而且同样应用于整个市场分工体系中从而形成更大范围的创新共同体，即在市场分工体系和国有企业、民营企业创新优势存在差异的条件下，国有企业尤其应当推动基础创新、原始创新和关键技术创新，在创新驱动发展战略和制造强国战略中发挥出骨干和表率作用，从而在提升国家整体创新力中扮演关键角色。在"新型举国体制"下，国有企业能够从事风险性高、投入规模大的创新活动，竞争性国有企业可以进行商业模式创新，即从单一的提供产品向提供综合问题一揽子解决方案的转变，以客户需求为导向优化产业、产品结构。

（二）发挥关键集中优势，攻关"卡脖子"技术问题

关键集中优势是针对目标和风险不确定性而提出的。随着第四次工业革命的展开，前沿科技的轮廓方向逐渐呈现出来，相比于以往的目标不确定性，针对关键核心技术集中资源展开集中攻关是新体制的应有之意。"十四五"时期，"关键核心技术创新短板问题已成为阻碍中国制造业高质量发展模式加速形成的关键因素"①，而新

---

① 张杰、金岳：《以新型举国体制推动中国制造业高质量发展》，《河北学刊》2020年第5期。

发展阶段国有企业的创新突破方向就在于此。需要注意到"新型举国体制"的前置限定语是"社会主义市场经济",即"构建社会主义市场经济条件下关键核心技术攻关新型举国体制",国有企业应成为在社会主义市场经济条件下健全新型举国体制的主力军,特别是集中力量攻克"卡脖子"的技术难题,提高创新链的整体效能①。破解"卡脖子"技术问题,需要在制度层面以"新型举国体制"推动整合式创新范式建构,在微观企业层面着重建设面向"卡脖子"技术联合攻关的"央企+民企"分类主导的创新共同体②。国有企业应当发挥自身集中力量办大事的优势,"建立和完善由国资国企带动和参与的技术创新体系,发挥集中力量办大事的优势进行联合攻关,着力突破关键核心技术和共性技术"③。以现代化重大创新工程为抓手,制订时间计划表,加强产学研合作创新,增强自主创新能力,集中资源实现关键核心技术逐一突破。

(三)发挥有效动员优势,破解激励约束难题

"新型举国体制"是一种国家组织体制,作为组织,根本上要考察它的组织能力和动员能力。在对于国有企业增强"创新力"的难点分析中,激励约束机制是一个真问题,"新型举国体制"能否有效破解这一难题呢?从宏观层面来看,既要充分发挥举国体制的托底功能,又应明确一条完整的创新链包括从基础研究到商业应用的全部过程,以市场应用作为衡量标准之一将有效起到激励约束作用。加强基础研究、注重原始创新是新发展阶段国有企业创新的主攻方向之一,基础科研不是闭门造车,基础科研仍然需要商业应用的激励,同时,在传统举国体制下已取得巨大成效的国防军工领

① 翟绪权、徐传谌:《"十四五"时期国有经济布局于高技术产业:原因探析、战略价值与政策建议》,《马克思主义与现实》2021年第4期。

② 陈劲、阳镇、朱子钦:《"十四五"时期"卡脖子"技术的破解:识别框架、战略转向与突破路径》,《改革》2020年第12期。

③ 李政、周希禛:《国有企业创新功能的理论逻辑与实现路径》,《当代经济研究》2020年第8期。

域在民用化方面还有待深化，推动军民融合将进一步提升整个社会发展水平。从微观层面来看，尽管"国有产权降低了激励对创新的促进作用"[①]，但是激发国有企业人才创新活力在"新型举国体制"下同样非常关键。对于从事创新活动的相关人员，应当健全创新激励和保障机制，构建充分体现知识、技术等创新要素价值的收益分配机制，完善科研人员职务发明成果权益分享机制，从而充分调动微观主体的创新自主性。经过 70 多年的发展，我国国有企业已经具备了很好的资本基础、技术基础和创新资源，在这些基础上，通过有效构建"新型举国体制"，才能使得新发展阶段国有企业创新驱动发展在它本身应当发挥作用的领域更好地发挥作用。

第三节　民营企业的创新问题

市场同样可以是创新的主体，民营企业就是市场中的多数。改革开放 40 多年来，民营企业作为我国社会主义市场经济的微观主体，创造了大量的社会财富，繁荣了市场经济。在新时代高质量发展中，民营企业同样应当落实创新驱动发展战略，既充分认识到自身传统发展方式带来的转型困境，又应利用自身创新优势进行有效转化，通过建立健全现代企业制度和充分发挥企业家精神，依据行业和产业差异，重点推进制造业民营企业和科技型民营企业的创新发展。

一　当前民营企业的创新困境

今天，"三座大山"亦即"市场的冰山""融资的高山""转型的火山"构成了民营企业创新发展的阻碍因素，尤其在全球经济局

---

① 李春涛、宋敏：《中国制造业企业的创新活动：所有制和 CEO 激励的作用》，《经济研究》2010 年第 5 期。

势不乐观、国内经济结构转型的今天，民营企业的创新直接面临着来自内部和外部的双重压力。

从内部来看，既有企业自身传统发展模式带来的"不想创新"问题，又有国内政策支持不到位造成的"难以创新"困局。当前，我国民营企业虽然数量众多，但是集中在中小微企业，总体上企业发展的规模、技术水平有待提高，大都处于产业链和价值链的下游，一些核心技术和关键产品还大量依靠国有企业生产和国外进口。如果考察民营企业的财富积累路径的话，不难发现我国大多数民营企业的一个通用发展模式，即"低成本驱动的发展模式"①。在长期激烈的市场竞争中，绝大多数中国民营企业由于缺乏资金、人才和研发等优势，只能依靠包括低人力成本、低资金成本、低土地成本、低环境成本的低要素价格。这种模式同样使得民营企业产生了路径依赖，在要素优势逐渐消失、市场日益饱和的情况下，这一模式势必不可持续。而从政策环境来分析的话，当前民营企业创新难题的原因可以归结为"有效融资需求不够""高端要素支持不够""行业服务体系不健全"②，这些都指向政府公共服务体系，换言之，民营企业所处的市场环境和市场秩序同样非常重要，这有赖于更好地发挥政府作用。

从外部来看，我国民营企业因深度融入全球价值链中而深受国际经济局势和外国产品竞争的影响，这在很大程度上压缩了民营企业的创新空间和自主创新能力的培育。一方面，由于我国民营企业大多是出口导向型企业，占我国出口总额的45%，因此深受近年来全球经济复苏乏力和中美经贸摩擦的影响。另一方面，在经济全球化的背景下，我国民营企业深度融入和依赖全球价值链，而企业的进出口活动对企业创新也产生了重要影响。有研究者指出，从一般

---

① 李政：《"国企争议"与国企创新驱动转型发展》，《学习与探索》2012年第11期。

② 《加快创新引领 促进民营企业高质量发展》，《经济参考报》2019年1月23日第6版。

贸易角度来看，中间产品进口对民营企业创新存在显著的促进作用，而从加工贸易角度来看，中间产品进口则对民营企业创新存在明显的抑制作用，这一点表明，加工贸易类民营企业可能受限于高技术中间产品并产生依赖而被限制了自身的创新研发活动[①]。更进一步来看，经济全球化的实质是跨国垄断资本的全球化，而它的表现就在于"跨国公司通过外包方式对全球产业价值链实行超强控制"，对我国产业结构发展同样产生重大影响。从正面效应来看，外资促进了我国市场结构多元化和产业结构升级，但也造成了"有产业无技术""有产品无品牌"的负面效应[②]。也就是说，如果我国只是停留在"世界代工厂"这一步的话，将会进一步抑制企业的创新能力。这些问题在我国的汽车业和家电业的发展现状中都有所体现，共同反映了当前民营企业面临的创新难题。

二　现代企业制度和企业家精神是民营企业创新的必要条件

总体而言，发展中国家民营企业的创新难题是世界性的，但是同样有一些民营企业表现出色。在国内和国际市场的竞争过程中，包括百度、腾讯、华为、美的、海尔等在内的民营企业得以脱颖而出，究其原因，这些企业大多瞄准科技创新领域，通过建立和完善现代企业制度，充分发挥企业家精神，实现了自身的创新发展。因此在这里，我们将着重探讨民营企业突破创新困局走向创新发展的两大关键因素，即现代企业制度和企业家精神。

其一，"家族化"是制约民营企业转型升级实现创新的一大阻碍，而建立完善现代企业制度则是民营企业达到一定生产经营规模后的必然选择。人们对于国有企业建立现代企业制度的十六字方针十分熟悉，然而，在民营企业转型升级中建立现代企业制度同样十

---

① 张杰、郑文平：《全球价值链下中国本土企业的创新效应》，《经济研究》2017年第3期。

② 齐兰：《垄断资本全球化对中国产业发展的影响》，《中国社会科学》2009年第2期。

分必要。尽管许多民营企业被残酷的市场竞争淘汰了，例如温州的部分制鞋行业、义乌的部分小商品行业等，但是一些具有竞争力的民营企业存活了下来，这也从侧面说明了所有制类型与企业效率没有必然联系，竞争才是企业效率的关键。然而，民营企业的创新发展需要直面"家族化"的问题，尤其是家族企业面临着由"创一代"到"创二代"的交接班问题。对于这一问题，只能通过以公司制、股份制为代表的现代企业制度来解决，即所有权的高度分散化和经营权高度集中化，这是适应现代企业发展的客观趋势。但是当前，我国大多数民营企业的企业制度仍停留在所有权和经营权合二为一的古典企业形态，即经理人往往由出资人家族成员担任。此外，家族企业在产权结构单一化的同时还面临着企业治理封闭化①，使得民营企业在社会融资、人才吸纳、风险分担、代际传承等方面存在体制障碍，而这些无疑对创新培育产生负面影响。在这样的条件下，企业的创新程度就严重依赖于家族经营者个人。相对而言，职业经理人面对激烈的市场竞争环境，能够推动企业研发投入，对企业创新具有正向的促进作用，因此，"去家族化"并建立完善现代企业制度成为关键②。对于民营企业而言，第一步是做大规模，然后是建立现代企业制度进行市场化运作实现创新发展。

其二，民营企业创新发展既要有制度，同样离不开人，而这个人就是"企业家"，企业创新尤其需要发挥"企业家精神"。"企业是创新的主体，不等于说所有企业都能成为创新主体，企业中有创新的组织者是关键。这个组织者就是企业家。"③ 因此，首先需要明确，企业家不是单纯的企业经营者，而是特指那些能够促进"生产要素新组合"的企业组织者，这一组织者既可以是企业的创始人家

---

① 丁任重、孙根紧：《新时期我国民营经济的转型与发展》，《经济理论与经济管理》2011 年第 12 期。

② 徐晋、郑晗、赵婷婷：《民营企业"去家族化"能促进企业创新吗》，《财经科学》2019 年第 9 期。

③ 洪银兴主编：《创新发展》，江苏人民出版社 2016 年版，第 153 页。

族也可以是职业经理人。我国改革开放以来呈现出来的"企业家精神"经历"冒险型—探索型—创新型"①的时代变迁，如果以产业进入作为划分标准，那么民营企业 40 年来先后经历了三个阶段：第一阶段"从商贸和个体手工进入制造业"（1978—1995 年）、第二阶段"在制造业和基础产业领域实施产业深化"（1996—2011 年）、第三阶段"向高科技领域大局进发"（2012 年至今）②。在这一过程中，如果没有优秀企业家的强有力介入，民营企业的转型过程是比较缓慢的，也就很难涌现出李彦宏、任正非等优秀民营企业家代表，他们的共同特质在于对产品创新和商业模式创新的包容度和重视度。诸多研究也表明，民营企业家在熊彼特意义上的"创新"作用已经远远超过单纯的技术创新，尤其是在经济全球化和市场竞争日趋激烈的背景下，民营企业家真正能够实现"要素整合主体重构"③。当然对于民营企业的创新发展而言，既要鼓励企业家精神又不能完全依赖个人，归根结底还是要依靠健全完善的企业制度。

三　民营企业的创新优势及其有效转化

民营企业是我国社会主义市场经济下具有活力和竞争力的微观市场主体。尽管面临着不小的创新难题，但是民营企业作为市场创新主体仍然具有创新优势，企业作为创新的主体是因其创新功能而定的。按照熊彼特的创新理论以及当代企业实践，企业的创新功能一般体现在四个方面："企业是新技术的采用主体""企业是新技术的研发主体""企业是技术创新的投资主体"和"企业是孵化新技

---

① 李艳双、朱丽娜：《激发保护民营企业的企业家精神》，《宏观经济管理》2019年第 11 期。

② 剧锦文：《中国民企 40 年：转型升级与高质量发展》，《中国经济报告》2019年第 2 期。

③ 张小蒂、李晓钟：《转型时期中国民营企业家人力资本特殊性及成长特征分析》，《中国工业经济》2008 年第 5 期。

术的主体"①。习近平总书记在民营企业座谈会上指出民营经济贡献了 70% 的技术创新，归根结底，民营企业应对创新困境同样应当利用自身创新优势加以有效转化。

从创新经验来看，民营企业经历了从模仿到创新的过程。一段时间以来，大量模仿式的"山寨产品"充斥我国市场，尽管其因知识产权和质量问题饱受争议，却满足了中低收入群体的消费需求，同时也因其低价倒逼市场竞争和产品创新。这种模仿只是产品开发模式的一种类型和技术进步的一个阶段，包括民营企业在内的市场主体都经历着从模仿到创新的发展过程。世界经济发展史表明，任何后发国家都需要经历技术引进、技术模仿的阶段才进入独立创新阶段。以广东格兰仕集团为例，它从改革开放初期的广东顺德桂洲羽绒厂蜕变成长为我国家电行业的知名品牌，其间经历了多次业务转型和战略创新，最终实现了跨越式发展②，而这正是得益于"竞争对民营企业创新研发的激励效应"③，激烈的市场竞争倒逼民营企业进行创新。

从创新优势来看，民营企业在创新动力和新技术扩散方面具有优势，尤其体现在制造业民营企业与科技型民营企业中。比如，我国的民营企业已经在 5G + AI 等领域显示出它的独特优势④。此外，以我国民营企业的集中地深圳为例，民营企业的创新动力和创新主体地位非常明显，尤其表现在"4 个 90%"，即 90% 以上的研发人员、研发资金、研发机构、职务发明专利都来源于民营企业⑤。我国民营企业日益意识到科技创新的重要性，并且在创新方面着力。在

---

① 洪银兴主编：《创新发展》，江苏人民出版社 2016 年版，第 147—149 页。

② 李烨、李传昭、罗婉议：《战略创新、业务转型与民营企业持续成长》，《管理世界》2005 年第 6 期。

③ 张杰、郑文平、翟福昕：《竞争如何影响创新：中国情景的新检验》，《中国工业经济》2014 年第 11 期。

④ 沈越：《新时代中国创新模式的转换与升级——基于一个理论框架的历史演化分析》，《社会科学战线》2020 年第 2 期。

⑤ 洪银兴主编：《创新发展》，江苏人民出版社 2016 年版，第 147—149 页。

我国国内知识产权中，民营企业贡献了70%，国有企业贡献了5%，外资企业贡献了25%①。从这些数据中都可以看出民营企业的创新力十分强劲。当今世界正在发生着新科技革命，人工智能、5G技术都可能成为引发第四次工业革命的"导火索"。当前，我国以华为为代表的企业已经在5G技术领域占据优势，这一背后反映了这样一个原理：互联网不仅仅带来了通讯和计算机技术革命，而且带来了企业组织理论革命，就整体而言，一种新的世界交往方式带来了新的全球分工和价值链重塑，而对于企业而言只有借力新科技转化为新兴产业从而获取潜在商机，通过企业制度创新和商业模式创新，从而利用"创新"而实现"创新"。

笔者认为，在民营经济高质量发展的新时代，推动其创新优势有效转化可以从以下两个方面着手。一方面，就民营企业自身而言，可以充分利用合作创新模式。如果将创新分为独立创新和合作创新的话，独立创新因其风险性大而极易受到市场挤压和出现知识产权纠纷，合作创新则能够有效分散风险、加快创新速度、降低交易成本，从而提高企业生产效率。②所谓"合作创新"，主要是指通过企业与高校、科研机构之间产学研的有效衔接，推动实验室成果快速转化为应用开放和商业化，而合作创新的模式又可区分为产学研平台建在企业中、创新外包、项目合作、科技园孵化等。另一方面，民营企业创新功能的发挥需要政府相关政策的支持，民营企业的创新优势理应在金融支持方面获得更多资源以推动知识成果转化为技术创新，从而形成一个正向循环。政府相关政策对于民营企业研发投资决策起到重要的引导作用③，也为民营企业创新研发投入提供了

① 黄益平：《中国经济增长最终要靠创新 关键在支持民营企业》（2019－12－18），http：//www. bjnews. com. cn/finance/2019/12/18/663413. html。

② 吴延兵、米增渝：《创新、模仿与企业效率——来自制造业非国有企业的经验证据》，《中国社会科学》2011年第4期。

③ 陈爽英、井润田、龙小宁、邵云飞：《民营企业家社会关系资本对研发投资决策影响的实证研究》，《管理世界》2010年第1期。

外部环境。比如，大力建设和发展技术创新公共服务平台，减税减负、营造良好的营商环境等。必须正视这样一个事实，即"信贷寻租加剧融资约束对企业创新的抑制作用在中小企业、民营企业和资本密集型企业表现得尤为突出"①，因此，深化金融体制改革，有效打击金融领域的权力腐败现象，为民营企业创新发展提供有力支撑。正如习近平总书记在民营企业座谈会上提到的包括完善政策执行方式、构建亲清新型政商关系和保护企业家人身和财产安全在内的六个方面的政策措施，这些举措都将有助于促进民营企业创新功能进一步发挥。

总的来说，民营企业和国有企业在创新议题上不存在"高低优劣"之说，也就避免了"国""民"进退的零和博弈认识论误区，两者都可以统一到建设创新型国家和国家创新体系的宏观框架下。在此基础上，对国有企业与民营企业的创新功能优势领域进行分类定位，分别以"新型举国体制"和"新技术扩散"为创新方向，在真正意义上奠定创新驱动发展战略的"国民共进"基础，从而开启新时代中国特色社会主义所有制实践的新局面。

---

① 张璇、刘贝贝、汪婷、李春涛：《信贷寻租、融资约束与企业创新》，《经济研究》2017 年第 5 期。

参考文献

一 马克思主义经典文献

《马克思恩格斯选集》第 1 卷，人民出版社 2012 年版。

《马克思恩格斯选集》第 2 卷，人民出版社 2012 年版。

《马克思恩格斯选集》第 3 卷，人民出版社 2012 年版。

《马克思恩格斯全集》第 20 卷，人民出版社 1971 年版。

《马克思恩格斯全集》第 26 卷，人民出版社 1974 年版。

《马克思恩格斯全集》第 42 卷，人民出版社 1979 年版。

［德］马克思、恩格斯：《共产党宣言》，人民出版社 2014 年版。

［德］马克思：《资本论》第 1 卷，人民出版社 2004 年版。

［德］马克思：《资本论》第 3 卷，人民出版社 2004 年版。

［德］恩格斯：《家庭、私有制和国家的起源》，人民出版社 2018
年版。

《列宁选集》第 3 卷，人民出版社 2012 年版。

《列宁选集》第 4 卷，人民出版社 2012 年版。

《列宁全集》第 13 卷，人民出版社 1987 年版。

《列宁全集》第 17 卷，人民出版社 1988 年版。

《斯大林文集》，人民出版社 1985 年版。

［苏］斯大林：《苏联社会主义经济问题》，人民出版社 1953 年版。

《毛泽东选集》第 3 卷，人民出版社 1991 年版。

《毛泽东选集》第 4 卷，人民出版社 1991 年版。

《邓小平文选》第 2 卷，人民出版社 1994 年版。

《邓小平文选》第 3 卷，人民出版社 1993 年版。

习近平：《坚持党对国有企业的领导不动摇》，《人民日报》2016 年 10 月 12 日第 1 版。

习近平：《在民营企业座谈会上的讲话》，《人民日报》2018 年 11 月 2 日第 2 版。

习近平：《决胜全面建成小康社会 夺取新时代中国特色社会主义伟大胜利——在中国共产党第十九次全国代表大会上的报告》，人民出版社 2017 年版。

二　研究著作

蔡昉：《四十不惑：中国改革开放发展经验分享》，中国社会科学出版社 2018 年版。

常修泽等：《所有制改革与创新：中国所有制结构改革 40 年》，广东经济出版社 2018 年版。

葛扬：《中国特色社会主义基本经济制度》，经济科学出版社 2018 年版。

郭克莎、胡家勇等：《中国所有制结构变化趋势和政策问题研究》，广东经济出版社 2015 年版。

顾海良主编：《中国特色社会主义政治经济学史纲》，高等教育出版社 2018 年版。

顾钰民：《马克思主义与西方新制度经济理论比较研究》，复旦大学出版社 2014 年版。

顾钰民：《社会主义市场经济论》，复旦大学出版社 2004 年版。

洪银兴主编：《创新发展》，江苏人民出版社 2016 年版。

陆南泉：《苏联经济体制改革史论》，人民出版社 2007 年版。

逄锦聚、何自力：《走向社会主义市场经济》，江苏人民出版社 2015 年版。

孙冶方：《社会主义经济论稿》，商务印书馆 2015 年版。

薛暮桥：《中国社会主义经济问题研究》，人民出版社 2012 年版。

王勇、邓峰、金鹏剑：《混改下一步：新时代混合所有制改革的新思路》，清华大学出版社 2018 年版。

徐光春主编：《马克思主义大辞典》，崇文书局 2017 年版。

杨瑞龙等：《国有企业分类改革的逻辑、路径与实施》，中国社会科学出版社 2017 年版。

于祖尧：《于祖尧文集》，上海辞书出版社 2005 年版。

张晨：《以功能评价效率：国有企业定位问题研究》，经济科学出版社 2013 年版。

张宇：《中国特色社会主义政治经济学》，中国人民大学出版社 2016 年版。

张卓元、胡家勇、万军：《中国经济理论创新四十年》，中国人民大学出版社 2018 年版。

周新城：《关于中国特色社会主义的若干理论问题》，经济日报出版社 2015 年版。

庄聪生：《中国民营经济四十年：从零到"五六七八九"》，民主与建设出版社 2018 年版。

［埃］萨米尔·阿明：《全球化时代的资本主义：对当代社会的管理》，丁开杰等译，中国人民大学出版社 2013 年版。

［奥］米瑟斯：《社会主义》，王建民等译，中国社会科学出版社 2008 年版。

［俄］弗拉基米尔·波波夫：《荣衰互鉴：中国、俄罗斯以及西方的经济史》，孙梁译，格致出版社、上海人民出版社 2018 年版。

［德］弗里德里希·李斯特：《政治经济学的国民体系》，陈万煦译，商务印书馆 1961 年版。

［加］瓦克拉夫·斯米尔：《美国制造：国家繁荣为什么离不开制造业》，李凤梅、刘寅龙译，机械工业出版社 2017 年版。

［美］大卫·哈维:《新帝国主义》,初立忠、沈晓雷译,社会科学文献出版社 2009 年版。

［美］保罗·萨缪尔森、威廉·诺德豪斯:《经济学》(第 19 版),萧琛主译,商务印书馆 2013 年版。

［美］保罗·斯威齐:《资本主义发展论》,陈观烈、秦亚男译,商务印书馆 1962 年版。

［美］丹尼·罗德里克:《全球化的悖论》,廖丽华译,中国人民大学出版社 2011 年版。

［美］德隆·阿西莫格鲁等:《国家为什么会失败》,李增刚译,湖南科学技术出版社 2017 年版。

［美］弗朗西斯·福山:《国家构建——21 世纪的国家治理与世界秩序》,郭华译,学林出版社 2017 年版。

［美］麦克法夸尔、［美］费正清编:《剑桥中华人民共和国史(上卷 革命的中国的兴起:1949—1965)》,谢亮生等译,中国社会科学出版社 1990 年版。

［美］马克·扎卡里·泰勒:《为什么有的国家创新力强?》,任俊红译,新华出版社 2018 年版。

［美］彭慕兰:《大分流:欧洲、中国及现代世界经济的发展》,史建云译,江苏人民出版社 2003 年版。

［美］斯蒂格利茨:《社会主义向何处去——经济体制转型的理论与证据》,周立群等译,吉林人民出版社 2011 年版。

［美］约瑟夫·熊彼特:《经济发展理论》,何畏等译,商务印书馆 1990 年版。

［美］张效敏:《马克思的国家理论》,田毅松译,上海三联书店 2013 年版。

［挪］埃里克·S.赖纳特:《富国为什么富 穷国为什么穷》,杨虎涛、陈国涛等译,中国人民大学出版社 2010 年版。

［英］哈耶克:《通往奴役之路》,王明毅等译,中国社会科学出版

社 1997 年版。

[英] 罗伯特·艾伦：《全球经济史》，陆赟译，译林出版社 2015
年版。

Alan Ryan. "The Romantic Theory of Ownership", Alan Ryan. *The Making of Modern Liberalism.* Princeton：Princeton University Press，2012.

Barry Naughton. "State Enterprise Reform Today", Ross Garnaut, Ligang Song, Cai Fang. *China's 40 Years of Reform and Development：1978 - 2018.* Canberra：ANU Press，2018.

BruceW. Bennett. *Preparing for the Possibility of a North Korean Collapse.* California：RAND Corporation，2013.

Christian Fuchs. "Karl Marx in the Age of Big Data Capitalism", Christian Fuchs. *Digital Objects，Digital Subjects：Interdisciplinary Perspectives on Capitalism，Labour and Politics in the Age of Big Data.* London：University of Westminster Press，2019.

David Faure. *China and Capitalism：A History of Business Enterprise in Modern China.* Hong Kong：Hong Kong University Press，2006.

Ross Garnaut，Ligang Song，Yang Yao and Xiaolu Wang. *Private Enterprise in China.* Canberra：ANU Press，2012.

三　期刊论文

安维复：《从国家创新体系看现代科学技术革命》，《中国社会科学》2000 年第 5 期。

包炜杰、周文：《新中国 70 年来我国所有制理论发展演进与进一步研究的几个问题》，《人文杂志》2019 年第 9 期。

包炜杰、周文：《整体性视域下"消灭私有制"的内涵及其中国化指向》，《江汉论坛》2019 年第 6 期。

包炜杰、吴海江：《马克思的历史决定论及其当代价值——兼评卡尔·波普尔的〈历史决定论的贫困〉》，《马克思主义研究》2018

年第 9 期。

常修泽:《防止扩大投资过程中的"国进民退"》,《人民论坛》2009 年第 8 期。

曹之虎:《对马克思所有制理论的系统研究》,《中国社会科学》1987 年第 6 期。

陈汉文、欧娟、黄轩昊:《内部控制能够改善员工激励吗?——基于员工持股计划视角》,《北京工商大学学报》(社会科学版)2019 年第 6 期。

程恩富:《新时代为什么要做强做优做大国有企业》,《世界社会主义研究》2018 年第 3 期。

程恩富、董宇坤:《大力发展公有资本为主体的混合所有制经济》,《政治经济学评论》2015 年第 1 期。

程恩富、何干强:《坚持公有制为主体、多种所有制经济共同发展的基本经济制度》,《海派经济学》2009 年第 1 期。

程恩富、侯为民:《做大做强做优国有企业与共产党执政》,《政治经济学评论》2015 年第 6 期。

程恩富、谢长安:《论资本主义和社会主义的混合所有制》,《马克思主义研究》2015 年第 1 期。

程恩富、鄢杰:《评析"国有经济低效论"和"国有企业垄断论"》,《学术研究》2012 年第 10 期。

丁任重、孙根紧:《新时期我国民营经济的转型与发展》,《经济理论与经济管理》2011 年第 12 期。

董辅礽:《关于我国社会主义所有制形式问题》,《经济研究》1979 年第 1 期。

董辅礽:《再论我国社会主义所有制形式问题》,《经济研究》1985 年第 4 期。

高尚全:《"国进民退"的问题不在进退》,《人民论坛》2010 年第 1 期。

葛扬、尹紫翔：《70 年所有制改革：实践历程、理论基础与未来方向》，《经济纵横》2019 年第 10 期。

顾海良：《基本经济制度新概括与中国特色社会主义政治经济学新发展》，《毛泽东邓小平理论研究》2020 年第 1 期。

顾海良：《马克思经济学"术语的革命"与中国特色"经济学说的系统化"》，《中国社会科学》2016 年第 11 期。

顾海良：《马克思主义中国化与马克思主义理论特征的升华》，《中国高校社会科学》2020 年第 1 期。

顾海良：《新中国 70 年马克思主义中国化的过程与逻辑》，《马克思主义理论学科研究》2019 年第 5 期。

顾钰民：《发展混合所有制经济的理论思考》，《中国高校社会科学》2015 年第 4 期。

顾钰民：《马克思主义所有制理论的当代发展》，《高校理论战线》2008 年第 10 期。

顾钰民：《马克思主义所有制理论的时代发展》，《经济学家》2012 年第 11 期。

顾钰民：《混合所有制经济是基本经济制度的重要实现形式》，《毛泽东邓小平理论研究》2014 年第 1 期。

顾钰民：《习近平做强做优做大国有企业的理论逻辑》，《思想理论教育导刊》2018 年第 1 期。

郭忠华：《前进还是后退——从"国进民退"争论透视中国改革》，《探索与争鸣》2011 年第 4 期。

何虎生：《内涵、优势、意义：论新型举国体制的三个维度》，《人民论坛》2019 年第 32 期。

洪功翔：《国有企业效率研究：进展、论证与评述》，《政治经济学评论》2014 年第 3 期。

洪功翔：《做强做优做大国有企业的理论思考》，《理论探索》2016 年第 6 期。

洪银兴：《关于建立现代企业制度的几个问题》，《经济纵横》1995
　　年第 10 期。

洪银兴：《论创新驱动经济发展战略》，《经济学家》2013 年第 1 期。

洪银兴：《完善产权制度和要素市场化配置机制研究》，《中国工业
　　经济》2018 年第 6 期。

黄群慧：《国有企业三年脱困和脱困后的国有企业改革》，《福建论
　　坛》（经济社会版）2000 年第 12 期。

黄群慧、余菁、王欣、邵婧婷：《新时期中国员工持股制度研究》，
　　《中国工业经济》2014 年第 7 期。

胡迟：《国企改革：四十年回顾与未来展望》，《经济纵横》2018 年
　　第 9 期。

胡钧：《"重建个人所有制"是共产主义高级阶段的所有制关系——
　　兼评把它与社会主义公有制和股份制等同的观点》，《经济学动
　　态》2009 年第 1 期。

呼建光、毛志宏：《国有企业深化改革中的公司治理——规制与激
　　励》，《社会科学》2016 年第 7 期。

蒋学模：《评"所有者缺位"论——兼评全民企业股份化》，《中国
　　社会科学》1988 年第 3 期。

简新华：《"所有制中性"是市场经济规律还是谬论?》，《上海经济
　　研究》2019 年第 5 期。

简新华、余江：《市场经济只能建立在私有制基础上吗? ——兼评公
　　有制与市场经济不相容论》，《经济研究》2016 年第 12 期。

金碚：《论国有资产管理体制改革》，《中国工业经济》2000 年第
　　3 期。

金碚：《关于"高质量发展"的经济学研究》，《中国工业经济》
　　2018 年第 4 期。

剧锦文：《中国民企 40 年：转型升级与高质量发展》，《中国经济报
　　告》2019 年第 2 期。

李健、孙代尧：《关于中国道路和前途的四种"主义"辨析——以源流关系为视角》，《毛泽东邓小平理论研究》2015 年第 2 期。

李楠：《中国特色社会主义政治经济学 40 年的发展》，《马克思主义理论学科研究》2018 年第 6 期。

廖红伟、杨良平：《国有企业改革中的员工持股制度分析——基于交易成本理论的视角》，《江汉论坛》2017 年第 9 期。

林岗、张宇：《产权分析的两种范式》，《中国社会科学》2000 年第 1 期。

林毅夫：《李约瑟之谜、韦伯疑问和中国的奇迹——自宋以来的长期经济发展》，《北京大学学报》（哲学社会科学版）2007 年第 4 期。

林毅夫、蔡昉、李周：《现代企业制度的内涵与国有企业改革的方向》，《经济研究》1993 年第 3 期。

林毅夫、李志赟：《政策性负担、道德风险与预算软约束》，《经济研究》2004 年第 2 期。

刘凤义、崔学东、张彤玉：《发展混合所有制经济需要厘清的几种基本关系》，《天津社会科学》2016 年第 1 期。

刘凤义、李明：《深化国有企业改革需做实四个方面》，《中国特色社会主义研究》2017 年第 3 期。

刘凤义、张朝鹏：《论国家二重属性与政府的经济职能——兼论政府和市场的关系》，《社会科学战线》2017 年第 10 期。

刘元春：《国有企业宏观效率论——理论及其验证》，《中国社会科学》2001 年第 5 期。

刘国光：《在改革的实践中发展马克思主义经济理论》，《中国社会科学》1987 年第 5 期。

刘震、张祎嵩：《试论混合所有制改革中的公有制方向——基于马克思的所有制理论反思我国改革开放以来的所有制变迁》，《思想理论教育导刊》2015 年第 3 期。

刘志彪：《平等竞争：中国民营企业营商环境优化之本》，《社会科学战线》2019 年第 4 期。

李春涛、宋敏：《中国制造业企业的创新活动：所有制和 CEO 激励的作用》，《经济研究》2010 年第 5 期。

李燕：《苏联社会主义经济制度选择与西方批判辨析——驳"社会主义不可行"论》，《马克思主义研究》2019 年第 3 期。

李艳双、朱丽娜：《激发保护民营企业的企业家精神》，《宏观经济管理》2019 年第 11 期。

厉以宁：《社会主义所有制体系的探索》，《河北学刊》1987 年第 1 期。

厉以宁：《所有制改革和股份企业的管理》，《中国经济体制改革》1986 年第 12 期。

李政：《"国企争议"与国企创新驱动转型发展》，《学习与探索》2012 年第 11 期。

陆南泉：《苏联时期所有制理论对经济体制改革的影响》，《中国浦东干部学院学报》2018 年第 5 期。

吕政：《论公有制的实现形式》，《中国社会科学》1997 年第 6 期。

逄锦聚：《构建和发展中国特色社会主义政治经济学的三个重大问题》，《经济研究》2018 年第 11 期。

逄锦聚：《加快完善社会主义市场经济体制》，《政治经济学评论》2018 年第 6 期。

彭五堂、余斌：《经济高质量发展的三级追问》，《理论探索》2019 年第 3 期。

齐兰：《垄断资本全球化对中国产业发展的影响》，《中国社会科学》2009 年第 2 期。

荣兆梓：《论公有制经济的微观效率》，《政治经济学报》2017 年第 2 期。

邵奇、吕立志：《新时代国有企业党组织职能演变解析》，《马克思主义研究》2019 年第 2 期。

沈红波、华凌昊、许基集：《国有企业实施员工持股计划的经营绩效：激励相容还是激励不足》，《管理世界》2018 年第 11 期。

沈越：《新时代中国创新模式的转换与升级——基于一个理论框架的历史演化分析》，《社会科学战线》2020 年第 2 期。

史亚洲：《民营经济高质量发展的营商环境问题研究》，《人文杂志》2019 年第 9 期。

宋方敏：《把中国特色现代企业制度的"根"和"魂"落到实处》，《红旗文稿》2016 年第 22 期。

宋方敏：《坚持"国有企业做强做优做大"和"国有资本做强做优做大"的统一》，《红旗文稿》2018 年第 2 期。

宋方敏：《论"国有企业做强做优做大"与"国有资本做强做优做大"的一致性》，《政治经济学评论》2018 年第 2 期。

宋岚：《混改视野下国企员工持股研究》，《现代国企研究》2019 年第 9 期。

苏东斌：《论马克思主义创始人关于所有制概念的三层涵义》，《经济科学》1990 年第 3 期。

孙蚌珠：《马克思经济理论的主要内容和研究逻辑——基于马克思主义基本原理整体视角》，《思想理论教育导刊》2013 年第 3 期。

孙蚌珠：《深化国有企业改革与发展混合所有制经济》，《思想理论教育导刊》2015 年第 3 期。

孙代尧、刘洪刚：《马克思过渡时期所有制理论再认识》，《科学社会主义》2013 年第 1 期。

孙宗伟：《公有制主体地位的含义、现状以及发展趋势》，《思想理论教育导刊》2015 年第 3 期。

王立胜：《重视社会主义生产目的：新中国 70 年的理论探索》，《马克思主义研究》2019 年第 8 期。

王立胜：《科学理解唯物史观中经济与政治的辩证关系：三次争论及其当代启示》，《中共中央党校（国家行政学院）学报》2019 年第

2 期。

王维平、薛俊文：《社会主义基本经济制度新内涵与经济治理效能提升》，《西安交通大学学报》（社会科学版）2020 年第 2 期。

王永钦、李蔚、戴芸：《僵尸企业如何影响了企业创新？——来自中国工业企业的证据》，《经济研究》2018 年第 11 期。

卫兴华：《对"重建个人所有制"的解读、评论与争鸣的一些看法——兼谈王成稼研究员对"重建个人所有制"不同解读的批评和有关观点》，《当代经济研究》2009 年第 1 期。

卫兴华：《改革开放以来中国特色社会主义经济理论发展的几个问题——纪念改革开放三十周年》，《学术月刊》2008 年第 9 期。

卫兴华：《关于股份制与重建个人所有制问题研究》，《经济学动态》2008 年第 6 期。

卫兴华：《坚持和完善我国社会主义初级阶段的基本经济制度》，《马克思主义研究》1997 年第 6 期。

卫兴华：《为什么说公有制是共产党执政的基础》，《红旗文稿》2012 年第 15 期。

卫兴华、张福军：《当前"国进民退"之说不能成立——兼评"国进民退"之争》，《马克思主义研究》2010 年第 3 期。

温军、冯根福：《异质机构、企业性质与自主创新》，《经济研究》2012 年第 3 期。

吴恩远：《关于苏联农业全盘集体化的两个问题》，《世界历史》1984 年第 4 期。

吴海江、包炜杰：《对〈共产党宣言〉中"消灭私有制"的再思考》，《马克思主义理论学科研究》2017 年第 3 期。

吴宣恭：《对马克思"重建个人所有制"的再理解》，《马克思主义研究》2015 年第 2 期。

吴宣恭：《马克思主义所有制理论是政治经济学分析的基础》，《马克思主义研究》2013 年第 7 期。

吴宣恭：《重视所有制研究，学好用好政治经济学》，《政治经济学评论》2015 年第 1 期。

吴延兵、米增渝：《创新、模仿与企业效率——来自制造业非国有企业的经验证据》，《中国社会科学》2011 年第 4 期。

武力、李扬：《新中国 70 年的经济发展与体制改革》，《当代中国史研究》2019 年第 5 期。

武力、张林鹏：《改革开放 40 年政府、市场、社会关系的演变》，《国家行政学院学报》2018 年第 5 期。

吴易风：《产权理论：马克思和科斯的比较》，《中国社会科学》2007 年第 2 期。

项安波：《重启新一轮实质性、有力度的国企改革》，《管理世界》2018 年第 10 期。

晓亮：《改革就是探索公有制的多种实现形式》，《马克思主义与现实》1997 年第 6 期。

谢富胜、王松：《论坚持加强党对经济工作的集中统一领导》，《毛泽东邓小平理论研究》2019 年第 4 期。

谢韬、辛子陵：《试解马克思重建个人所有制的理论与中国改革》，《炎黄春秋》2007 年第 6 期。

熊晓琳、李海春：《积极发展混合所有制经济，巩固公有制的主体地位》，《思想理论教育导刊》2015 年第 3 期。

徐晋、郑晗、赵婷婷：《民营企业"去家族化"能促进企业创新吗》，《财经科学》2019 年第 9 期。

薛暮桥：《我国生产资料所有制的演变》，《经济研究》1987 年第 2 期。

汪海波：《对"国进民退"问题之我见》，《经济学动态》2011 年第 1 期。

王绛：《别曲解国资监管改革的手段与方向》，《现代国有企业》2014 年第 5 期。

肖贵清、田桥：《新中国 70 年与中国特色社会主义道路的开创》，《马克思主义与现实》2019 年第 4 期。

肖贵清、乔惠波：《混合所有制经济与国有企业改革》，《社会主义研究》2015 年第 3 期。

杨承训：《立足"最大的实际"促进多种所有制经济发展——有关非公有制经济若干理论问题释惑》，《思想理论教育导刊》2019 年第 8 期。

杨承训：《马克思主义"国家资本主义"理论正本清源》，《经济纵横》2018 年第 11 期。

杨春学：《论公有制理论的发展》，《中国工业经济》2017 年第 10 期。

杨春学：《"社会主义经济核算争论"及其理论遗产》，《经济学动态》2010 年第 9 期。

杨春学、杨新铭：《关于"国进民退"的思考》，《经济纵横》2015 年第 10 期。

杨瑞龙：《国有企业改革逻辑与实践的演变及反思》，《中国人民大学学报》2018 年第 5 期。

袁东明、袁璐瑶：《国有企业改革：成就、经验与建议》，《经济纵横》2019 年第 6 期。

袁志刚、邵挺：《国有企业的历史地位、功能及其进一步改革》，《学术月刊》2010 年第 1 期。

于光远：《改革中国家所有制的命运》，《经济研究》1988 年第 3 期。

于光远：《关于"社会所有制"》，《学术月刊》1994 年第 2 期。

于金富、安帅领：《劳动者个人所有制：中国特色社会主义所有制的一般形态》，《经济学家》2011 年第 8 期。

于金富、任达：《中国国有制形式的历史演变与现代创新——基于"以人民为中心"视角的考察》，《吉林大学社会科学学报》2019 年第 5 期。

余金成：《社会主义公有制的经典阐释、改革探索与逻辑展望》，《观察与思考》2016 年第 9 期。

余明桂、钟慧洁、范蕊：《业绩考核制度可以促进央企创新吗?》，《经济研究》2016 年第 12 期。

张复明、景普秋：《资源型经济的形成：自强机制与个案研究》，《中国社会科学》2008 年第 5 期。

张晖明、张陶：《国有企业改革再出发：从"分类"到"分层"》，《学术月刊》2019 年第 1 期。

张杰、郑文平：《全球价值链下中国本土企业的创新效应》，《经济研究》2017 年第 3 期。

张雷声：《关于理论逻辑、历史逻辑、实践逻辑相统一的思考——兼论马克思主义整体性研究》，《马克思主义研究》2019 年第 9 期。

张雷声：《坚持平等保护物权与马克思的所有制理论》，《经济理论与经济管理》2009 年第 2 期。

张雷声：《论中国特色社会主义政治经济学的发展与创新》，《马克思主义研究》2017 年第 5 期。

张雷声：《马克思的所有制理论在当代中国的运用和发展》，《学术界》2013 年第 7 期。

张旭：《〈共产党宣言〉中的所有制思想及其当代价值》，《江西社会科学》2008 年第 2 期。

张璇、刘贝贝、汪婷、李春涛：《信贷寻租、融资约束与企业创新》，《经济研究》2017 年第 5 期。

张翼：《"社会主义的经济是以公有制为基础的"——纪念邓小平诞辰 110 周年》，《学习论坛》2014 年第 7 期。

张宇：《论公有制与市场经济的有机结合》，《经济研究》2016 年第 6 期。

张宇、张晨：《"国有企业垄断论"的谬误》，《政治经济学评论》2010 年第 1 期。

张卓元：《所有制结构的重大调整和公有制实现形式的大胆探索——近二十年中国所有制改革的回顾和展望》，《社会科学辑刊》1999年第1期。

张卓元：《中国经济改革的两条主线》，《中国社会科学》2018年第11期。

赵岳阳、徐传谌：《公有制的效率优势：一个马克思主义的微观模型》，《马克思主义研究》2018年第8期。

郑吉伟：《全面深化改革必须坚持公有制的主体地位》，《思想理论教育导刊》2015年第3期。

郑吉伟、陈曦：《列宁新经济政策时期的所有制理论及现实意义——兼谈我国不能搞私有化和"纯而又纯"的公有制》，《思想理论教育导刊》2011年第11期。

周绍东：《劳动力再生产的"中国道路"——公有制与市场经济有机结合的另一种解释》，《湖北社会科学》2020年第1期。

周文、包炜杰：《关于中国特色社会主义政治经济学的研究对象辨析》，《内蒙古社会科学》（汉文版）2018年第4期。

周文、包炜杰：《国家主体性、国家建构与建设现代化经济体系——基于西欧、美国与中国的现代化发展经验》，《经济社会体制比较》2018年第5期。

周文、包炜杰：《经济全球化辨析与中国道路的世界意义》，《复旦学报》（社会科学版）2019年第3期。

周文、包炜杰：《新时代中国特色社会主义政治经济学特征问题》，《教学与研究》2018年第6期。

周文、包炜杰：《"所有制中性论"辨析：争议与问题》，《马克思主义与现实》2019年第4期。

周文、包炜杰：《再论中国特色社会主义市场经济体制》，《经济学家》2019年第3期。

周文、包炜杰：《中国特色社会主义政治经济学与国家利益问题》，

《经济纵横》2019 年第 7 期。

周文、包炜杰：《中国方案：一种对新自由主义理论的当代回应》，
　　《经济社会体制比较》2017 年第 3 期。

周文、包炜杰：《中国特色社会主义政治经济学的国家主体性问题》，
　　《学习与探索》2018 年第 9 期。

周新城：《必须全面阐释社会主义初级阶段基本经济制度》，《北京
　　交通大学学报》（社会科学版）2018 年第 4 期。

周新城：《关于公有制为主体问题的思考》，《当代经济研究》2017
　　年第 6 期。

周新城：《谨防以推行混合所有制为名削弱国有经济》，《马克思主
　　义研究》2016 年第 12 期。

朱安东：《国有企业改革一定要防止私有化倾向》，《思想理论教育
　　导刊》2015 年第 3 期。

［美］大卫·科茨：《所有制、产权和经济业绩：美国和其他的国家
　　的理论与实践》，张文红编译，《国外理论动态》2007 年第 2 期。

Alexander Nove. "Marxist Economic Theory Today", *The World Today*,
　　1967, 23 (12): 493 – 505.

Gaofeng Meng. "The Household Responsibility System, Karl Marx's The-
　　ory of Property and Antony M. Honoré's Concept of Ownership", *Sci-
　　ence & Society*, 2019, 83 (3): 300 – 326.

Hon S. Chan and David H. Rosenbloom. "Public Enterprise Reforms in
　　the United States and the People's Republic of China: A Drift toward
　　Constitutionalization and Departmentalization of Enterprise Manage-
　　ment", *Public Administration Review*, 2009, 69 (12): S38 – S45.

J. Angelo Corlett. "A Marxist Approach to Business Ethics", *Journal of
　　Business Ethics*, 1998, 17 (1): 99 – 103.

Prabhat Patnaik. "The Marxist Argument", *Social Scientist*, 2012, 40
　　(9 – 10): 27 – 45.

Pehr – Johan Norbäck, Lars Persson. "Privatization, Investment, and Ownership Efficiency", *Oxford Economic Papers*, 2012, 64 (4): 765 – 786.

Ramnath Narayanswamy. "Restructuring Socialist Ownership", *Economic and Political Weekly*, 1989, 24 (18): 970 – 971.

Robert Lamb. "Liberty, Equality, and the Boundaries of Ownership: Thomas Paine's Theory of Property Rights", *The Review of Politics*, 2010, 72 (3): 483 – 511.

Yuri N. Maltsev. "The Soviet Experience: Mass Murder and Public Slavery", *The Independent Review*, 2017, 22 (2): 183 – 189.

四 学位论文

刘明越：《国企产权制度改革的逻辑与问题研究》，博士学位论文，复旦大学，2013 年。

罗智渊：《中国员工持股制度研究》，博士学位论文，首都经济贸易大学，2011 年。

乔惠波：《所有制结构演变与完善基本经济制度研究》，博士学位论文，清华大学，2015 年。

朱珊珊：《新时代国有企业坚持和加强党的领导研究》，博士学位论文，中共中央党校，2018 年。

五 文件报纸类

《改革开放三十年重要文献选编》（上），中央文献出版社 2008 年版。

《改革开放三十年重要文献选编》（下），中央文献出版社 2008 年版。

《十二大以来重要文献选编》（中），人民出版社 1986 年版。

《十八大以来重要文献选编》（上），中央文献出版社 2014 年版。

《十八大以来重要文献选编》（下），中央文献出版社 2018 年版。

《关于若干历史问题的决议 关于建国以来党的若干历史问题的决议》，中共党史出版社 2010 年版。

国家发展改革委体改司：《国企混改面对面——发展混合所有制经济政策解读》，人民出版社 2015 年版。

《国务院关于改革和完善国有资产管理体制的若干意见》，人民出版社 2015 年版。

胡鞍钢：《"国进民退"是个伪命题》，《人民日报》（海外版）2013 年 11 月 5 日第 1 版。

厉以宁：《中国股份制改革的历史逻辑》，《人民日报》2018 年 7 月 18 日第 7 版。

杨蕙馨、焦勇：《抓住制造业高质量发展的关键》，《人民日报》2019 年 8 月 28 日第 8 版。

《中共中央关于全面深化改革若干重大问题的决定》，《人民日报》2013 年 11 月 16 日第 1 版。

《中共中央关于坚持和完善中国特色社会主义制度 推进国家治理体系和治理能力现代化若干重大问题的决定》，《人民日报》2019 年 11 月 6 日第 1 版。

《中共中央国务院关于深化国有企业改革的指导意见》，人民出版社 2015 年版。

索　引

后　记

　　本书是在我博士学位论文的基础上修改完成的，而博士学位论文的写作则是个人学术成长必不可少且终生难忘的一个环节。回首这几年在复旦的日子以及写作博士学位论文的过程，不由得思绪万千。2015 年 9 月，我从兰州大学毕业后推免保送到复旦大学进行研究生阶段的学习，其间又顺利通过了硕博连读考核。回过头来看自己的这段求学经历，深感幸运，有幸遇到了许多学识渊博的好老师、热情友善的好朋友。正是在这里，它接纳并包容了我们。对我个人而言，特别感谢复旦大学为我获益知识、增广见闻、做好学问提供的平台。这也是我后来博士毕业留校任教的一个很重要的机缘。

　　我的博士导师周文教授为我的博士论文的设计写作和修改完善提供了许多宝贵建议。博士阶段在周老师的指导下聚焦中国特色社会主义政治经济学研究，他对我博士阶段打牢研究基础、夯实学术训练产生了非常大的影响。我的硕士导师吴海江教授同样是一位极为认真负责又非常谦逊严谨的好导师。他曾为我第一篇学术论文反复打磨 20 余稿，为我人生职业发展规划提出了非常宝贵的建议。从他身上，我学会了对待工作要勤勤恳恳、兢兢业业，对待学术科研要踏实严谨认真负责，对待学生要以身作则包容鼓励。还有我的本科导师王维平教授，为人正直、治学严谨，掌握经典著作的扎实功底一直是我学习的榜样。他在《萃英山，青春的山》中写道"人生的道路千条万条，你能走通的道路是最好的道路"，也一直是激励我不断前进的不二箴言。感谢我的导师们，正是在他们的指导和鼓励下，我逐渐找到了马克思主义理论学习研究的"正确打开方式"，并且养成了学术研究的浓郁兴趣和良好习惯。

在求学过程中，学院的其他老师也给我留下深刻的印象。顾钰民老师对于学术研究，尤其是所有制问题研究的执着精神给我的博士学位论文选题带来了很大的启发，肖巍老师强调运用马克思主义方法论来分析问题同样给我带来很大启发，董雅华老师鼓励运用比较的方法来拓宽研究思路让我受益良多，历史系傅德华老师的严谨治学精神和人生豁达态度给我树立了很好的榜样。在这里，由衷地感谢他们。当然，整个博士学位论文的顺利完稿离不开家人的全力支持，我的妻子蒋瑜为了支持我的学业和工作，一直在背后默默付出，支持我、鼓励我，使得我能够全身心投入学术研究和创作中。

此外，得益于目前日渐成熟的全国马克思主义理论学科研究生学术交流平台，在整个博士论文的写作过程，我曾将其中部分内容在学术会议上做过报告，比如文献综述部分曾以《新中国成立70年来我国所有制理论发展演进与进一步研究的几个问题》为题在中国人民大学第三届全国高校马理论研究生论坛作过分享，并获得一等奖第一名；第一章部分内容曾以《〈共产党宣言〉为什么提出"消灭私有制"？》为题，在教育部高校社科中心主办的第八届全国马理论博士生论坛中作过报告并获二等奖；第三章部分内容曾以《公有制与市场经济有机结合的三级追问——兼论中国特色社会主义政治经济学的逻辑主线》为题，参加中国人民大学第41届博士生论坛并获三等奖；第四章部分内容曾以《"所有制中性论"辨析：争议与问题》为题，在我院主办的"小马过河"博士生工作坊做过分享；第五章内容曾以《新时代深化国有企业改革的三个基本问题》为题，在北京大学马克思主义学院未名论坛做了分享，得到了北京师范大学王树荫教授、中国人民大学郑吉伟教授等多位老师们的宝贵修改建议，在此一并致谢。

博士毕业后，我在博士学位论文的研究基础上，仍然致力于持续跟踪马克思主义所有制理论研究。在工作的第一年，顺利立项

2020 年度上海市哲学社会科学规划青年课题"马克思主义所有制理论与新时代国有企业深化改革研究",并以博士学位论文第五章为基础撰写了《新时代国有企业深化改革的三个基本问题——兼论对马克思主义所有制理论的创新发展》一文(发表在《马克思主义研究》2021 年第 4 期)。后来这篇博士学位论文又有幸获得了 2021 年度国家社会科学基金优秀博士论文出版项目的资助,这些都坚定了我继续从事马克思主义理论学习研究的信心。

从博士学位论文到书稿的最终修订完善,特别感谢中国社会科学出版社的王茵老师、李凯凯老师给予的大力支持,他们对书稿极其负责,进行了认真细致的审读和编校。当然,这篇博士学位论文还有许多需要完善的地方,比如,限于整体逻辑结构安排以及研究积累问题,文中对社会主义公有制经济中的集体经济还未作探讨,这是本书的一个缺憾,但也为自己日后进一步深化所有制问题研究提供了新的契机。即将开启的新的人生阶段,希望以这本书作为新的起点,坚守初心,继续前进!

包炜杰

2020 年 5 月初稿于兰州

2022 年 6 月定稿于上海